JN034001

アメリカ映画とエスニシティ

だから映画はおもしろい

君塚淳一・馬場聡・河内裕二 編

金星堂

はじめに

グローバル化、ダイバシティとは逆行するかのように、二〇一七年からは自国ファーストで排外主義のトランプ政権が始まった。するとそれに追い打ちをかけるように、二〇一九年コロナウイルスが世界中に蔓延し、世界中の人々が恐怖で人との接触を避けざるを得なくなった。ハリウッド映画界も劇場を閉鎖、撮影も次々と中止に追い込まれ、大打撃を受けたのは周知のことだろう。

コロナ禍の中、外出が控えられる傾向の中で楽しまれる娯楽といえば、自宅でできるものとなる。VHSやDVDの時代からネットで観る時代にはなっても、いまだ映画は様々な形で存在し、やはり大画面の迫力に魅力を感じる劇場ファンも多い。

長く親しんでいただく書に、一時期の出来事を語るのはご法度とは、出版界ではよく言われることだが、コロナ禍のパンデミックの時代は世界史に残る悲劇であるから、ここで語るのは許されるだろう。徐々に映画館は、感染の可能性が低い娯楽として、感染対策規則の下ではあるものの、普通に開館されるようになった。

こんな機会に、映画を観るのがクセになり、これまで「観ない世代」「観ない大衆」にも「観たい」を与えることになり、それなら「何が面白い？」となれば、ちょっとしたガイド風の本が欲しくなる。内容は、言うまでもなく、背景や作品の注目すべき点や、あなたならどちら側から眺めるか、などと導く流れをつけるものまで入ってるのが好ましい。

本書は、その要望に答えるべく、手軽に手に取って読んでもらうためにコンパクトな大きさ、さらに読みやすい文体、且つわかりやすい内容のものを目指したもの。ジャンル別にしてシリーズ化も期待される。

このたび、「だから映画はおもしろい」シリーズ第一弾『アメリカ映画とエスニシティ』をお届けできることとあいなった。あえて人種や民族別には章立てはしていないので、作品タイトルにひかれたり、ＤＶＤカバーが目がとまったり、最初の数行を読んで引き込まれたりしたら、その作品から読み始めていただけたらと編集者、執筆者一同願っております。

君塚　淳一

目次

『ドリームプラン』（二〇二一）

実在するプロテニス選手を育てあげた、奇跡の物語

アメリカンドリーム。誰しも一度は聞いたことがある言葉だと思うが、夢を叶えることが難しいことも、また事実である。アフリカ系アメリカ人について言えば、夢を抱いたとしても、根強く残る人種差別の影響や貧困が原因となって、夢を叶えられず、苦しい生活を余儀なくされる人が多い。

今回紹介する映画『ドリームプラン』は、そのような逆境に負けることなく、二人の娘をプロテニス選手にまで育てあげた家族の物語である。ビーナス・ウィリアムズとセリーナ・ウィリアムズは、実在する伝説級のテニス選手だが、本映画は、そのウィリアムズ姉妹を育てあげた奇跡の「プラン」を実行しようとする家族の物語である。人種問題のみならず、家族の問題も取り扱っており、必見の映画といっても過言ではないだろう。

❑どうしても観たくなるストーリー解説・多少のネタバレ覚悟

舞台はアメリカ南部ルイジアナ州。人種差別が根強く残るこの州では、差別による苦難を生き

のびるだけで精一杯で、黒人にテニスを楽しむ余裕はなかった。リチャード・ウィリアムズもその一人で、二人の娘（姉のビーナスと妹のセリーナ）にテニスを教えようと周囲に助けを求めたが、取り合ってくれる人はいなかった。リチャードはテレビで観たテニスの試合で、自分の年収ほどの金額を一瞬にして稼ぐ選手の姿に感銘を受けた。そして将来生まれる子どもをプロテニス選手に育てあげることに決め、七十八ページにも及ぶ計画（プラン）を作成した。娘たちに、自分と同じような差別・苦難を味わってほしくない。プロテニス選手になることこそ、そのための唯一の方法だったとリチャードは考え、自身のプランを実行にうつす。

しかし、その実行は決して容易なものではなかった。誰からも相手にされないどころか、娘を守ろうとして不良たちから暴力をふるわれる。日中は娘たちのコーチで、夜は警備員の仕事に勤しむ。妻オラシーンも看護師として働いているが、生活はよくならない。妻は今の生活を諦めようと語るが、リチャードは二人の娘の活躍を信じつづける。

ある日、元有名選手のビック・ブレイデンのもとを訪れ、娘たちの技量をビデオで見せる。だがブレイデンからは、無料ではテニス指導を引き受けられない、テニスは技術を要するスポーツであり、高額なお金もかかると告げられる。それでも諦めないリチャードは、ビーナスとセリーナを連れてポール・コーエンのもとを訪れ、練習を見てもらうよう頼みこむ。ジュニアの練習指導はしないと当初は断っていたコーエンも、二人の技量に驚き、技術指導の依頼を引き受ける。

しかし、コーチングはビーナスだけであった。コーエンの勧めでジュニア大会に出場することになったビーナスは、その技量を余すことなく発揮し、ジュニア・テニス・トーナメントで優勝した。その後も勝利をおさめつづけるビーナスだが、セリーナも親に内緒で試合に出場し、受賞した。二人の活動に世間も注目しはじめ、ついにスポンサーが現れるようになった。しかし、ビーナスに不必要なプレッシャーを与えたくないと考えるリチャードは、エージェント契約を辞退する。当然、コーチのコーエンと対立、彼をコーチから解任する。

その後、リチャードはリック・メイシーとコーチング契約を結び、一家でフロリダに移る。メイシーの指導を受けつつもジュニア大会に一切出場させないリチャードの頑固な姿勢に批判が集まり、娘も試合に出たいと思うようになるが、本人はあくまで子どもたちの健やかな成長を優先させ、彼女らの出場を認めようとしない。むろんリチャードは、メイシーとの関係だけでなく、自身の家族との関係も悪化させていく。夫婦喧嘩のなか、家族を思う行動が皮肉にも家族を苦しめていたことに気づかされたリチャードは、人種差別に苦しんだ自らの過去をビーナスに明かし、娘のプロデビューを応援することにする。

ビーナスのプロデビューの前夜、ナイキ社から独占契約の話を持ち掛けられる。契約金は三百万ドル、試合に出てもいないビーナスにとって、破格の好条件であった。しかしビーナスはこれを拒否、試合で成果を出すことを優先した。そのデビュー戦、緊張からビーナスは相手にリードを許してしまうが、徐々に本来の実力を発揮し、初戦を勝利で飾る。次はアランチャ・サンチェス・ビカリオとの対戦。グランドスラムを三度制覇したビカリオだが、ビーナスは試合をリードしつづける。しかしビカリオがトイレにこもり、ビーナスの戦意を削ぐ作戦を展開すると会場の雰囲気が悪化、ビーナスも劣勢に追い込まれ、最終的にビカリオに負けてしまう。悲嘆に暮れたビーナスだが、会場の外にはファンが集まり、彼女への歓声がやむことはなかった。最後に、父のプランがほぼ達成されたことが字幕で示され、エンディングを迎える。

❏スタッフとキャスト情報

監督はレイナルド・マーカス・グリーン。主演のリチャード役はウィル・スミスが演じている。ウィル・スミスは数多くの作品に出演しており、『メン・イン・ブラック』シリーズ（一九九七、二〇〇二、二〇一二）や『アラジン』（二〇一九）は有名だろう。本作でウィル・スミスは、第九十四回アカデミー賞主演男優賞を受賞している。

妻のオラシーン役は、アーンジャニュー・エリスが担当している。本映画でエリスは、アカデミー賞助演女優賞にノミネートされた。テニスコーチのポール・コーエン役は、トニー・ゴールドウィンが担当。過去には『ダイバージェント』（二〇一四）に出演している。エンディングテーマはビヨンセが担当している。ビヨンセはグラミー賞を累計二十八回受賞し、女性アーティストによる史上最多記録を達成した。

❏みどころ

★リチャードの指導と家族関係

リチャードの指導は、従来のテニス指導のあり方を根本から変えるものであり、本映画の醍醐味といっても過言ではないだろう。人種差別に苦しんだ自らの半生を振り返り、娘に同じ思いをさせたくないという親心には、観客の心に訴えかけるものがある。しかし、ビーナスとセリーナが成長し、二人の評判が広まるとともに、リチャードの頑固さも際立ちはじめる。娘には健やかで立派に育ってほしいというリチャードの親心が、皮肉にも周囲との間に軋轢をもたらしてしまう様は、観客にも自らの家族について振り返させるものがあるだろう。

★スポーツ、資本主義、人種差別

リチャードの指導法は、当初、誰にも受け入れられなかった。なぜなら、プロテニス選手になるためには莫大な資金とサポートが必要であるという、従来の指導法が根強く残っていたからだ。貧困層が多い黒人については、その資金を用意することができない。つまり、黒人アスリートは、テニスの世界においてスタートラインにすら立たせてもらえないのである。この不平等は、スポーツの世界においても、資本主義が生み出した経済格差が影響を及ぼしている、ということを意味する。さらに言えば、黒人が貧困にあえぐのは、彼らが高収入の職に就くことができないからであり、その原因は長年続く人種差別にある。人種差別によってまともな職に就けず、貧困に苦しむがゆえに、子どもに十分な教育を施すことができなくなる。結果として子どもも親と同じ道をたどり、貧困に苦しむようになる。本映画は、人種差別と資本主義がスポーツの分野にも悪影響を及ぼしている状況を鮮明に描きだした作品だと言えるだろう。

❏歴史的背景を知るキーワード

★バージニア・ルジッチ

元女子プロテニス選手で、リチャードは彼女の試合をテレビで観戦、四日間で四万ドル稼いだことに衝撃を受け、娘をプロスポーツ選手に育てることを決意する。リチャードの人生観に大きな影響を与えた人物だと言えよう。

★ポール・コーエン

ビーナス・セリーナ姉妹が最初に出会ったコーチ。教え子には有名なプロテニス選手、ジョン・マッケンローなどがいる。

★リック・メイシー

映画の中でコーエンの次に技術指導を引き受けた人物。教え子にはアンディ・ロディックやジェニファー・カプリアティなどがいる。

❏作品内重要キーワード

★ＫＫＫ

アメリカの秘密結社、白人至上主義団体。正しくは「クー・クラックス・クラン」という。白人の優越性や選民思想を説き、白装束で頭部を覆う白い三角頭巾を身に着けている。多くの黒人をリンチし、殺害してきた過去がある。コーエンがコーチを務めていた時に出会ったスポーツエージェントに対して、リチャードが「白いフードを脱いだらしい」と語ったのは、おそらくＫＫＫの白い三角頭巾のことを指していると思われる。

★ウィンブルドン

映画を通じて、ビーナス・セリーナ姉妹が憧れの舞台とした場所。ウィンブルドン選手権はイギリス・ロンドンのウィンブルドンで開催されるテニス選手権である。テニスの四大大会の一つと位置づけられており、ほかには全米オープン、全仏オープン、全豪オープンがある。

❏おすすめ同系作品

『グリーンブック』（二〇一八） アフリカ系アメリカ人のピアニストとイタリア系アメリカ人の

運転手兼護衛役を務める男とのインタラクションを描いたヒューマン映画。『ドライビング・ミス・デイジー』は黒人が運転手だが、本作は黒人が送迎される側にいる。

『ドライビング・ミス・デイジー』（一九八九）　別の節で紹介しているが、ユダヤ系の老女とアフリカ系の運転手とのコミカルだが、心温まるやりとりを描いた、ヒューマンドラマとも言うべき映画である。最初は運転手のことを受け入れようとしなかった老女が、徐々に心を開き、運転手のことを信頼していく様は、非常に感動するだろう。

『フェンス』（二〇一六）　本映画は日本で劇場公開されなかったが、アカデミー賞にノミネートされ、助演女優賞を獲得するなど、アメリカでは高い評価を受けた作品である。一九五〇年代のピッツバーグを舞台に、困難な現実を生きぬく家長トロイの姿を描きつつも、家長であるがゆえに生まれた家族との確執も描かれる。人種差別がアフリカ系アメリカ人家族にどのような影響を与えるのか、痛感させられるだろう。

（中山大輝）

『ドリームプラン』(2021)
(DVD 販売発売元 ワーナー・ブラザース・ホームエンターテイメント)

『ウェスト・サイド・ストーリー』（二〇二一）

ラララ、ララ、ア、メ、リ、カ！

冒頭、口笛が流れ、指のスナップが聴こえる。レナード・バーンスタイン作曲のサウンドトラックの「プロローグ」。打楽器から管楽器、ストリングスでその場の空気を最高潮に持っていく抜群のオーケストレーションに、否が応でも観客の期待は高まる。あの映画が帰ってきた。しかも、スピルバーグ監督作品として。一九五七年初演、ウィリアム・シェークスピアの戯曲『ロミオとジュリエット』を下敷きにした、ブロードウェイ・ミュージカルの二度目の映画化となる。

一度目は一九六一年、『サウンド・オブ・ミュージック』でも知られる映画の巨匠ロバート・ワイズが、『踊る大紐育』『王様と私』『屋根の上のバイオリン弾き』等ブロードウェイの名作でも知られるミュージカル界の巨匠ジェローム・ロビンズとタッグを組んで監督を務め、第三四回アカデミー賞で作品賞・監督賞・助演男優賞・助演女優賞を始めとする十部門を受賞し、ミュージカル映画の金字塔となった。二〇二一年版のこの映画は、ヒロインであるマリアの兄、ベルナルドの恋人アニタ役を好演したアリアナ・デボーズが、第七九回ゴールデングローブ賞、第九四回アカデミー賞で助演女優賞を受賞した。

❏どうしても観たくなるストーリー解説・多少のネタバレ覚悟

同時期に公開されたミュージカル映画『イン・ザ・ハイツ』は、贅肉たっぷりの腹回りはご愛敬。元気いっぱいに、色とりどりのハイヒールをねじりながらステップを踏む、ダンサーたちのたくましい下半身と健康的な太い脚には、大変好感が持てた。一方のスピルバーグの「ウェスト・サイド・ストーリー」は、奥行きのあるカメラワークに、一糸乱れぬ計算されつくしたフォーメーション。鍛え抜かれたダンサーたちの、流れるような身体の造形と所作。強い体幹だけが可能にする、空中で停止しているかのようなポーズ。まさに圧巻である。

ジェッツのメンバーが全員で、街をかけるだけのシーンも、ただ走っているだけなのに、小指の先まで神経が行き届き、このような表現が正しい日本語として可能なのかどうかはわからないが、音楽的に走り、音楽的にタバコに火をつけ、音楽的にペンキ缶を放って仲間に渡し、音楽的に悪さをする。突然、ダンサーたちが立ち止まり、数回転のターンを全員でぴったり合わせ、しかもまったく力みもなく、なんなく決める。それから高く、高く、どこまでも長く伸びる美しい脚を、まるで天に向かって突き刺すかのよう……。あまりに完成度が高いため、『イン・ザ・ハイツ』だけはない。あらゆるミュージカル映画が、その比較の対象にならないほどである。これこそ、スピルバーグ版ミュージカル映画の、ジ・エンターテインメントとも言うべきか。

あらためて、この有名な作品のあらすじを語ると、時代は一九五〇年代半ば、ニューヨークは、マンハッタンのアッパー・ウェスト・サイドが舞台である。そのエリアの覇権をめぐるギャングの抗争の中で、ポーランド系アメリカ人少年らの非行グループことジェッツの元リーダー、トニーと、プエルトリコ系シャークスのリーダー、フェルナンドの妹マリアが、ある晩、ダンスパーティーで出会い、恋に落ちる。

一目ぼれの直後、恋する男トニーは、「マリア、マリア」と夢見心地で歌いながら、高校のバスケットコートを歩いている。彼が歌いだすと、突然、ナイター用のライトがまぶしく彼だけを照らす。そこで、トニーが歌うのを、訝しげに見つめながら、ゆっくりと画面を横切っていく夜勤のアフリカン・アメリカンの初老の事務員が、良い味を出している。まるで、こいつは、頭がいかれちまったんじゃねえか、とも言いたげだ。

マリアの居場所をつきとめて、デートの約束をとりつけるが、トニーは時間も場所も言い忘れる。「何時?」「二時、昼の」「どこ?」「七二丁目駅、北方面で」。翌日の美術館デート。そして誰もいない教会での、二人だけの結婚の誓い。だが、敵対するギャングの抗争の中に、二人は図らずも巻き込まれ、激しい二日間の恋は、家族や仲間の死、そして死による恋人たちの永遠の別れをもって悲劇に終わるのだった。

二時間三十六分のミュージカルは、ウェストサイドでいがみ合う、異なるエスニック・グループに属した恋人たちのあまりにも有名な悲恋ではあるが、このスピルバーグ版は、もう一つのテーマが並走しているようである。マリアの職場の女たちの噂話は「住宅局にいるいとこの話じゃ、新しいビルに建て替えるって。今住んでるところは、追い出される」「マンション、オペラハウス、コンサートホール、全部白人のためよ」と、立ち退きの話題が中心である。このアッパー・ウェスト・サイドは、事実、今ではメトロポリタン歌劇場、ニューヨーク・フィルハーモニックの本拠地であるデイヴィッド・ゲフィン・ホールなどが立ち並ぶエリアとなり、移民たちのコミュニティは見る影もない。

また、ジェッツのリーダー、リフはトニー—にこう叫ぶ。「四階建ての建物の解体。毎日のように何かが壊されたり、嫌いな連中に奪われていく。連中が嫌いさ。残るのは、ジェッツしかない。オレの仲間。オレと似たような連中だ」。アメリカ繁栄の五〇年代から完全に取り残された札付きの不良たち。つまり、この映画は、悲恋がテーマでありながら、移民、かつブルーカラーの人々の居住区が街の再開発によって破壊される中で、自分たちが生きられる場所を必死に守ろうとする、コミュニティについての話でもある。その視点で見ていくと、別の楽しみ方ができるだろう。

❏スタッフ・キャスト情報

監督は、言わずと知れた、スティーヴン・スピルバーグ。出演に、二〇一四年の恋愛映画『きっと、星のせいじゃない。』で、余命僅かのヒロインの恋人を演じて人気を博し、二〇一七年には、エドガー・ライト監督作『ベイビー・ドライバー』で主演をつとめたアンセル・エルゴート。六一年の映画でアニタを演じたリタ・モレノが、ジェッツとシャークスの両方を見守るバレンティーナとして登場し、往年のファンを沸かせた。ちなみにモレノ自身もまた、六一年のアニタ役で、助演女優賞オスカーを獲得しているため、新旧両作品でアニタ役の女優たちが賞をさらったことになる。

❏みどころ

一番の見どころは、アニタら女たちと、ベルナルドら男たちが歌い、踊る、「アメリカ!」のナンバーである。ベルナルドは、「故郷に帰って六人子供を産んでくれ」とアニタに言うが、鼻で一笑するアニタ。「指を痛めて、お針子たちに給料を払うために、働いてる。いつか店をもつために、このニューヨークで!」二人のやりとりがいつしか群舞へと変わっていく。「産業発展、キャディラック、一家に一台、洗濯機、ラララ、ララ、アメリカ」と女たちが歌えば、男たちがアメリカの負の側面を歌う。やりとりはこうである。「自由と誇りが持てる」「立場を越えなければな」「(ここでは) なんだってできる」「靴磨きとウエイトレスだろ」「新築の広い家」「移民にはドア閉ざす」「輝く人生、アメリカ、良い暮らし　アメリカ」「白人だけさ　アメリカ」。

女たちの中でも、アニタが最高にまぶしい。すらりと伸びた、筋肉質な脚が舞う。黄色いボリュームのあるドレスの内側にしのばせている赤いペチコートが、機敏なターンの度にひらめく。男たちは、ボクシングをダンスにとり入れつつ女たちと戯れながらも、すべてのポーズが、姿勢が伸びて美しい。歩道と車道の段差を利用した、男一列、女一列が、入れ替わり、立ち替わりして、「ララララ、アメリカ!」と叫ぶ。いつしか交差点を占拠する。車も止まり、子供たちも踊りだす。ラストは、アニタとベルナルドの熱いキスで大団円。歓喜する仲間。国の名前を連呼してこれほどまでに盛り上げる曲が他にあっただろうか?　ひたすら爽快で、ひたすら楽しい。

❑歴史的背景を知るキーワード

★ニューヨーク再開発

多くの移民たちが暮らすニューヨークのアッパー・ウェスト・サイドは、都市の再開発の真っただ中。日々、建物が壊され、街の様相が変わっていく。舞台となった一九五〇年代は、ニューヨーク、マンハッタンが再開発に沸いた時代だった。事実、ロウワー・マンハッタンでは、車を中心とした再開発が予定されており、ワシントン・スクエア公園の真ん中に四車線の高速道路を走らせる計画までもが持ち上がっていた。市民たちの運動により、その計画は頓挫したが、もしその都市計画が進められていたら、今とはまったく異なったマンハッタンとなっていたに違いない。この映画は、アッパー・ウェスト・サイドのひょっとしたら可能だったかもしれない、大型施設のない、小さな街角の小さなコミュニティの存続というあり得たかもしれない可能性を、夢想しているともいえる。

❏作品内重要キーワード

★トランスジェンダー

六一年版もスピルバーグ版の両方ともに登場するギャングのエニバディであるが、旧作が「お転婆で男の子のような女の子」だったのが、より明確に、トランスジェンダー的な役柄に発展した。警察署で仲間から「その女はジェッツじゃねえ、生物学的には変だが、下着を下げたら女だった」と言われると「女じゃねえってんだ、ヘナチンのドブネズミが！」とキレるエニバディ。エニバディに、やられる男。（エニバディから仲間を守ろうと）止めに入った別のギャングを、警官が制し、「その女の腕を折る気か」と、紳士然としてエニバディを守ろうとする。すると、その警官の言葉に怒りがピークに達し、その警官さえをも、ぶちのめすエニバディ。この役柄は、とても忘れがたいものとなった。

❏おすすめ同系作品

『ジェイン・ジェイコブズ――ニューヨーク都市計画革命』 マット・ティルナー監督。ウェスト・サイド・ストーリーと同じ五〇年代、ニューヨークのダウンタウンに住む主婦ジェイン・ジェイコブズは、都市開発の帝王ロバート・モーゼスと激しく闘った。モーゼスの開発プロジェクトを白紙に戻すための彼女の闘いと、その勝利を描いた作品。ジェイコブズがいなければ、ニューヨークはもっと退屈でありきたりな都市になっていただろうと言われる。

（峯　真依子）

『ウェスト・サイド・ストーリー』(2021)（DVD 販売発売元 ウォルト・ディズニー・ジャパン）

『ブルー・バイユー』（二〇二一）

移民政策に翻弄されるマイノリティが家族を求める物語

「バイユー・カントリー」とも呼ばれるアメリカ南部ミシシッピ川支流の湿地帯を舞台にした家族をめぐる物語であり、トランプ政権期に強まった排外的な移民政策を背景としている。同名の「ブルー・バイユー」というロイ・オービソンによる一九六三年の楽曲があるが、そこには離れた故郷を懐かしむ意味が込められている。一方、本作におけるバイユーは、主人公が「秘密の場所」として人生を内省したり、家族らと大切な話をしたりする際に訪れる川辺の風景である。主人公のアントニオ・ルブランは三歳の時に韓国から国際養子縁組によってアメリカに送られ、アメリカで育った背景からも、彼にとってのホームはアメリカにほかならず、韓国はルーツではあるが彼にとっての郷里にはなりえない。

さまざまな民族が集うアメリカ社会であるが、その中でも移民の出自を持つ者たちの市民権をめぐる問題は現在もなお複雑な課題であり続けている。

❏どうしても観たくなるストーリー解説・多少のネタバレ覚悟

アントニオは妻キャシー、連れ子であるジェシーとの三人で暮らしている。さらに新たに娘が生まれる予定であることから幸せいっぱいであるが経済的には困窮しており、現在のタトゥー彫師としての仕事よりも待遇の良い職に転職しようとするところから物語は展開される。彼にはバイクの窃盗による前科もあり、転職活動は不首尾に終わってしまう。ミシシッピ川流域の不法移民たちが抗議のために立てこもっているニュースがテレビから流れているが、この時点でのアントニオは自分も関わる問題としては受けとめていない。

キャシーの元夫であり娘ジェシーの生物学上の父である白人警官エースは、娘ジェシーと引き離されてしまっていることを不満に思っている。エースの同僚の白人警官デニーは典型的な人種差別主義者である。アントニオたち一家がスーパーで買い物をしている際に、エースとデニーとに出くわしてしまい、挑発に乗って揉め事を起こしてしまったアントニオは逮捕されてしまう。

ここからアントニオの人生は急展開することになる。アントニオは移民局に送られた挙句、幼少期の養子縁組書類の不備により市民権を得ていないことが発覚し、裁判によって不服を申し立てるか、国外退去かの選択を迫られることになる。裁判を起こすには高額の弁護士費用がかかる上に、国外退去の判決が下る可能性もある。そもそも家族が増えることにより家計が厳しくなっていたアントニオにとって弁護士費用の捻出などかなわず、雇い主からの借金も断られた彼はバイクの窃盗をくりかえしてしまう。

また、妻キャシーには養父母との経緯を偽り隠していたが、弁護士の調査により養母が今も生きていることを告げられる。裁判の聴聞会にて養母に証言を依頼するように促されるも、アントニオは頑なに養母スザンヌに会おうとしない。夫婦のあいだにも亀裂が入り、キャシーはジェシーを連れて実家に帰ってしまう。アントニオは孤立を深めるが、ベトナム出身の女性パーカーとのふれあいを通して、養母スザンヌに会うことを決意する。パーカーはボートピープルとして一家でベトナムから難民として海を渡った背景を持ち、その過酷な経験の中で母と兄を亡くしている。そして、パーカーは末期癌を患っており余命いくばくもない。厳しい運命に晒されながらも前向きに今を生きるパーカーに感化されたアントニオは裁判の聴聞会に臨もうとするが、執拗に嫌がらせを続けるエースの同僚デニーの差し金により、アントニオは大事な裁判に出席することを阻まれ、その結果、国外退去せざるをえなくなる。

ラストシーンは、アメリカを強制退去させられる空港の場面となる。妻キャシーとジェシー、産まれたばかりの赤ん坊も当初は一緒にアメリカを離れようとする。しかし、アントニオは幼少期にアメリカに養子に出されたきりで、送還先の祖国には頼る相手もなく、そもそも言葉も文化もなじみがない。つまり強制送還される場所は、アントニオにとってまったくの異国でしかない。

お互いを家族として求めあい、抱き合うアントニオと義娘ジェシーを引き裂くラストシーンは、現在のアメリカの多様な家族像とさまざまなエスニシティが交錯するアメリカ社会の矛盾を象徴している。暗転後、現実のアメリカ社会にて現在、アントニオと同じ問題を突きつけられている、かつて国際養子縁組としてアメリカに渡ってきた者たちが写真と実名で登場する。

❑スタッフとキャスト情報

監督・脚本・主演のジャスティン・チョン（一九八一―　）はカリフォルニア州オレンジ郡出身の韓国系二世の俳優。南カリフォルニア大学在学中に韓国に留学経験もある。ストリーミングサービス「Apple TV +」による連続ドラマ『パチンコ』（二〇二二）に監督として参加するなど監督業にも意欲的である。『パチンコ』は一九一〇年代、日本統治下の韓国で育った女性ソンジャを中心に、韓国系移民を四世代にわたってたどる年代記である。

妻キャシー役をつとめた、アリシア・ヴィキャンデル（一九八八―　）はスウェーデン出身の女優。ＳＦ映画『エクス・マキナ』（二〇一四）にて、ガイノイド（人間の女性に似せて作られたヒューマノイド）役を演じた。一九八〇年代の日本を舞台にしたアメリカ映画『アースクエイクバード』（二〇一八）では日本人写真家と恋に落ちる西洋人女性ルーシー役を演じている。

❏みどころ

本作の見どころは家族像にある。アントニオと妻キャシーの間に新たな子どもが生まれつつある中で、アントニオにとっては血のつながりのない連れ子であるジェシーは赤ちゃんが生まれたら、現在、自分に向けられているアントニオの愛情はやがて失われてしまうであろうと察知している。キャシーと前夫エースとの間での離婚調停、およびその後の再婚にあたり、ジェシーがアントニオのことを父親として選択した経緯がくりかえし強調されている。生物学上の父エースは娘と過ごす時間を求めているのだが、ジェシーは自身の意思でアントニオのことを自分の家族として選んだのだ。

一方、アントニオ自身の生育背景については、強制送還の危機が迫る中でようやく明かされていくことになる。妻キャシーに対しても国際養子縁組を通じて自分をアメリカに迎え入れてくれた養父母は他界したと偽っていたが、養母は実は存命であることが発覚する。市民権をめぐる裁判にあたり、養母の証言は必須であると弁護士に促されるも、アントニオは養母と連絡を取ろうとすらしない。妻に嘘をついてまで隠してきたアントニオの悲惨な生育背景がやがて明らかになっていく。アントニオも養母も養父から暴力を受けていたこと、そして、アントニオが養母と共に家を逃げ出そうとした際、養母はアントニオのことを選んでくれなかったことが癒しがたい心の傷となっていた。そうした家族に対する渇望があったからこそ、血の繋がりがない義娘であるジェシーに自分を家族として認めてもらったことがアントニオにとってかけがえのない絆となっていたのだ。さらに遡り、韓国からアメリカに国際養子縁組を通じて送り出された背景として、実の母から川で溺死させられそうになった経験がフラッシュバックによって回想される。

「不法移民」、市民権を得られない、見えない存在はアメリカ社会の積年の課題であり続けている。「二〇〇〇年の法律」がアントニオのような適用範囲外を作り出してしまったように、法の轍はどうしても生じてしまうものである。

この作品が二〇二一年に公開されたことの意味は大きい。トランプ政権期に顕在化したブラック・ライブズ・マター、人種マイノリティに対するヘイト・クライムなどに代表される「分断」から「融和」への転換をアメリカが切実に求めている時代に、アメリカの抱える矛盾を指し示す必要があったからだ。

❏歴史的背景を知るキーワード

★国際養子縁組と養子をめぐる市民権法の轍

朝鮮戦争の一九五〇年代から、一九八八年のソウルオリンピック開催の時代まで、政治不安から韓国におけるアメリカへの国際養子縁組は実際に多く行われていた。しかし、一九八〇年代頃までの国際養子縁組では市民権の扱いが整備されておらず、積年の課題とされていた。クリントン政権期に制定された養子に市民権を与える法律（Child Citizenship Act of 2000）により、アメリカにて国際養子縁組となった子どもに対し自動的に市民権が付与されるはずであったが、その適用は一九八三年二月二七日以降に制限されたために、アントニオのようにこの法律の恩恵を受けることができず市民権を得られない世代が生じてしまった現実がある。

★アメリカ合衆国移民・関税執行局（ICE, Immigration and Customs Enforcement）

積年の不法移民の扱いに対して積極的に市民権を付与しようと試みたオバマ政権の移民政策に対する反動から、トランプ政権下では不法移民を国外退去させる強硬な姿勢が示されたことにより、移民・関税執行局（ＩＣＥ）が不法移民を摘発するパトロールを公然と行い、市民権を有する者までもが差別的な扱いを受ける事態が頻発することになった。本作で描かれる人種差別的な白人警官像は的外れな戯画化とも言いきれない。

★ベトナム難民／ボートピープル

一九七五年四月三〇日の「サイゴン陥落」以降、旧ベトナム共和国から数多くの難民が国外に亡命した。アントニオが出会うパーカーもまた、ボートピープルとして命がけでアメリカに亡命してきた背景があった。一家がボートピープルとしてアメリカに渡る際に家族が分かれて船に乗り、彼女の母親と兄が乗っていた船は沈んでしまった。

パーカーたちベトナム難民も自分の意思ではない形で故郷を離れアメリカで過ごしている。多文化共生が叫ばれる時代においても見えない存在としての移民には光が当たりにくく、マイノリティ同士の連帯も持ちにくい。末期がんで余命いくばくもないパーカーとの交流はアントニオの人生観、家族観に大きな影響を及ぼすものであった。

❏作品内重要キーワード

★ステップファミリー（多様な家族像）

離婚件数の増加に伴う家族の多様化・複雑化は、アメリカにおける家族の物語のあり方に大きな影響を及ぼしている。アントニオはそもそも国際養子縁組によって異国であるアメリカにわたり、里親を転々とした挙句、養父から虐待を受けていた。そうした複雑な家族のもとで育ったアントニオにとっての家族とは、血の繋がりをこえて、お互いが選び、求めあうことによって成り立つものである。より一層、多様化・複雑化が進むこれからの時代に対し、新しい家族のモデルを提起している。

❏おすすめ同系作品

『ミナリ』（二〇二〇）　韓国系移民二世であるリー・アイザック・チョン監督による半自伝的作

品。韓国系の一家が一九八〇年代にアーカンソー州の田舎町に移住し、大農園主を目指し苦労を重ねながらもたくましく生きる姿を描く。

『マイスモールランド』（二〇二二）　埼玉に住む十七歳のクルド人高校生サーリャを主人公にした日本映画（川和田恵真による監督・脚本）。難民申請が不認定となったことから一家は在留資格を失い、日常生活が一変する。

『正義のゆくえ　I・C・E・特別捜査官』（二〇〇九）　ロサンゼルスを舞台に、不法就労者を取り締まる職務とアメリカ社会の矛盾との間で揺れる移民局のベテラン捜査官を主人公にした物語。正義とは何かに焦点が当てられる。

『ボーダー』（一九八二）　メキシコとの国境沿いの町テキサス州エルパソへの転居を契機に国境警備隊員となった主人公の視点から、メキシコからの密入国者の実態と国境警備隊の腐敗を捉えた社会派サスペンス。

ドラマ『リトル・アメリカ』（二〇二〇）「Apple TV+」による連続ドラマシリーズで一話完結のアンソロジー。不法移民の高校生たちの日常や、両親がインドに強制送還されてしまった少年の生活を描く。

（中垣恒太郎）

『ブルー・バイユー』(2021)
（DVD販売発売元 NBCユニバーサル・エンターテイメントジャパン）

『イン・ザ・ハイツ』（二〇二一）

小さなことでいい、それが尊厳を示す

舞台はハーレムよりさらに北、ワシントン・ハイツ地区。地下鉄一八一丁目駅で降りて地上に出ると、プエルトリコ、ドミニカ共和国、メキシコ、キューバの旗が、真っ青な空に、色とりどりにはためいている。親が無一文でアメリカに来て苦労して持ったという、小さな食料品店を継ぐ移民二世のシャイでキュートな男子、ウスナビを中心に、ワシントン・ハイツのコミュニティの人間模様と彼らのアメリカン・ドリームの行方が描かれる。ラテン音楽をベースとしたラップに始まり、ありったけのラテンのエッセンスを取り込んで作られた楽曲の数々。見ても楽しく、聴いても楽しい。ワシントン・ハイツの住人たちが歌い上げるのは、アメリカ社会での過酷な単純労働、社会の底辺から抜け出すためのスキルと資格を得ることの難しさ、英語の習得の壁、さらには物価上昇や、快適とは言えない生活環境など、移民が経験する現実である。しかし同時に、ラテンダンスの重心の低い、セクシーな腰のひねりと、小さな円を足元に素早くいくつも描くかのようなキレの良いステップの連続が、暗い気持ちはとりあえず脇に置いて前に進もうとする、彼らの強さと明るさを観客に印象付ける。トニー賞四冠（作曲賞、楽曲賞、振付賞、編曲賞）を

受賞したミュージカルが、映画となった。

❏どうしても観たくなるストーリー解説・多少のネタバレ覚悟

季節は夏。猛暑の続くニューヨークでの大きな停電と、ウスナビの店から出た、まさかまさかの高額当選の宝くじ、そしてウスナビ自身のドミニカ共和国への帰郷という、三つの大きなエピソードが交差する中で展開するミュージカル映画である。

ウスナビが恋するのは、デザイナー志望のバネッサ。彼の店では、彼女だけ、コーヒーの持ち帰りが無料になる。それで愛を伝えるウスナビだが、相手はなかなか手ごわい。彼の気持ちに気づいてはいるものの、クールな態度を崩さない。今はネイリストとして美容院で働くが、いつかワシントン・ハイツを出てマンハッタンのおしゃれなエリアに引っ越すこと、そしてデザイナーとしてファッション業界で成功することを夢見ている。バネッサが理由なき差別を受け、あこがれのエリアの物件に引っ越しができなかったとき、ウスナビがこっそりと、彼女を助ける。ようやくヒロインの恋心が燃え上がったときには、もうすでに時は遅し。ウスナビは店をたたみ、ハリケーンで屋根が吹き飛ばされたドミニカの故郷の家（店）を再建して第二の人生を送るため、帰国する前日になっていた。

もう一人のヒロインは、ニーナ。彼女の父親は、タクシー会社の経営で身を立て、一人娘の教育費には金を惜しまなかった。しかし、彼女が進学したスタンフォード大学の授業料は、想像以上に父親の肩に重くのしかかり、会社の売却でお金を工面することさえ模索中である。一方、ニーナ自身は、大学で他の学生とのあまりの出自の違いと、偏見にさらされる中で疲れ切ってしまい、こっそり退学してワシントン・ハイツに戻ってきていた。大きな期待を寄せる父親に、とても本当のことなど言えない。ワシントン・ハイツの希望の星として夢を託され、アメリカ社会で成功するプレッシャーの中でもがくニーナを、広い視野と大きな愛で受け止めるのは、ベニー。そもそもニーナがスタンフォード大に進学する際に、彼女にはここ以外の大きな場所で羽ばたいて欲しいと願い、彼はそっと身を引いたのだった。

二組の若い恋人たちだけでなく、コミュニティの人々の世話を長年にわたり焼いてきた「皆の母親」ことアブエラは、この映画の真のヒロインであろう。アメリカに渡ってきて以来、最初から最後まで苦労に苦労を重ねてきた。今ではもう誰も作ることのできなくなった伝統的な刺繍のほどこされた貴重なファブリックを大事に持っている。「些細なことで良い、それで尊厳を示すのよ」。この細やかな刺繍、小さなディテールを、自尊心の拠り所として、守ってきたアブエラ。人に見下され、プライドを踏みにじられたとき、自分だけが知る大事なものや、小さなディテールが自分の心を守る、というアブエラの言葉は、彼女の死後もコミュニティに受け継がれていく。意外な形で彼女は早々と舞台から消えるが、それでもまさに帰郷しようとするウスナビの人生最大の岐路において、彼に大きな贈り物を残す。

不意に、停電の夜がやってくる。そのまま、復旧から取り残されるワシントン・ハイツ。日中の気温はうだるように暑く、冷房もつかない。街を後にする人々もいる。店のシャッターが降りたとたん、行き交う人々は消え、コミュニティの人間関係が瓦解し、街そのものが腐敗していく。そのとき美容院の店長ダニエラが、人々の体たらくを目の当たりにして、顔を上げ、人々を鼓舞し始める。電気が来ない？「パワーレス」ではあっても、自分たち自身は絶対に「パワーレス」ではない！と。踊り始めるときに切る啖呵がとても良い。今こそ、踊りで南米魂を見せるのよ、と叫んだシーンは、役者自身の声の強さと踊りっぷりの良さで、記憶に残るものとなった。

❏スタッフ・キャスト情報

監督は、二〇一八年に大ヒットし、主要人物にアジア系だけを起用したことでも話題を集めたロマンティック・コメディ「クレイジー・リッチ！」のメガホンをとった、若き映画監督ジョン・M・チュウ。二〇〇八年にブロードウェイで初演された原作は、ミュージカル『ハミルトン』の制作および出演で知られる、リン＝マニュエル・ミランダらによる。とくにミランダは、『イン・ザ・ハイツ』の作詞・作曲も担当し、また舞台のオリジナルバージョンでは、主人公ウスナビも主演した。

❑みどころ

　そもそも主人公ウスナビの不思議な名は、移民一世の父親がはじめてアメリカに来た海上で目にしたアメリカ海軍の戦艦に由来する。その戦艦の存在感に圧倒され、船体の文字「U・S・NAVI」（アメリカ海軍）を読み取った父親は、きっと子供の名前にすると心に決めたらしいが、それをスペイン語読みしたため、ウスナビと名付けられた。映画「ゴッド・ファーザーⅡ」で、ヴィトー・コルネオーネが、コルネオーネ村出身だと伝えた際に、エリス島の職員がそれをうっかり名字として登録してしまうエピソードのように、移民の名前にまつわる取り違えのエピソードは、やや定型化してきている感もあるが、それでも主人公の二国のアイデンティティを言語（名前）で象徴する面白いエピソードである。

　このウスナビの名前だけでなく、全編を通じて主な使用言語は英語であるものの、本音で語り始めるときには、スペイン語になってしまう。もちろん彼らがふとスペイン語のモードになる際、英語しかわからない観客にとっても、映画の筋を追う上での不便さはない。しかし、彼らがアメリカ合衆国で長く生きながらも、ラテン・アメリカという自分の根幹の部分を決して捨てることができない、そしてそれが理屈では説明できない自分のアイデンティティであることが、この言語の無意識の転換の一瞬に表現されているようである。逆に、アブエラが若いころにスペイン語でいうところの「ヌエバヨーク」に、希望に溢れ、弾けるような心と体でやってきたものの、自分はこの国で歓迎されていないと徐々に自覚するようになるにつれて、心身ともに次第に疲弊し、彼女の中でこの町の名が「ニューヨーク」へと変わっていくエピソードは、見ている者の悲しみを誘う。

❏歴史的背景を知るキーワード

★南米の女の偉人たち

「チタ、リタ、フリーダ、セリア、ドロレス、イサベル、サンドラ、フリア、リゴベルタ、ミラバル姉妹、ソニア最高判事」。これはウスナビが、コミュニティの子供たちに語って聞かせる名前である。一人一人の名前が、ニューヨークの地下鉄の壁によくあるタイルのモザイク壁画の肖像画で紹介される演出は、ニューヨークで長く暮らしてきた南米移民たちの矜持を示すのか。最初から順に、女優チタ・リベラ、女優リタ・モレノ、画家フリーダ・カーロ、歌手セリア・クルース。労働指導者・公民権活動家ドロレス・ウエルタ、小説家イサベル・アジェンデ、作家サンドラ・シスネロス、詩人フリア・デ・ブルゴス、人権活動家・実業家リゴベルタ・メンチュウ、人権・政治活動家のミラバル姉妹、アメリカ連邦最高裁判所判事ソニア・ソトマイヨールである。

❏作品内重要キーワード

★不法移民と市民権

ウスナビの店から出た高額当選者は、名乗り出なかった。だが、その後でウスナビにその当選者本人からの贈り物が届く。ウスナビの決断は、店を一緒に切り盛りしてきた若い従弟ソニーの永住ビザを得るための裁判費用としてその賞金を使うということだった。また、スタンフォード大で挫折したニーナが立ち直ったとき、彼女も移民の子供の市民権のために働くと宣言した。このように、子供たちの市民権の問題こそが、実は大変深刻なものだということが、明るいミュージカル映画でありながらも、ひしひしと伝わってくる。

現在、アメリカで不法移民の数は一千万人を超えるともいわれる。その約八割が南米出身者であり、親に連れられて入国したものの、不安定な立場に追いやられた子供たちの問題は、未だ解決されてない。映画の中でも、アメリカでは不法移民でも車の免許は取れるが、大学には進学できない、という歌のフレーズがあり、また、「スキルがない」(You ain't got no skills) という映画の冒頭で歌われる。市民権を得られない限り、高等教育の道は閉ざされ、結果、社会の底辺の単純労働者として生きるしかない。とはいえ、彼らは様々な理由から帰国するわけにもいかず、大変不安定な精神的状況にも追い込まれている今後も注視していく必要があるだろう。

❏おすすめ同系作品

関連映画として、ウスナビの語りの中でも登場した、メキシコの女性たちの自伝映画をお勧めしたい。

『フリーダ』（二〇〇二）　メキシコの画家フリーダ・カーロの人生を、女優サルマ・ハエックが製作にも関わり、渾身の演技をみせている。フリーダの青い家や庭の美しさ、色彩の豊かさ、なかでも女学生だったフリーダが電車で事故に遭う場面の色使いは印象に強く残る。メキシコに亡命中のトロツキーとの関係や、夫ディエゴ・リベラのアメリカでの仕事、その際の壁画制作の場面など、エピソードの一つ一つが歴史を知る上でも興味深い。

『In the Time of the Butterflies』（二〇〇一）　残念ながら日本語字幕版はないが、『フリーダ』と同じく、女優サルマ・ハエック主演によって、ミラバル姉妹の人生が、映画化されている。ミラバル姉妹が一九五〇年代、ドミニカ共和国の独裁者ラファエル・トルヒーヨの独裁政権に抵抗した史実に基づき、ドミニカ系アメリカ人作家のフリア・アルバレスが一九

『イン・ザ・ハイツ』(2021)
(DVD 販売発売元 ワーナー・ブラザース・ホームエンターテイメント)

九四年に発表した小説『蝶たちの時代』（青柳伸子訳、作品社）が、原作となっている。小説は日本語で読めるので、おすすめしたい。

（峯　真依子）

『ハリエット』（二〇一九）
――逃亡奴隷を導く黒人女性のモーゼ

アフリカ系アメリカ人の映画で、偉人の伝記映画と言うと、まず一九五〇年代半ばから六〇年代にかけて南部を中心に公民権運動を展開したマーチン・ルーサー・キング牧師（一九二九―六八）のアラバマ州セルマからモンゴメリへの行進を扱う『グローリー明日への行進』（二〇一四）。また同時期に北部で攻撃的に舌戦を繰り広げたネーション・オブ・イスラムのスポークスマンのマルコムX（一九二五―六五）の伝記『マルコムX』（一九九二）だろう。エンタメ界ならジェームズ・ブラウンの伝記『ジェームズ・ブラウン最高の魂(ソウル)を持つ男』（二〇一四）、レイ・チャールズ（一九三〇―二〇〇四）の『Ｒａｙ／レイ』（二〇〇四）そしてアレサ・フランクリン（一九四二―二〇一八）の『レスペクト』（二〇二一）などが挙げられる。さらにスポーツ界ならボクシングのモハメッド・アリ（一九四二―二〇一六）を描いた『ＡＬＩアリ』（二〇〇一）や野球界ではジャッキー・ロビンソン（一九一九―七二）の『42世界を変えた男』（二〇一三）が思い浮かぶはずだ。

これらは、どれも二十世紀に活躍したアフリカ系の偉人たちだが、本作『ハリエット』の主人公ハリエット・タブマン（一八二二―一九一三）が大活躍したのは、まだアメリカ南部で奴隷制度が行われていた十九世紀前半から南北戦争終結まで。だが彼女こそ北部のマサチューセッツ州ボストン近郊のコンコードに本部を置く、奴隷の逃亡を秘密裏に援助する地下組織、「地下鉄道」（アンダーグラウンド・レイルロード）の、「総司令官」まで登り詰めた人物。その活躍から「黒人のモーゼ」とも称され、奴隷解放後もその他の数々の功績を残した女性。日本では馴染みはないだろうが、アメリカ人には知名度の高い、「偉人の伝記映画」に相応しい人物なのだ。

またオバマ政権下で、タブマンが黒人で且つ女性で初の紙幣の肖像画として二〇二〇年からの採用が決まり、それに合わせて、この作品も制作されたことは明らかだろう。だが対象になった二〇ドル紙幣のこれまでの顔は第七代大統領アンドリュー・ジャクソン（一七六七―一八四五）。トランプ元大統領が尊敬し、執務室にはジャクソンの肖像画を掲げており、ジャクソンの顔の代わりに、表にタブマンが採用されることにトランプが気に入らないのは当然こと。トランプは大統領になると、いろいろ問題を指摘してストップがかけられ、二〇二三年時点でまだ実現していない（現時点でバイデン政権下では二〇二八年には刷られる予定と言われてはいる）。ちなみにジャクソンは、南部テネシー州出身で奴隷所有者、ニューオリンズの戦いでは先住民を虐殺し、政権下ではチェロキー族を機に強制移住法を制定した大統領である。そんなジャクソンを尊敬するトランプだから南部の人種主義者にも配慮してタブマン紙幣に反対しているのかと書くと憶測が過ぎるだろうか。

❏どうしても観たくなるストーリー解説・多少のネタバレ覚悟

主人公のハリエット・タブマンの奴隷時代の名はアラミンタ・ロスでミンティと呼ばれていた。舞台はまず一八四九年のメリーランド州バックタウンのブローダス奴隷農場で、彼女がまだ家族と暮らしていた時期から始まる。冒頭では、朝霧立ち込める中、野原で仰向きに眠るミンティ(ハリエット)。すると突然、これは夢なのか過去の記憶なのか、青がかかった暗い画像に代わり、彼女が家族と引き離されて連れて行かれる中、両親に助けを求めて叫ぶシーンとなる。すると愛する夫ジョンの呼ぶ声で目を覚ますミンティは、カラーの現実の映像に戻る。作品が進めば分かるが、観る側は冒頭から途中まで、どういう状況かと疑問が残る。製作側の意図とは異なるだろうが、先に知っておいても良いと思う。

だから、かなりのネタバレ覚悟で、後の展開理解に重要な点を敢えて説明しておくことにしよう。彼女は、意識を失う睡眠症を患い、その際、予知夢を見るようになったという設定なのだ(この件に関しては伝記によると、彼女は白人主人から受けた頭部外傷からナルコレプシー(眠り病)などの後遺症で苦しんだとされている)。

ストーリーでは、彼女に予知夢の症状が現れたのは、白人に頭を割られた後遺症によるものとされている。作品では所々に挟まれるこの画像が、何度も彼女の危機を救い、時にはストーリーの伏線にもなり、この予知夢は「神からのお告げ」として、奴隷たちを救う「モーゼ」となるためとまとめられる。

　ミンティが逃亡するきっかけまでをそこまで書くかとここでお叱りを覚悟で説明しておこう。彼女の夫ジョンは、主人の遺言で既に彼女の母親は自由の身であるべきで、そえゆえミンティも自由黒人、二人とも解放してくれと弁護士の手紙を見せて要求する。だが白人主人のエドワードはその手紙を破り捨て、二人は永遠に自分のものだと一蹴する。

　落胆した彼女は、森の中へ走って行き、それを追うエドワードの息子ギデオン。ミンティが自分たちを解放しないエドワードの魂を抜き取るよう神に祈る姿を目にして、「黒人の祈りなど神には受け入れられない」と言い、黒人奴隷を豚に例えて罵る。しかしその晩寝ている彼女にエドワードの顔が浮かぶと、突然、外が騒がしくなり彼は突然、亡くなる。葬儀の場面では、ギデオンはミンティと視線を合わせて自分の父の死は彼女の呪いのせいと考え、彼女を売りに出すポスターを木に打ち付ける。奴隷商人が現れると、彼女は「南部に売られる」と逃亡することを決意するのだ。ジョンも一緒に逃げる計画を立てるが、彼女を探すギデオンに見つかり、留まらざるを得ない。彼女は父親の指示どおりグリーン牧師の教会を訪れ、逃亡の算段を教えられ、独りで一六〇キロの距離を協力者の助けを借りて、自由州ペンシルヴァニアを目指し成功する。実はこのグリーン牧師も実在の人物であったと伝記では語られている。

彼女はその後フィラデルフィアの地下鉄道の世話で下宿と仕事を世話され、自由黒人として街に溶け込むが、心配なのは残してきたジョンと家族のことだ。地下鉄道の主導者ウイリアム・スティルに潜入して救い出してくれと頼むが、そう簡単にはいかない。彼女は一人で再び故郷に潜入して家族を伴って逃亡に成功し（ジョンが逃亡しない理由は映画で確認してもらいたい）、その実力に驚くスティル。その後、彼女は地下鉄道の「車掌（先導者）」として活躍を始めることになる。そしてエンディングでは、北部に逃げても奴隷主人は自分の奴隷を取り返すことができる一八五〇年制定の「逃亡奴隷法」後に彼女たちもカナダへ逃げる場面で終わるのである。

❏スタッフとキャスト情報

脚本と監督はケイシー・レモンズ（一九六一―）。女優としてアフリカ系のスパイク・リー監督（一九五八―）の学園コメディ映画『スクール・デイズ』（一九八八）出演がデビュー作。監督のキャリアの方は賞も受賞した『プレイヤー死の祈り』（一九九七）でスタートさせている。

ハリエット（ミンティ）を演じたのはシンシア・エリヴォ（一九八七―）。ミュージカル出身で『天使にラブソングを―シスター・アクト』などに出演後、ブロードウェイで『カラー・パープル』で主人公のセリーを演じてトニー賞などを受賞した。本作でもアカデミー賞の主演女優賞と作品内で歌う「スタンドアップ」で歌曲賞にノミネートされた。

地下鉄道のメンバーのウイリアム・スティルを演じるのはクレスリー・オドム・Jr（一九八一―）。ミュージカル『ハミルトン』では主役アーロン・バーを演じ、また多くのテレビドラマシリーズに出演している。

❏みどころ

★歌われるゴスペル

作品が少し進み、黒人牧師が歌う「鋤を握って働き続けろ（Hold on/keep your hand on the plow）は有名なゴスペルだ。この曲はゴスペルの女王マヘリア・ジャックソン（一九一一―七二）やプロテストソングで活躍したピート・シーガー（一九一九―二〇一四）なども歌っている名曲。一方、このままでは南部に売られると逃亡を決意したミンティ（エリヴォ）が歌い始めた「グッバイ・ソング」を奴隷たちが揃って伝言のように歌い始めるのには訳がある。逃亡奴隷が逃げる合図には、白人が気づかないゴスペルを歌い伝え合ったり、小屋の前に掲げたキルトで合図を送ったりしたことは、多くの資料が語るところである。中でも逃亡の合図として使用されていたゴスペルとしてよく知られているのは、「スティール・アウェイ」や「行けモーゼ」などである。因みにゴスペルというと「アメージング・グレース」が思い浮かぶ人も多いだろう。だが実はこの曲、奴隷貿易に関わった奴隷商人ジョン・ニュートン（一七二五―一八〇七）

が自分の罪の呵責に耐えかね、その罪を償うために牧師となり歌を作ったこともニュートンの伝記に詳しい。

★逃亡奴隷の実態

「逃げて捕まった逃亡奴隷は傷物、さんざん殴られ、逃げられないように腱を切られる、逃げてもいずれ追手に捕らえられるか、狼に食われる」とグリーン牧師は言い、最初は彼女に思いとどまるよう説得を試みる。特に彼女の場合は一人で、道中、地下鉄道の誘導もなく、長距離を歩いて移動するという危険を冒しての逃亡であったからだ。

★奴隷たちに許されていた宗教活動

奴隷制時代、例外的な白人主人を除いて奴隷たちは、文字を習うことは禁止、またアフリカ起源の音楽を含め太鼓も禁止であった。文字は奴隷を無知に留めておくためだが、太鼓はアフリカから継承された奴隷同士の伝達手段となり奴隷蜂起に繋がるからなどと、その理由は言われている。だが、太鼓を禁じても宗教活動は許可していたので、小屋を使って集まり礼拝をすることやゴスペルを歌うのは許したので、それが逃亡の手段となったのは皮肉なことだ。

❏歴史的背景を知るキーワード

★アメリカ文学史と奴隷制

アメリカ文学史上ではこの時期は重要な「アメリカン・ルネッサンス」と称される時代に入る。哲学者ラルフ・ウォルド・エマソン（一八〇三—八二）が「超絶主義」を掲げて『自然論』（一八三六）を出し、彼が拠点とするボストン近郊のコンコードに文人たちが集った。一番弟子のヘンリー・デイヴィッド・ソーロー（一八一七—六二）、ナサニエル・ホーソン（一八〇四—六四）、ハーマン・メルヴィル（一八一九—九一）、ウオルト・ホイットマン（一八一九—九二）ほかの面々だ。エマソンの哲学の根本にあるのは、端的に言うならば「人間の自由と解放」で、当時のかつて牧師の職にあった彼にとっての戒律だらけでがんじがらめの宗教界や、人間を搾取する黒人を苦しめる南部の奴隷制、西部開拓の名のもとに正当化して排除し続ける先住民政策への贖うものとなっていた。実は逃亡奴隷を秘密裏に逃す地下鉄道の本部はこのコンコードにあり、エマソンやソーローなどもこの運動を影で援助していたことが明らかになっている。

★ハリエット・ビーチャー・ストウ（一八一一—九六）の小説『アンクル・トムの小屋』（一八五二）は、奴隷のアンクル・トムが最初の飼い主から、次々と売られていくストーリーだが、作品中では逃亡奴隷を助ける地下鉄道のメンバーやクエーカー教徒も登場する。

★ジョン・ブラウン（一八〇〇―五九）もタブマン同様に父親の代から地下鉄道に所属し、元逃亡奴隷などから仲間を募り、白人や黒人そして息子を含めた十八名と共に奴隷主人を誘拐して南部軍の武器庫ハーパーズフェリーを襲撃して奴隷解放を求めた。しかし失敗に終わるとブラウン以外は殺害され、彼は見せしめに絞首刑に処された。

❏作品内重要キーワード

作中で重要なキーワードはこれだ。

★地下鉄道（**アンダーグランドレイルロード**）

この秘密組織は、南部に潜入して逃亡奴隷が逃亡する手助けをするもの。設立されたのは十八世紀末と言われている。当時、奴隷を所有していた大農園（プランテーション）を経営する南部白人の主人たちは、動産である奴隷を「盗む」犯罪者として、地下鉄道のメンバーを、雇いあげた追跡者に「お尋ね者」として追わせていた。

★「**逃亡奴隷法**」

一八五〇年に制定され、北部に逃亡し自由黒人となった元奴隷も、元奴隷であることが見つかると、法律に則り、主人の元に戻されることが認められると同時に、逃亡の援助をした者も南部の法で罰せられることになった。

★**アメリカ南部奴隷州**

リンカーンが大統領に当選した一八六〇年当時の奴隷州は、十五州でデラウェア州、メリーランド州、ヴァージニア州、ノース・カロライナ州、サウス・カロライナ州、ケンタッキー州、テネシー州、ミズーリ州、アーカンソー州、フロリダ州、ジョージア州、アラバマ州、ミシシッピ州、ルイジアナ州、テキサス州、である。

❏おすすめ同系作品

アフリカ系の数ある中から、奴隷制に関する映画に絞って紹介する。

『それでも夜は明ける』(二〇一四) ソロモン・ノーサップの伝記をもとに製作された作品。一八四一年、自由黒人としてニューヨークで暮らしていた彼が、誘拐され奴隷商人に売られ、十二年間、奴隷として苦悩の日々を送らねばならないストーリー。

『アミスタッド』(一九九七) 奴隷船アミスタット号が、キューバ沖で遭難したことを機に、奴隷たちが反乱を起こし、船はアメリカ東部に一時帰港することになる。アメリカとして彼らの主張どおり、アフリカへ帰すか、スペインとの外交問題を考えて、予定通り奴隷貿易を成立させるか議論となる。監督はスティーヴン・スピルバーグで同時代の彼の作品には『リンカーン』（二〇一二）がある。

『ニュートン・ナイト』（二〇一六）　南北戦争の最中、貧しい南部白人のニュートン・ナイトが黒人の奴隷反乱軍をと共に、南軍に立ち向かった事実に基づいた歴史映画。

『ジャンゴ―繋がれざる者』（一九七二）　妻を奪われた奴隷のジャンゴが、ドイツ人の賞金稼ぎシュルツと金を稼ぎ、その金で妻を取り戻そうとするストーリー。クエンティン・タランティーノ監督作品。

『マンディンゴ』（一九七五）　ルイジアナ州のプランテーションで奴隷売買を商売にしている白人が持つ奴隷農場を舞台に、白人と黒人の愛憎、一家の栄光と没落が描かれるドラマ。

（君塚淳一）

『ハリエット』

『ハリエット』(2019)
（DVD 販売発売元 NBC ユニバーサル・エンターテイメントジャパン）

『ブラック・クランズマン』（二〇一八）

ＫＫＫを内側から食い破った男たちの痛快実話映画

二〇一七年の衝撃（笑劇）的なトランプ大統領の出現以来、アメリカの右傾化にいまだ衰えは見えない。皮肉にもロシアがウクライナのネオナチ台頭を侵攻の見え透いた名目としたように、アメリカにおいても多くの国家主義的な組織の活動が勢いを増している。その筆頭にあげられるのがＫＫＫ（クー・クラックス・クラン）である。黒人、アジア系、ユダヤ系はもとより、カトリック教徒や同性愛者、近年ではヒスパニック系の移民までも差別の対象とする白人至上主義の秘密結社ＫＫＫ、その設立は一八六五年にまでさかのぼる。三角頭巾をかぶり、十字架を燃やす異様な姿に恐怖を覚えた人は少なくない。

そんな組織に、もしも黒人が加盟したら？　ありえないと思われたことを黒人とユダヤ系白人が二人一役でタッグを組むことでまんまとやってのけた刑事たちがいた。

❏どうしても観たくなるストーリー解説・多少のネタバレ覚悟

映画は、ＫＫＫなる団体がいかなる思想を持っているかを示すかのように、ボーリガード博士のプロパガンダ映像撮影の模様から始まる。純白の血が汚されたとする「雑種国アメリカ」の話から教育の場における人種統合を嘆くブラウン判決の話、そして、すべてはユダヤ人が裏で糸を引く国際的陰謀であるとしたうえで、キング牧師をマーチン・ルーサー・クーンズ（黒人の蔑称）と呼ぶ。

一九七〇年代初頭、ロン・ストールワースはコロラド・スプリングスの警察署初のアフリカ系アメリカ人として警察官に採用され、人種差別的な扱いを受けつつも見習いの潜入捜査官として活動を始める。そして、元ブラック・パンサー党の元最高幹部ストークリー・カーマイケル（のちに改名してクワメ・トゥーレ）の演説会に派遣されたのをきっかけに、活動家の女子大生パトリスと親交を深めるようになる。KKKの新聞広告をふと目にしたロンは、メンバーとして潜入して情報収集を試みることを思いつく。しかし、黒人のロンが実際に集会に参加するわけにはいかず、実際に潜入するのはロンに成りすましたユダヤ系白人警官のフリップ、本物のロンは電話担当でKKK支部と連絡を取り合うという、二人一役での捜査が進んでいく。

ロン役のフリップが徐々に組織になじんでいくなか、活動に暴力は用いないと公言する現支部長のウォルターに反発するフェリックスは、陸軍内のシンパから手に入れた爆薬で黒人へのテロを企む。ここで危機一髪の急展開。以前フリップにつかまったメンバーによってフリップが警官であることがフェリックスにばれてしまう。タイミングを見計らうフェリックスのとなりの席をそそくさと立って外に出る彼の妻コニーを見て、これまた皮肉にも地元警察としてデイビッドの警護を任されたロンは胸騒ぎがして後を追う。

ロンの通報でデモ隊の近くに警察が集結し始めたために、フェリックスはコニーにプラン変更を指示、コニーはパトリスの自宅に爆弾を仕掛けようとするが本人が帰宅したため、プランにはないパトリスの車に仕掛けてしまう。一方、コニーを見つけ逮捕しようとしたロンを地元の白人警官たちが警官と気づかずに暴力的に逮捕する。そこに駆け付けたフェリックス一味、てっきり爆弾は自宅に仕掛けられているものと信じ込み、パトリスの車の横で起爆装置を押す。車は爆発し、フェリックス一味は全員爆死、泣き叫ぶコニー。遅れて到着したフリップの一喝でロンは白人警官の暴力から解放される。

すべてが解決し、パトリスの誤解も解けたロンが最後に仕掛けた潜入捜査、その対象は差別主義者である同僚警官アンディ。パブで酔っぱらってパトリスに吐く差別的悪態を隠しマイクで署長はじめ署員全員に聞かれたアンディは逮捕される。最後も人種を超えての正義が光る。

しかしながら万事ハッピーエンドとはならず、予算カットでチームは解散、ロンはそのまま署を去ろうとするも、思い直してKKK会長のデイビッドに電話し身元を明かしてやり返す。にもかかわらず、やはりホワイトアメリカの壁は厚く、再び十字架が燃やされる。そして、ここからは実際のシャーロッツビルでの衝突（二〇一七）をはじめ、バージニア大学での反ユダヤデモ（二

○一八)、トランプ元大統領の白人至上主義擁護発言、デイビッド・デューク本人による実際の演説の模様、そして何よりショッキングなBLM運動デモの集団にアンチが車で突っ込んで人びとが跳ね飛ばされる瞬間の実写映像が流され、犠牲になった白人女性へザー・ハイアーの写真とともに"NO PLACE FOR HATE"(「憎しみに居場所なし」)という文字が花に囲まれて映し出される。そして最後、赤、青、白の星条旗が徐々に脱色してモノクロになるという暗示的な終わり方で映画は幕を閉じる。

❏スタッフとキャスト情報

ロン・ストールワースによる『ブラック・クランズマン』(二〇一三)を原作とするスパイク・リー監督による同映画は、一九八九年の『ドゥ・ザ・ライト・シング』以来約三十年ぶりのアカデミー賞ノミネート作品で、作品賞、監督賞、助演男優賞など六つの賞にノミネートされ、最終的には脚色賞を受賞した。また、二〇一八年のカンヌ映画祭でパルム・ドールに次ぐグランプリを受賞。さらに、第七十六回ゴールデングローブ賞でも作品賞を含む四つの部門でノミネートされるなど、同監督としてはこれまでに最も評価された映画だと言えるだろう。興行収入は九三四〇万ドル(当時の為替レートを一ドル=一一〇円とすると約一〇三億円)を記録した。

キャストのなかで注目すべき一人は、主人公ロン・ストールワース役を演じるジョン・デイビッド・ワシントン。シドニー・ポワチエ（一九二七—二〇二二）以来、黒人で二人目のアカデミー主演男優賞を受賞した名優デンゼル・ワシントン（一九五四—）の息子である。元プロフットボール選手という異例の経歴も目を引くが、その演技力の高さはやはり父親譲りと感心せずにはいられない。そして、あと一人はクワメ役のコーリー・ホーキンズ。映画『ストレイト・アウタ・コンプトン』（二〇一五）のドクター・ドレー役などでも知られ、そのセリフ回しのキレには思わず吸い込まれるものがある。迫力に満ちた演説の最後の「もし今じゃなきゃいつやる？　もし君たちじゃなきゃ誰がやる？　すべての人に力を！」というクワメの言葉に、思わず拳を天に突き上げたくなるに違いない。

エンディングの音楽も驚きの選曲である。なんとあのプリンスが一九八三年にピアノの弾き語りで収録した『メアリー、泣かないで』。実はこの曲、南北戦争以前から歌われている黒人霊歌で、一九六〇年代にフォークシンガーのピート・シーガーが歌ったことで公民権運動のキャンペーンソングとなったということ。歌詞は『旧約聖書』の出エジプト記に基づくもので、エジプトで奴隷にされていたユダヤ人をモーゼが海を割って逃すという誰もが知るあの逸話に由来する。つまり、この曲は黒人とユダヤ系白人の両者を同時に勇気づけ、未来への希望をもたらした魂の歌なのである。

❏みどころ

「正義は必ず悪に勝つ」という誰もが望む結末に向かって痛快に突き進む展開そのものがこの映画の一番の見どころではあるが、細かく見ていくと味のあるシーンが方々にちりばめられていることに気づく。そのいくつかを紹介しておこう。

★黒人、ユダヤ、白人（人種差別主義者の同僚アンディを除く）の警官がタッグを組んでＫＫＫ潜入の任務を遂行しようと息を合わせるところ

★偽ロンのフリップが再三ユダヤ系であることを疑われ、それを否定するために自らユダヤ系を侮蔑することで、逆にそれまであまり意識してこなかった自らのユダヤ性を意識するようになるところ

★特に差別的で過激なＫＫＫメンバーのフェリックスが「やっと自由になれる！」というキング牧師の言葉を逆手にとって「アメリカが黒人から解放されて」というところ（例えば銃が単なる武器ではなくその背景に家族愛や開拓精神があるように、ＷＡＳＰの純粋さを奪われることでアメリカは滅亡するという狂信的な価値観が一部の白人の心を支配しているという現実の深刻さが浮き彫りになる）

★「デ～オ、イデデ～オ♪」でおなじみの『バナナ・ボート』を歌ったハリー・ベラフォンテ（一九二七―二〇二三）による一九一六年のジェシー・ワシントン・リンチ事件の語りとその内容、そしてそれが絵ハガキとして売られたという衝撃的事実およびその実際の写真（最後はカメラに向かって、つまり映画を観ている我々に向かって写真は提示される）

★人種差別的警官の同僚アンディが見事ロンの隠しマイクによって職権乱用等で白人の署長はじめ同僚の了解のもとで逮捕され連行される爽快な場面

❏歴史的背景を知るキーワード

★ＷＡＳＰ（ワスプ）

白人(White)、アングロ・サクソン(Anglo-Saxon)、プロテスタント(Protestant)の頭文字をくっ付けたもの。プロテスタントで北方系の白人のみが神に選ばれたアダムの子孫であり、どの人種よりも優れているとするイデオロギーに基づいたもの。ちなみに、歴代でＷＡＳＰ以外の大統領は有色人種のオバマと、ともにカソリックのケネディとバイデンの三人のみ。

★**カウンター・カルチャー（対抗文化）**

公民権という機会の平等を求める運動は、一九六〇年代から一九七〇年代にかけて黒人のみならず白人の若者にも変化をもたらした。趣向性は保守から革新へと変わり、長髪とひげ、ジーンズとTシャツが流行した。違法薬物の使用が増え、ロックンロールが爆発的な人気を博すと同時に、ボブ・ディランなどの社会・政治的メッセージ・ソングが流行した。これと並行する形で、新左翼と呼ばれる大学生の過激派活動家が台頭し、やがてはベトナム反戦運動へとつながっていく。

❏作品内重要キーワード

★KKK（ケー・ケー・ケー）

一般的には白人至上主義団体とされるが、正しくは北方人種至上主義を掲げ、黒人、ユダヤ系、アジア系の異人種のみならず、カトリックや同性愛者、フェミニストなども排除の対象としている。正式名称は、クー・クラックス・クラン（Ku Klux Klan）。

❏おすすめ同系作品

『背信の日々』（一九八八）白人至上主義により殺された黒人の捜査で、潜入捜査を任された女性FBI捜査官。そこで彼女はある父娘と知り合うが、その父親と恋仲になるものの、実は彼は黒人をゲームで殺害する、彼女が追うべき残酷な犯人であった。

『評決のとき』（一九九六）マシュー・マコノヒー、サミュエル・ジャクソン、サンドラ・ブロック、ケヴィン・スペイシーという、当時はまだ有名ではないが、今では誰もが知る俳優陣が登場する、原作はジョン・グリシャムの作品。十歳の娘を白人青年二人に強姦された黒人の父親が、裁判所で二人を射殺し、その弁護を友人である白人弁護士が引き受けるストーリー。南部では白人は無罪になると考えてのことだが、弁護士そして彼の助手を務める大学院生までもが、差別主義者に狙われることになる。

（山本　伸）

『ブラック・クランズマン』(2018)
（DVD 販売発売元 NBC ユニバーサル・エンターテイメントジャパン）

『グリーンブック』（二〇一八）

いずれは不要を望む「命を繋ぐ道しるべ」

『グリーンブック』は、黒人のジャマイカ系アメリカ人ピアニストのドクター・シャーリーとドライバー兼用心棒として雇われたイタリア系アメリカ人トニーの二人が、シャーリーのライブツアーで南部を回る、実話をもとに製作されたロード・ムービーである。実話とは、父トニーから聞いたシャーリーとの体験を、トニーの息子ニック・ヴァレロンガが脚本に参加し完成させたものだから。これがアメリカ南部の人種差別を敢えてシャーリーが体験しようとした旅であることは最後で理解できる。時代は、いまだ黒人（アフリカ系）への差別が「ジム・クロウ法」という人種隔離を行う法律により、南部の諸州において公然と差別が行われていた一九六二年。互いの人種的偏見を超えて、この旅がいかに二人の関係に変化を生じさせるのか。

アフリカ系とイタリア系のニューヨークでの愛憎トラブルを描いた作品といえば、『ドゥ・ザ・ライト・シング』（一九八九）や『ジャングル・フィーバー』（一九九一）だろう。両作品とも監督をつとめたスパイク・リー（一九五八―）は、前者では互いの憎悪を描き出し、後者では民族を超えて愛し合う二人が結局は互いに相いれない両民族集団から排除される悲劇で作品をまとめあげる。

そもそも多民族で構成されるアメリカ、それも「人種のるつぼ」の代表的な都市ニューヨークが舞台で、異なる民族同士が接触することで、摩擦が生じるのは当然のこと。実はこの摩擦は民族的なものだけではなく、宗教を背景にしてユダヤ系とアフリカ系、またプロテスタントとカトリックを扱う作品も多くある。後者では、このキリスト教でも宗派の異なる集団の間でマンハッタン島の悪名高き地区ファイブ・ポインツが舞台の実話をもとにした悲劇を映画化した作品がある。マーチン・スコセッシ監督、レオナルド・ディカプリオ（一九七四―）、キャメロン・ディアス（一九七二―）そしてダニエル・デイ・ルイス（一九五七―）出演の『ギャング・オブ・ニューヨーク』（二〇〇二）だ。

最後になったが、タイトルの「グリーンブック」とは、そもそも何なのか。このいまだ差別が激しい時代に、アフリカ系アメリカ人が安全にアメリカを旅するためのガイドブックである。アフリカ系のヴィクター・ヒューゴ・グリーン（一八九二―一九六〇）によって、一九三六年から出版されたこの冊子自体、誰もが知るものではなく、その存在をこの映画で知らされた人も多いだろう。だが、実はすでに『ルースとグリーンブック』（二〇一〇）という子供用の本も出版されている。ちなみにタイトルの「いずれは不要を望む」とは『グリーンブック』の著者グリーンの実際のガイドブックに書かれた言葉であることもつけ加えておこう。

❏どうしても観たくなるストーリー解説・多少のネタバレ覚悟

時代は一九六二年、すでに公民権運動は展開されていたものの、まだ、特にアメリカ南部では人種差別が激しい時代のこと。イタリア系のトニー・リップ・ヴァレロンガは、腕っぷしが強いことと、頑丈な体つきが買われて、ニューヨークの繁盛しているナイトクラブ「コパカバーナ」の用心棒として雇われていた。だが店の改装で二か月間、暇をだされることになる。家族を養うため、働かねばならないところ、ドライバーとしての仕事を紹介され、応募することになる。雇い主は「ドクター」と言うから、「医師」だと思い面接に訪れると、「博士」の意味の「ドクター」で、彼はカーネギーホール最上階の高級マンションに住む黒人のジャマイカ系ピアニストであった。この天才ピアニストのドクター・ドナルド・シャーリーから依頼される仕事内容は、人種差別激しい南部を含めたコンサートツアーがクリスマスまであり、運転手を務めるものだった。

ここでトニーは自分から仕事を断り、マンションを出る。理由は相手がアフリカ系であることに加え、身の回りの世話までするからだ。ところが、シャーリーはトニーの家に電話をかけて彼の妻を高額の報酬で説得して、まんまとトニーを雇い入れることになる。

運転手のトニーは出発にあたり「グリーンブック」を渡され、シャーリーと同じ宿に泊まれないこともあるから、と説明される。作品タイトルにはなっているがその後「グリーンブック」に触れられるのは、一度しかない。しかし「グリーンブック」自体が作品では人種隔離政策の象徴だからシャーリーが南部で体験する様々な差別そのものとされているのだ。

さて出発すると、最初から二人はぶつかり合う。紳士で学識のあるシャーリーと粗削りで教養もなく、時にはお土産店では盗みや公演待ち時間にはドライバーたちと賭け事にも興じるトニー。それを正すシャーリーにいらつくトニーだが、音楽的才能には尊敬するようになり、互いに影響を及ぼしながら変わっていき、自分の秀でている点で相手をサポートするように二人の関係に変化が生じる。

二ヵ月にも渡り家を空けることで妻がトニーに約束させたのは、電話代は費用がかかるから毎日、手紙を書くこと。「シャーリー天才だろうが楽しそうじゃない」と、妻への手紙でシャーリーの印象を綴る。最初の公演先インディアナでのこと。用意されたピアノはシャーリーが依頼したスタインウエイではなく、おまけにごみが載せられている始末。トニーはそれを担当する白人に指摘するが、変更に応じずイタリア系のトニーをも差別用語で侮辱する。そんな男を殴って、結果的にトニーがスタインウエイを準備させ演奏を見守るシーンは印象に残る。

繰り返し描かれるのは、南部での人種隔離政策を法制化した「ジム・クロウ法」によるシャーリーへの人種差別である。コンサートでは、豪華に着飾った白人たちを感動させるが、それ以外では、「黒人」として人種隔離政策に沿って、レストランにも入れずトイレも使えず、また「グリーンブック」の存在が示すように、泊まるのも白人のトニーとは別の黒人宿泊用の宿となる。

作中では深南部（ディープサウス）でシャーリーが差別を受ける様子も描かれる。例えば一人で夜に食事に出かけたシャーリーは白人から暴行を受けて危険な目に合うがそれを救うトニー。しかし、そのあとの更なるもめ事が原因で二人とも留置所に入れられ、コンサートが続けられないという危機に直面する。しかしそこは、一流の音楽家のシャーリーのこと、最終手段を使い知人で当時の司法長官ロバート・ケネディに連絡し無罪放免で解放される。

すべての公演を終えたクリスマス・イブの夜、大雪の中、二人は帰途につく。旅の間、運転を続けて疲労困憊のトニーに代わり、シャーリーが運転する。シャーリーが独りでクリスマスを過ごすのが分かっているトニーは彼を自宅に寄るよう誘うが、シャーリーは彼を自宅のアパートの前で降ろして帰宅する。

トニーの自宅ではパーティが開かれているが、黒人への差別用語を使う仲間に「それはやめろ」と注意するトニー。その後、遅れて訪ねてきた友人の後ろにはシャーリーがいた。エンディングはクリスマスの夜、ひとり孤独のクリスマスを過ごすはずの彼を迎え入れるのは、一族ファミリーが集まるイタリア系のトニーの温かいアパートだ。

❏スタッフとキャスト情報

監督はピーター・ファレリ、兄弟のボビー・ファレリと共に制作する作品も多い。ジャック・ブラック主演のコメディ『愛しのローズマリー』（二〇〇一）、キャメロン・ディアス主演の『メリーに首ったけ』（一九九八）、ジム・キャリー主演の『ジム・キャリーのＭｒ・ダマー』（一九九四）など代表作に見られるようにコメディ作品が多い。

トニー・リップ・バレロンガを演じたのは、ヴィゴ・モーテンセンで、彼を一躍有名にしたのは『ロード・オブ・リング』のアラゴルン役だろう。

ドクター・シャーリーを演じるのは、マハーシャラ・アリ。テレビドラマで活躍した後、映画界に進出し、『ベンジャミン・バトン／数奇な人生』（二〇〇八）で評価され全米映画俳優組合賞にノミネートされ、『ハンガーゲーム』シリーズ（二〇一二、二〇一四）、『ムーンライト』（二〇一六）や『ドリーム』（二〇一六）では数々の賞を受賞するなど、話題作に次々と出演している実力派俳優である。

❏みどころ

★実在のドクター・ドナルド・シャーリーとは誰か

彼はステージではドン・シャーリーとして知られるドナルド・ウォルブリッジ・シャーリー（一九二七―二〇一三）という一流のミュージシャン。ジャンルはクラシック音楽から影響を受けたジャズ。幼いころから天才と、その才能はクラシック界で認められ、大統領や外国の要人からも招待を受けて演奏会を開く。その経歴は本作の中でも「三歳でステージを経験、十八歳でボストンポップス管弦楽団と共演、心理学と音楽典礼芸術の博士号取得、ホワイトハウスで十四カ月で二回招待されて演奏している」と紹介されている。彼はデュークエリントンとも交流があり、グループは三人つまりトリオ。

★映像内での演奏は誰がしているか

本作のサウンドトラックを担当したのが、米国のピアニストで作曲家のクリス・バワーズ（一九八九―）で、シャーリーと同じく、ジャンルはクラシックとジャズ。作品内での演奏も彼が担当した。演奏だけでなく、演奏場面もCG処理がされている。

★アメリカ南部の農場で働く黒人の画像

長距離ドライブにより、車がオーバーヒートし、南部ケンタッキーの田舎の農場で働くアフリカ系農民たちが映し出される。彼らはきちんとした身なりで、高級車に運転手付きで乗るシャーリーを眺め、一方、彼も南部の黒人の状況を初めて見るように描かれる。

❏歴史的背景を知るキーワード

★アメリカ深南部（ディープサウス）

「深南部」と訳せるこの地域は、かつて奴隷制度を維持し、黒人奴隷に過酷な労働を強いていた南部の中でも、特にその差別が激しい地域。ルイジアナ州、ミシシッピ州、アラバマ州、ジョージア州が主たる州といえる。

★ジム・クロウ法

南北戦争後、南部の奴隷制度解体後、「南部再生（リコンストラクション）」が北部によりされた。だが北部人が引き上げると、途端に南部諸州は南部独自の法律である「ジム・クロウ法」を作り、「分離すれども平等」のもとに人種隔離政策を始めた。その一つが公共施設の分離で、たとえばホテルやレストラン、映画館、バスの乗車方法などの分離である。

★リトル・リチャード、ジェームス・ブラウン、アレサ・フランクリン、チャビー・チェッカー、サム・クック

運転中ラジオからリトル・リチャードの「ルシール」、チャビー・チェッカーの「スロー・

ツイスティング」、アレサ・ランクリンの「ウオント・ビー・ロング」とアフリカ系の当時のヒット曲が流れる。「ルシール」に誰の曲だとシャーリーが尋ねたことから、「あんたアフリカ系なのにこん有名な人知らないのか」と驚くシーンがある。

❏作品内重要キーワード

作中で重要なキーワードはこれだ。

★グリーンブック

作品タイトルである「グリーンブック」とは、一九三六年に、中流のアフリカ系アメリカ人が自動車で安全に旅行できるようにと、元郵便局員のヴィクター・ヒューゴ・グリーンにより毎年、出版された冊子。特に人種差別による人種隔離をする地域では（時には北部でも）、黒人はホテルなどの宿泊施設やレストランも入店を拒否されていた。そんな状況下で黒人も受け入れる施設をまとめて掲載したもの。「グリーンブック」内の歴史ページによれば、手に入れたい場合は、メールオーダーか、エッソのガスステーションで置かれていたとある。手元にある一九五四年版には観光地の解説や写真まで記載されている。また一九六三―六四版のインターナショナル・エディションには国内に加えて南米、ヨーロッパやアフリカまで加えられている。

★ニューヨーク・ブロンクスのイタリア人街

ニューヨークのイタリア人街といえば、マンハッタン南（ロウアー・マンハッタン）のリトルイタリーが有名。だがニューヨーク市北部のブロンクスもイタリア人街があり、トニーの地元はこのブロンクス。

★フライドチキン

トニーが運転しながら頬張るフライドチキン。あんたも食べろと渡されるが、シャーリーは直に手で骨付きチキンにかぶりつくのにはさらに抵抗がある。骨付きは、そもそも、アメリカ黒人たちがソウルフードとして、食べ始めたとも言われている。

❏おすすめ同系作品

アフリカ系の数ある中から、舞台設定が一九六〇年代以降の映画に絞って紹介する。

『ビールストリートの恋人たち』（二〇一九）　アフリカ系アメリカ人作家ジェームズ・ボールドウィン原作『ビール・ストリートに口あらば』（一九七〇）の映画化。無実の罪で逮捕された主人公を助けようと恋人、家族が努力するストーリー。

『ジャングル・フィーバー』（一九九一）　アフリカ系既婚男性と未婚イタリア系女性の恋愛関係の

二人が、両人種の互いの差別意識から、両コミュニティから排除されてしまうスパイク・リーの作品。

『グローリー／明日への行進』（二〇一四）一九六五年、キング牧師の指導のもとで展開されていた公民権運動中のこと。アフリカ系アメリカ人の選挙登録のためアラバマ州セルマにてデモ行進を行うが、それを妨害する白人の過激な暴力による事実を描いた作品。

『ドリーム』（二〇一六）一九六〇年代、宇宙開発で競い合うアメリカとソ連。この冷戦時代にロケット打ち上げに関して必要な計算を行うため、アフリカ系女性たちが集められていた事実を映画化したもの。

（君塚淳一）

『グリーン・ブック』(2018)
（DVD 販売発売元 ギャガ GAGA）

『ヒトラーを欺いた黄色い星』（二〇一七）

ホロコーストの証人たち

第二次世界大戦中のナチス・ドイツによるホロコーストを題材に取る映画は思いの他たくさんある。ホロコースト映画というジャンルを主張できるほどに、その数も多いし内容も多岐にわたっている。日本人の中には「ホロコースト」と聞くと、反射的に「アウシュヴィッツ強制収容所」を思い出す人も少なくないが、ホロコースト映画が全てアウシュヴィッツ強制収容所を舞台にしているわけではない。例えば、アカデミー賞を獲得したスピルバーグの『シンドラーのリスト』の舞台になっているのはプアシュフ強制収容所である。

ホロコースト映画には、大きく分けて「実話」と「フィクション」の二種類が存在する。（もちろん「実話」と言っても「実話ベース」という程度で実話を完全に再現したものではない。）ここで取り上げる『ヒトラーを欺いた黄色い星』も『シンドラーのリスト』等と同じように実話をベースにした作品として知られている。ただし、『シンドラーのリスト』はアメリカ映画であるのに対し『ヒトラーを欺いた黄色い星』はドイツ映画だ。

ホロコースト映画に特徴的なのは、様々な国の映画人が様々な手法でその題材に取り組んできた点にある。ホロコーストが、それだけ世界的規模の悲劇、すなわち人類の悲劇であったことを示しているし、ホロコースト映画が作り続けられている事実は、その影響が戦後七〇年以上経た今でも色濃く残っている証拠と言える。

❏どうしても観たくなるストーリー解説・多少のネタバレ覚悟

一九四一年一〇月、ナチス・ドイツは各地の絶滅収容所に向けてユダヤ人の移送を開始した。首都ベルリンでは七千人のユダヤ人がそれに抵抗、潜伏生活を選択した。終戦まで生き延びたのはそのうちの千五百人のみ。本作は、その中の四人に焦点を当て過酷な状況の中、彼らがどのように生き延びたのかを描き出している。

第二次世界大戦当時二〇歳のツィオマ・シェーンハウスは、移送命令を受け出頭するが、とっさの嘘で運よく移送を免れ一九四二年に潜伏を開始した。ドイツ人兵士に成りすまし、ベルリン市内の空き部屋を転々とする潜伏生活の中、同胞のために身分証の偽造に従事する。

ルート・アルントも当時二〇歳、ツィオマと同じ一九四二年から家族と共に潜伏を開始する。父親が医者だったこともあり、恩義を感じていたドイツ人が匿ってくれたのである。その後、ナチスの軍人ヴェーレン大佐の邸宅でメイドの仕事に就く。大佐はルートがユダヤ人であることに気づきつつも詮索することもなく彼女を雇い続ける。

オイゲン・フリーデは、一九四三年、十六歳の時に母親の再婚相手であるドイツ人の義父の手配で知り合いの共産主義者の家や、ドイツ人でありながら反ナチスの家族の所に潜伏した。時にはヒトラー・ユーゲント（青少年団）の制服を着るなど正体を隠しつつ生活を続ける。やがてユダヤ人虐殺の事実を知った彼は、仲間と共に反ナチスのビラを作り始める。

もう一人、ハンニ・レヴィ、当時十七歳だったが、母親の友人を頼って一九四三年から潜伏を開始した。偽名を使い金髪に染めて別人になりすます。ある時、常連だった映画館の窓口係のドイツ人女性と知り合いになり、彼女に匿ってもらう。

あらゆる自助努力と、様々な人の善意のおかげで奇跡的に生き延びた四人のユダヤ人の過去を、現在の当人たちの映像と証言を交えて再現するサバイバル・ドキュメンタリー映画である。

❏スタッフとキャスト情報

監督・脚本はクラウス・レーフレ。日本ではあまり馴染みのない名前かもしれないが、本作を撮るまでは主にテレビ放映用の長編ドキュメンタリーを手がけてきた監督である。本作には、ホロコーストを生き延びた人たちの実映像と証言を交えたドキュメンタリー的な部分がその都度挿入されるが、レーフレの手腕が遺憾なく発揮されている。

ツィオマ・シェーンハウスを演じたマックス・マウフは、この映画の舞台となっているベルリン出身。全編約一四〇分をワンカットで撮影し話題になったベルリン国際映画祭最優秀芸術貢献賞受賞作『ヴィクトリア』（二〇一五）などに出演した。本作と同じホロコーストを背景としたアメリカ・ドイツの合作映画『愛を読むひと』（二〇〇八）でも彼の演技を観ることができる。

ハンニ・レヴィ役のアリス・ドワイヤーも、マックス・マウフと同じベルリン生まれである。彼女の主演作品で印象的なのは、やはりホロコーストを背景にし、ユダヤ人女性を演じた『あの日あの時 愛の記憶』（二〇一一）だろう。アウシュヴィッツ収容所で出会い恋愛関係になった男女が脱走に成功、生き別れになるも三〇年以上を経て再会を果たす物語だが、驚くことに実話である。

ルート・アルント役のルビー・O・フィーは、コスタリカ出身。ドイツ・ハンガリー・フランスの合作映画『愛を複製する女』（二〇一〇）で主人公の少女時代を演じて映画デビューを果たした。その後もドイツの映画、テレビ作品に数多く出演している。トビー・バウマン監督のドイツ・オーストリア・アイルランド合作のファンタジー『ゴーストハンターズ オバケのヒューゴと氷の魔人』（二〇一五）等にも出演した。

オイゲン・フリーデを演じたアーロン・アルタラスもベルリン出身。子役でデビューし長らくテレビドラマの世界で活躍していた俳優で映画出演は本作が二回目である。ヒトラーをコメディの題材に利用し物議を醸したドイツ映画『わが教え子、ヒトラー』（二〇〇七）に出演していたアドリアーナ・アルタラスは実母ということだ。

❏みどころ

★ホロコースト・サバイバー（生存者）へのインタビュー

実話を基にしたホロコースト映画は多いが、純然たるドキュメンタリーではないのでやはり脚色されている部分がある。例えば、『シンドラーのリスト』の最終盤、シンドラーが自分の車やナチ党員の金製バッジを売れば、その金でもっと多くのユダヤ人を救えたのに、と後悔の念に駆られて泣き崩れる感動的なシーンがあるが、それは演出であって実際はそうではなかったという証言がある。その点、この映画は主人公四人の現在の本人映像が流れ、インタビューが効果的に挿入され映画全体としては説得力が増している。

ホロコーストを生き延びた人を「ホロコースト・サバイバー（生存者）」と呼ぶが、戦後七〇年以上が経過した今、その数は年々減少の一途を辿っている。彼らの肉声による証言映像は貴重であり、本作は巧みにそれを映画内部に取り込んでいることから資料的な価値も高いと言える。ホロコースト・サバイバー本人が直接画面に登場する作品と言えば、他にはアニエスカ・ホランド監督作『ヨーロッパ・ヨーロッパ／僕を愛したふたつの国』（一九九〇）等がある。この映画では、原作の回想録を執筆したソロモン・ペレル本人の映像が最後に流れ、実話であることを観客にアピールする。

❏歴史的背景を知るキーワード

★諸国民の中の正義の人

ホロコーストの渦中、自らの命や家族の安全を顧みず、危険を冒してまでユダヤ人を守った非ユダヤ人の人々に対して授与される称号であり、別に「正義の異邦人」とも呼ばれる。ヤド・バシェムの公式ホームページによると「諸国民の中の正義の人」に認定された人は二〇二一年一月一日現在で計二七、九二一人。国別で言うとポーランドが七、一七七人でトップ、二位が五、九一〇人のオランダ、三位が四、一五〇人のフランス、四位が二、六七三人のウクライナ、五位が一、七七四人のベルギーの順になる。このトップ五の合計が二一、六八四人となり、全体の八割近くを占める。

『ヒトラーを欺いた黄色い星』で描かれるのはドイツの「諸国民の中の正義の人」だが、ドイツ全体では六四一名とされる。『シンドラーのリスト』の主人公オスカー・シンドラーもその一人だ。ホロコースト下のドイツ人というとユダヤ人を迫害したイメージしかないかもしれないが、ナチス・ドイツの反ユダヤ主義に抵抗をみせた人道主義的なドイツ人も数多くいた事実を忘れてはならないだろう。

日本人で「諸国民の中の正義の人」に認定されているのは、杉原千畝ただ一人。第二次世界大戦中、リトアニアのカウナス領事館に赴任していた杉原は、ナチス・ドイツの迫害から避難してきたユダヤ人たちに対し外務省の指示を無視して通過ビザを発給した。一九四〇年七月から八月にかけての僅か一か月で二、一三九通に及ぶビザを発給し、約六千人のユダヤ人難民の命を救ったと言われる。その人道的功績に対し、彼は一九八五年にヤド・バシェムから「諸国民の中の正義の人」として認定され、その称号を贈られた。

❏作品内重要キーワード

★ヨーゼフ・ゲッベルス

ヒトラーの側近の一人、ナチスの宣伝大臣。本作の背景は一九四三年六月一九日、ベルリンからユダヤ人を一掃した、という彼の公式宣言を基点にしている。

ゲッベルスは、一八九七年、ドイツ帝国プロイセン王国ライン州の小都市ライトに生まれた。両親共に敬虔なカトリックで、幼少期は決して裕福とは呼べない家庭環境に育つ。第一次世界大戦後に政治活動を開始し、その後ナチスにおける中心人物の一人となった。アドルフ・ヒトラーに認められ、ナチスの思想を積極的に広め、その勢力拡大に多大な貢献をした一人である。第二次世界大戦末、首都ベルリンがソ連軍の攻撃によって陥落する直前、ヒトラーの遺志によって首相に任命されるが、忠誠心からそれを辞退、自害したヒトラーの後を追って妻と六人の子供と共に自殺した。その最後の様子はオリヴァー・ヒルシュビーゲル監督作『ヒトラー～最期の十二日間～』(二〇〇四)に描かれている。

★黄色い星

映画を観る前に、この映画の邦題タイトルの中にも入っている「黄色い星」とは何のことか、と思った人もいるだろう。この「黄色い星」というのは、ナチスが第二次世界大戦中、占領地のユダヤ人を他の民族から識別するために彼らの衣服に強制的に付けさせたワッペンである。そこにある星印は通常「ダヴィデの星」と呼ばれるユダヤを象徴する星印だ。ホロコースト映画を見ていると、この「黄色い星」が胸の部分に縫い込まれた服や、ダヴィデの星が付いている腕章をした人の姿を目にすることがある。その場合、それらを付けた衣服を着ている人間はユダヤ人であると思って間違いない。もっとも本作にも出てくるようにユダヤ人でありながら、何らかの理由でダヴィデの星を付けていないユダヤ人もいるのでその点は注意が必要である。ダヴィデの星は、二つの正三角形を上下逆に重ねたいわゆる「六芒星」で、イスラエルの国旗にも印されている。

❑おすすめ同系作品

ホロコースト映画にも色々あるが、異邦人救助者を描いた作品を中心に紹介しよう。

『バティニョールおじさん』（二〇〇二）　実話ではないが、この作品で製作・監督・脚本・主演の四役をこなしたジェラール・ジュニョの母方の祖父がモデルとされる。フランス人の肉屋のおじさんとユダヤ人の少年を描いたホロコースト映画にしては珍しい心温まる作品。

『戦火の奇跡―ユダヤを救った男』（二〇〇二）　ブダペストで約五、二〇〇人ものユダヤ人の命を救ったと言われるイタリア人ジョルジョ・ペルラスカを描いたテレビ映画。彼が「諸国民の中の正義の人」に認定されたのは戦後四十四年が経過した一九八八年である。

『ソハの地下水道』（二〇一一）　ポーランド人の「諸国民の中の正義の人」レオポルド・ソハを描いた作品。ポーランドで三番目に大きいルヴフ・ゲットーを背景にソハが十四か月に渡りユダヤ人を匿う実話を基にしている。

『杉原千畝　スギハラチウネ』（二〇一五）　「諸国民の中の正義の人」の称号を与えられた唯一の日本人、杉原千畝を描いた作品。杉原を描いた作品としては、他に日系のクリス・タシマ監督によるアカデミー短編映画賞を受賞した『ビザと美徳』（一九九七）等がある。

『ユダヤ人を救った動物園』（二〇一七）　第二次世界大戦時、ワルシャワ・ゲットーから秘密裡にユダヤ人を救い出し匿った

『ヒトラーを欺いた黄色い星』(2017)
(DVD 販売発売元 アルバトロス)

ワルシャワ動物園の園長夫妻を題材にした実話。園から約二キロ先にあるワルシャワ・ゲットーから約二〇〇名のユダヤ人を救い出したという。一九六五年「諸国民の中の正義の人」に夫妻揃って認定された。

（伊達雅彦）

『ゲット・アウト』（二〇一七）

奴隷オークションは、過ぎ去らぬ過去か

ジョーダン・ピールによる、監督・脚本の第一作。この『ゲット・アウト』で、ピールは、アカデミー賞脚本賞を受賞した。低予算作品ながら、瞬く間に人気を博した、近年稀に見るホラーの傑作。

ニューヨークで活躍する若き黒人写真家クリスは、今週末、恋人のローズの実家に招待されているが、少し不安気だ。ローズに尋ねる。「黒人の恋人は初めて？」「そうよ」ならば、なおさらだ。ローズの家族にとってみれば、大事な娘が黒人男性とつきあっているとなれば、かなりショックを受けるのではと、心配する。ローズは、明るく請け合う。パパは、オバマに三期目があったら投票してたわ。差別主義者なんかじゃない、と。クリスはローズの言葉にうなずき、愛犬の世話を親友ロッドに頼んで、車でローズの実家に向かう。途中、二人の車は鹿をはねてしまう。それは、単なる予兆なのか。少しずつ、クリスは自分が決して踏み込んではならない世界に、引きずり込まれていく。ローズの家で想像もできなかったようなショックを受けるのは、ローズの家族ではなく、クリスの方だった。

❏どうしても観たくなるストーリー解説・多少のネタバレ覚悟

家に着くと、ローズの父で医者のディーン、精神科医の母ミッシーからの暖かい歓待を受ける。世界中を旅行した際の土産品を、大きな家のいたるところに飾っている。非常に裕福で、世界を周って様々な知見を持ち、オバマを褒めるリベラルな優しい人たち。しかし、台所にはジョージーナ、庭にはウォルターという二人の黒人の使用人がいた。クリスのかすかな違和感。

その夜は、ローズの弟、医学生のジェレミーも合流し、共に食卓を囲む。格闘技の話題になった際、ジェレミーに「その体型と遺伝子構造だ。訓練次第で、野獣になれる」と言われ、不愉快な思いをするクリス。半分冗談ともとれなくないが、ジェレミーの悪趣味な物言い。ジェレミーの悪意からクリスを守ろうとするローズのおかげで気分は少し晴れたが、どうしても眠れない。庭に出ると、使用人のウォルターが闇の中を全力で走ってくる。トップスピードのまま直角にまがり、クリスのすぐ脇を通り過ぎる。恐怖で声も出ないクリス。ふと灯りのついている窓を見上げると、ジョージーナが窓に反射する自分の姿に陶酔している。そもそも彼らとは、黒人同士のボディランゲージや、スラングがまったく通じず、黒人同士が話す際の「ノリ」が、まったく伝わってこないのだった。戸惑うクリス。

家に入り、寝室へ戻ろうとすると、ミッシーに声をかけられる。自分の催眠術を試してみないかと。失敗し続けている禁煙も、これで成功するだろうと説得されるクリス。紅茶のカップを金属のスプーンで回す音で、一瞬で奈落の底へと落ちていくクリス。

気が付くと、翌朝。ローズの実家に、高級車が次々とやってくる。パーティがあるらしい。裕福な高齢の白人ばかりだ。彼らとの会話が、クリスを追い詰めていく。「君のゴルフのスウィングのフォームを見せてくれ」「(クリスの筋肉に触りながら、セックスの方も)強いの?」笑顔が凍り付くクリス。そこにようやく、着ている格好は変だが、一人の若い黒人男性の客を見つける。仲間を見つけ、ホッとするクリス。ローガンという名前らしい。三〇才以上年上の白人女性の妻と一緒だ。「よう」と声をかけながら、握り拳を差し出すクリス。フィストパンプという黒人男性同士の挨拶を期待したクリスだったが、ローガンは、クリスの拳を上から手のひらで握って挨拶を返してくる。フィストパンプを知らないのか? クリスの違和感は、確信に変わっていく。しかも、このローガンという男は、どこかで見たことがある。スマホでこっそり写真を撮っておこうと思い、ローガンにカメラを向けた瞬間、シャッター音に、フラッシュが発光してしまう。慌てるクリス。だが、その瞬間、ローガンは鼻血をたらし、叫びだした。「ゲット・アウト! ゲット・アウト!(出ていけ!)」と。

しかし、クリスの身に迫る危険は、すぐそこまで近づいてきていた。クリスが庭から逃げるように湖へ出て水面を見ている間、パーティ会場の庭では、ビンゴ大会を楽しむ来客たちがいた。

無言で、数字を指で提示するディーン。過去の奴隷オークションのように、黒人の肉体を手に入れることに夢中になる来客たち。ディーンのそばには、優勝賞品である人物の写真が飾られている。それはまぎれもなく、クリス自身だった。

❏スタッフ・キャスト情報

ジョーダン・ピールは、アメリカ合衆国の俳優、脚本家、映画監督、コメディアンでもある。この『ゲット・アウト』で大きな評価を得た後、二作目である「アス」(二〇一九)、三作目である「Ｎｏｐｅ／ノープ」(二〇二二)と、映画界を中心に活躍している。主演は、ダニエル・カルーヤで、イギリスの俳優である。本作で認知度を得た後は、様々な映画に出演している。マーベル映画『ブラックパンサー』(二〇一八)にキャスティングされ、主人公の仲間を演じたことでも記憶に新しい。

❏みどころ

コメディアンであるリル・レル・ハウリーが演じるクリスの親友、ＴＳＡ(運輸保安局)勤務のロッド・ウィリアムズの話術は、どの場面においても、最高の笑いを誘う。ホラー映画の中に、笑いがあることで、ホラーの恐怖が引き立っている。親友クリスの身に、危険が迫っていると

「TSAの本能で」勘づき、独自に調査を始める。ロッドは警察署に出向いて、訴える。「TSAの俺は、調査を始めた……二人は刑事さん？　俺もテロ対策の訓練、受けてるよ。ともかくだ。俺は探偵になりきった。情報を集めて出た結論はこれ。奴らは黒人を誘拐、洗脳して奴隷にした。普通のじゃなく、性の奴隷！　催眠術か知らないが、奴隷か何かにされた！　二人のブラザーが……ああ、犠牲者はもっとかも……」ロッドの荒唐無稽な話に、爆笑する警察署員。またクリス失踪の後、しらばっくれるローズと電話で対峙する際のロッドのキレっぷりも、最高だ。

❏歴史的背景を知るキーワード

★ベルリン・オリンピックとジェシー・オーエンス

ローズの父親ディーンが、クリスに家の中を案内した際、壁に掛かっていた一枚の写真の前で立ち止まり、ベルリン・オリンピックの国内最終選考で、ディーンの父親が、J・オーエンスに負けたのだと、誇らしげに言う場面がある。オーエンスとは、黒人の陸上選手で、一九三六年ベルリン・オリンピック男子一〇〇メートル、男子二〇〇メートル、男子四×一〇〇メートルリレー、男子走幅跳で金メダルを取り、四冠を成し遂げた伝説のアスリート。本来、ヒトラーが白人の優越性を証明しようとしたベルリン五輪において、オーエンスがヒトラーの優性思想を、まさに自分の活躍によって否定したことを、ディーンは、クリスに語って聞かせる。あたかも、自分が黒人の良き理解者であることを、アピールするかのように。ちなみに、レニ・リーフェンシュタールの問題作『オリンピア』(一九三八)にも、オーエンスの姿はおさめられている。

❏作品内重要キーワード

★ホラーと、人種差別の現実の親和性

この映画の成功には様々な要素があるが、それでも黒人をとりまく人種差別の歴史が、実際にあまりにも現実離れしてきたことにも、成功の理由を求めることができるだろう。奴隷制度だけではなく、一九二一年の黒人のウォール街ことタルサの街が一夜にして消えたタルサ虐殺、一九三二年から一九七二年まで秘密裡に黒人男性に行われてきたタスキギー梅毒実験など、信じられないほどの暴力にさらされてきたこの国の黒人に対する凄惨な事例は、枚挙に暇がない。

映画『マザーシップ・コネクション』(一九九五)で、評論家のコジョ・エシュンは作家グレッグ・テートの言葉を引用しながら「奴隷制度ほど大規模な人の移動と遺伝子操作と、共同体の破壊を伴ったエイリアンじみた話はない」と語り、アメリカ黒人の経験とSF小説の共通性について触れている。

また、同映画では、作家イシュメール・リードが「私達は信じてもらえない――経験を伝えよ

うとしても誰も信じない。この国には〈普通〉とされている生活がある……私の住むオークランドの話を教えようとしても、あなたの話は〈信じられない　妄想でしょ〉と言われる。この国で、アフリカ系住民として生きることは現実離れした体験だ」と語っている。つまり、『ゲット・アウト』の面白さとは、黒人の生きてきた現実こそが、つねに異様なまでにホラー的な世界であったことを、暗に示している点にある。

❏おすすめ同系作品

『アス』（二〇一九）　ジョーダン・ピール監督の二作目の作品。言うまでもなく、Us（私たち）というタイトルのこの作品のタイトルは、US（アメリカ）とのダブルミーニングになっている。アメリカ社会の可視化されていない闇の部分を、ホラーかつエンターテインメントとして描いている。

（峯　真依子）

『ゲット・アウト』(2017)
(DVD 販売発売元 NBC ユニバーサル・エンターテイメントジャパン)

『荒野の誓い』（二〇一七）

「フロンティア」の消滅と新しい時代の幕開け

アメリカの西部開拓の歴史は「マニフェスト・デスティニー」の下、土地、自由、富を求めて「フロンティア」からアメリカ先住民を一掃してきた歴史でもある。最後のアメリカ先住民の大規模な虐殺「ウンデッド・ニーの虐殺」（一八九〇）を期に、アメリカ先住民の掃討作戦は終わりを告げ、「フロンティア」は消滅し、アメリカは産業化・都市化といった新しい時代を迎えることになる。

しかし、戦いによる心の傷、憎悪はそう簡単には消えない。「フロンティア」消滅直後の一八九二年、退役を控えた陸軍大尉に対して、死期の迫ったアメリカ先住民（シャイアン族）の老人を故郷まで護送せよという大統領命令が下る。二人は過去の戦いにおいて、互いに友人や部下・同族を殺し殺され、憎しみを抱えている「仇」同士。途中、アメリカ先住民に家族を皆殺しにされた開拓民の女性が加わり、行く手を遮る「敵」も現れる。それぞれの憎悪・目的が交錯する中、果たして一行は目的地に無事到着できるのか。ニューメキシコからモンタナまでの緊迫した道行をノワール・ウエスタンに仕上げたのが本作『荒野の誓い』（二〇一七）だ。

❏どうしても観たくなるストーリー解説・多少のネタバレ覚悟

ブロッカー大尉はアメリカ先住民との戦闘で仲間や友人を失ってきた。その彼にとって、いくら大統領命令とはいえ、一部のマスコミや市民の、アメリカ先住民への同情を背景にして、家族を伴って故郷で安らかに死にたいなどという都合のいい要求を叶えようとするイエロー・ホークの護衛など納得がいくわけがない。彼は敵意をむき出しに、イエロー・ホーク一家を手荒く扱う。

途中、一行はコマンチ族に夫と三人の子どもを皆殺しにされ、一人生き残ったロザリーを保護するが、一家を襲ったコマンチ族に付け狙われることとなる。コマンチ族との戦闘では、死傷者を出しながらも、イエロー・ホークとその息子ブラック・ホークの活躍もあって、ひとまず撃退に成功するが、いつ再び襲われるのか分からない。気の抜けない状況下、わずかに歩み寄る姿勢は見えるもののブロッカー大尉とイエロー・ホークの関係は依然として緊張したままだ。

補給のために立ち寄ったコロラド州の砦からは、ブロッカー大尉の元部下で、彼の昔を知るチャールズの護送任務が加わる。チャールズはアメリカ先住民一家を惨殺して収監、その後脱獄し、捕縛されていた。彼の口から語られる「ウンデッド・ニーの虐殺」でのブロッカー大尉の蛮行。チャールズの存在は、まとまりかけていた一行に再び不穏な空気をもたらす。

いつ、誰が、どこから襲ってくるのかも分からない「フロンティア」で、次々と部下を失いながら、ブロッカー大尉はイエロー・ホークを故郷モンタナのシャイアン族の聖地に無事に送り届けることができるのか。ブロッカー、イエロー・ホーク、ロザリーや一行それぞれの「結末」に注目してほしい。

❏スタッフとキャスト情報

監督は、ジョニー・デップ（一九六三―）とベネディクト・カンバーバッチ（一九七六―）が兄弟を演じた『ブラック・スキャンダル』（二〇一五）のスコット・クーパー（一九七〇―）。また、等身大のアメリカ先住民の若者の姿を描き、高い評価を得て二〇一八年にアメリカ国立フィルム登録簿への保存が決まった『スモーク・シグナルズ』（一九九八）の監督でアメリカ先住民のクリス・エアー（一九六八―）も本作に関わっている。

アメリカ先住民に憎しみをぶつけまくるジョー・ブロッカー大尉にクリスチャン・ベール（一九七四―）。理不尽な任務に葛藤する退役間際の軍人を体現している。彼は、ポカホンタス（一五九五頃―一六一七）を描いた『ニュー・ワールド』（二〇〇五）ではジョン・ロルフ（一五八五頃―一六二二）を演じていた。

癌に侵され余命幾ばくもないイエロー・ホークには、アメリカ先住民俳優の重鎮、チェロキー族のウェス・ストゥーディ（一九四七―）。彼はベトナム戦争（一九五五―七五）に従軍後、アメリカ先住民の民族運動（AIM／アメリカインディアン運動）に加わり、「ウンデッド・ニー占拠」（一九七三）に参加。俳優としても数々のアメリカ先住民映像作品に出演し続けている。

コマンチ族に家族を皆殺しにされ、一人生き残ったロザリー・クエイドには『ゴーンガール』（二〇一四）のロザムンド・パイク（一九七九―）。とにかく不幸に見舞われ続けるロザリーだが、彼女の「強さ」もこの作品のポイント。

イエロー・ホークの息子ブラック・ホークは『スモーク・シグナルズ』（一九九八）、『父親たちの星条旗』（二〇〇六）などのアダム・ビーチ（一九七二―）、その妻エルク・ウーマンに『ニュー・ワールド』でポカホンタスを演じたクオリアンカ・キルヒャー（一九九〇―）とアメリカ先住民映画でよく見る顔が勢揃いしている。また、『DUNE／デューン　砂の惑星』（二〇二一）に出演しているティモシー・シャラメ（一九九五―）が新人二等兵として出演している。

❑みどころ

★俳優陣の演技

やはり主演二人の演技は見もの。過激な役作りで知られるクリスチャン・ベールがアメリカ先住民を憎しみながらも彼らの言葉や文化に精通した軍人の内面・葛藤を表現し、ウェス・ストゥーデイが死期が迫りながらも依然として威厳に満ちた歴戦のシャイアン族戦士としての存在感を放っている。

★それぞれの生き方・散り方

登場人物はそれほど多くないが、それぞれの立場や苦悩、衝突、怒り、結末がこの時代を多角的に反映している。旅が進むにつれ、それぞれがそれぞれの立場で生きて、散っていく。そんな中、イエロー・ホークの孫でお爺ちゃん想いのリトル・ベアが文句なく可愛い。

★ロザリーの変化

大草原の小さな小屋で彼女が娘たちに勉強を教える幸せな場面から始まる。ところがその直後に全てを失い、その後は立ち直っては再三不幸に見舞われる。しかし、それでも立ち上がる彼女の勇姿は、西部開拓期のアメリカン・ヒーローの一人で、「平原の女王」と呼ばれたカラミティ・ジェーンを彷彿とさせる。最後の銃撃戦は彼女によって幕を開ける。

❏歴史的背景を知るキーワード

★「金メッキ時代」「金ぴか時代」

主に南北戦争（一八六一―六五）後から一八九〇年代までの、急激な産業化と都市化、腐敗政治や拝金主義に象徴されるこの時代は、マーク・トウェイン（一八三五―一九一〇）らの小説タイトルにちなんでこう呼ばれる。権力の不均衡や貧富の差、人種差別など、希望と絶望が混在しつつも、「大衆文化」が生まれたのもこの時代。本作の舞台となった一八九二年は、「フロンティア」が消滅し、「アメリカの世紀」と言われる二〇世紀突入前夜の、正に歴史の転換点。

★シカゴ万博（一八九三）

歴史家F・J・ターナーが「フロンティア」の消滅とアメリカの最初の時代の終焉を謳った論文を発表したのが、シカゴ万博（一八九三）を期に開かれた学会でのこと。万博会場の「ホワイトシティ」ではアメリカの新時代を象徴する最先端の科学技術が展示され、遊興地区「ミッドウェイ・プレザンス」では人種差別的で前時代的な見世物が展示された（ワイルド・ウエスト・ショーもその一つ）。古き良きアメリカへの郷愁と新時代への希望と不安が混在したこの時代を象徴するイベント。

★ワイルド・ウエスト・ショー

一八八三年にバッファロー・ビルことウィリアム・フレデリック・コーディー（一八四六―一九一七）が創めた、騎兵隊とアメリカ先住民の戦いを再現して当時人気を博していたショー。鉄道に乗って各地を回り、本物のアメリカ先住民の戦士を登場させるなどして観客を熱狂させたが、「映画」の登場とともに姿を消す。しかし、ここで醸成された「白人ヒーロー」と「敗れ去るアメリカ先住民」というステレオタイプは「西部劇映画」に受け継がれ現在まで生き残ることになる。

❏作品内の重要キーワード

★「ウンデッド・ニー」

サウスダコタ州パインリッジの「ウンデッド・ニー」は、アメリカ先住民の重要なターニングポイントとして歴史上「2回」登場する。本作で語られる「1回目」は一八九〇年十二月二八日の「ウンデッド・ニーの虐殺」だ。武装解除されたラコタ・スー族の約三〇〇名が、小競り合いをきっかけにほとんどが無抵抗のまま殺戮された。自らの文化を規制され、強制された農耕の破綻によって飢餓に苦しんでいたアメリカ先住民の間で「バッファローの復活と白人文化の消滅」を祈って踊る「ゴーストダンス」信仰が拡大していた。それがアメリカ先住民全体の蜂起に発展することを恐れた「白人」側の不安・危機感がこの虐殺の背景にはあった。現在、この地は聖地として信仰の対象になっている。

「2回目」は一九七三年、七一日に及んだ占拠事件だ。ラコタ・スー族の俳優・活動家のラッセル・ミーンズ（一九三九―二〇一二）やウェス・ストゥーデイもこの占拠事件に参加している。一九六〇年代から七〇年代は、黒人の民族運動「ブラック・パワー」にちなんで「レッド・パワー」と呼ばれたアメリカ先住民の民族運動が盛んだった。現在は観光地であり、当時の痕跡を実際に見ることができる「アルカトラズ島占拠」（一九六九―七一）は特に有名。

★「聖地」をめぐる問題

イエロー・ホークが辿り着いたシャイアン族の聖地も、すでに白人入植者の所有地となっていた。こうした「聖地」、「文化」の回復に関する問題は現在も続いている。不誠実な条約の締結と一方的な破棄、そして戦いの舞台となったブラック・ヒルズをめぐる返還訴訟はいまだ決着がついていない。

★「鉄道」の発展

大陸横断鉄道の開通(一八六九)は西部開拓を加速させ、アメリカを産業・技術の発展といった新しい時代へと導いていった。本作の最後、生き残った登場人物たち(誰が生き残るのかは映画で見てほしい)がシカゴ行きの鉄道で旅立つ場面は、彼らにとっての古い時代の終わりと新しい時代の幕開けを感じさせる。

❏おすすめ同系作品

『ジェロニモ』(一九九三) ウェス・ストゥーデイがジェロニモ(一八二九―一九〇九)を演じた作品。マット・デイモン(一九七〇―)演じる若い新人士官の視点から、アメリカ先住民に対するアメリカ政府の理不尽で非人道的な対応が語られている。

『ソルジャーブルー』(一九七〇) シャイアン族に対する「サンドクリークの虐殺」(一九六四)を

描いた作品。ベトナム戦争（一九六〇―七五）でのアメリカ軍の虐殺へのアンチテーゼとしての最後の虐殺シーンは圧巻の一言。

『小さな巨人』（一九七〇）　ダスティン・ホフマン（一九三七―）主演。カスター将軍（一八三九―七六）による虐殺や彼が戦死したことで有名な「リトル・ビッグホーンの戦い」（一八七六）を描いた作品。

『カラミティ・ジェーン』（一九五三）　威勢よく馬を乗り回し、鮮やかなガンさばきを披露する「平原の女王　カラミティ・ジェーン」こと、マーサ・ジェーン・キャナリー（一八五三？―一九〇三）が活躍するミュージカル・コメディ。彼女のイメージや生涯については真偽のほどが疑わしいがこの時期を代表する「アメリカン・ヒーロー」のアイコンの一人。

『カラミティ』（二〇二〇）　母を失ったマーサが家族を支えるために奮闘する、幼い少女が「カラミティ・ジェーン」になる前の話。アメリカ西部への移民団やゴールドラッシュについても扱っており、過激な戦闘シーンもなく、ほのぼのと観られるカラフルなアニメーション映画。

（関根健雄）

『荒野の誓い』(2017)
（DVD販売発売元 TCエンタテインメント）

『アメリカン・バーニング』（二〇一六）

アメリカの美という幻想

二〇一八年に亡くなったフィリップ・ロスはノーベル賞の受賞が囁かれ続けた作家で、多くの傑作を生んだ。その中でもユダヤ系の視点からアメリカという国を問い直した壮大な小説群はアメリカ三部作と呼ばれ、彼の最後の大仕事となった。映画の邦題では『アメリカン・バーニング』と改題された『アメリカン・パストラル』もその一つ。読み応えのある長編小説を二時間程度の映画にするのは難しく、誤解もされやすい。だが、ほんの少しの補足情報があれば、さりげなく描かれている場面も理解できて、一気に面白さが倍増する。

❏どうしても観たくなるストーリー解説・多少のネタバレ覚悟

作家のネイサン・ザッカマンは高校の同窓会で、先輩のシーモアの訃報を知る。シーモアは運動神経が抜群で、スウェーデン系の顔立ちによりスウィードと呼ばれ、ニューアークのユダヤ人コミュニティの若者の憧れの的だった。ミス・ニュージャージーと結婚し、父親の会社を引き継いで順風満帆な人生を送っているとばかり思っていたが、予想に反して過酷な人生を歩んだという。この後、ザッカマンの知らなかったシーモアの結婚と家庭生活が語られる。

シーモアが妻となるドーンを父に紹介する場面から。彼女はカトリックだったので、将来生まれてくる子どもの宗教が問題となるが、父相手にドーンは一歩も引かず、ユダヤ教ではなくキリスト教式に洗礼を受けさせると宣言する。メリーことメレディスという女の子が生まれたのち、一家は郊外の牧場に居を移す。メリーには吃音があり、治療に駆け回るも効果はなかった。メリーは十二才のとき、テレビでティック・クアン・ドックの焼身自殺の映像を見て衝撃を受け、高校生になるとベトナム反戦運動に参加するようになる。

ニューアークの暴動事件から間もないある日、街の郵便局が爆破され、人が亡くなる事件が起こる。直後に失踪したメリーに疑いがかかり、ＦＢＩの家宅捜索を受ける。シーモアもドーンも娘が誰かに騙されていると思い、必死に彼女を探すが消息はつかめない。ドーンは一時期心身を病むが、美容整形を受け、娘を諦めて新たな人生の一歩を踏み出す。一方、捜索を続けていたシーモアは、ついに娘を発見。殺人を認め、逃亡後の悲惨な日々を語るやつれ果てた娘を守りたいシーモアだったが、ジャイナ教徒として穏やかに生きているから放って置いてほしいと斥けられてしまう。一方、我が家ではドーンの不倫場面を目撃。シーモアの葬式に参列したザッカマンは何を思い、何を見るのか。

❏スタッフとキャスト情報

監督と主役はユアン・マクレガー。脚本は『リンカーン弁護士』(二〇一一)なども手掛けたジョン・ロマーノ。早くからこの作品の映画化に向けて動き出していたが難航した。当初、監督は『今そこにある危機』(一九九四)のフィリップ・ノイスで決まったが降板。主役に決まっていたマクレガーが監督も務めることになった。『スターウォーズ』のオビ＝ワン・ケノービ役など、言わずと知れた大人気俳優だが、監督は事実上初。マクレガーはこの作品を大事な赤ちゃんを抱くような気持ちで臨んだという。妻役は『ビューティフル・マインド』(二〇〇一)でアカデミー助演女優賞に輝いたジェニファー・コネリー、メリー役は『アイ・アム・サム』(二〇〇一)などで子役時代から活躍してきたダコタ・ファニング、ザッカマン役はデイヴィッド・ストラザーンと、豪華なキャストが並ぶ。

❏みどころ

★スウィードとミス・ニュージャージーの結婚

スコットランド人のユアン・マクレガーがユダヤ系アメリカ人のシーモアを演じることについては疑問の声もある。美しすぎてシーモアが抱えている心の闇が見えないという批判もみられるが、金髪に青い目、スポーツ万能でしっかりした体格にユダヤ人のステレオタイプをはみ出した北欧人の姿が重ねられているのだからミスキャストとは言えない。彼にスウィードというあだ名をつけて憧れたのは、ワスプ（白人でアングロ・サクソン系でプロテスタント）寄りのマジョリティに近づきたいユダヤ人たちの欲求の表れである。

一九四七年にミス・アメリカ大会に出たドーンも、カトリックだから白人マイノリティであり、恵まれた家庭に育ったわけではない。ミス・アメリカの第一回は戦間期にニュージャージー州で開催されたが、優勝者には副賞として奨学金が与えられることで多くの応募を獲得してきた。外見の美によって幸せな生活を獲得するという強迫観念が、娘の事件後にドーンを美容整形に向かわせたことがわかる。

スウィードもミス・ニュージャージーも、見た目という外面からマジョリティへの同化を導かれ、内面を見失いがちな生き方をしてきたのだ。娘の吃音矯正に躍起になり、美しい郊外の家をシェルターと幻視して娘の心の声を押し込めようとしてきたのだから、その両親のもとに育ったことを考えると、メリーの爆発も理解できるだろう。

★アメリカン・パストラルとホワイト・フライト

この映画は英語では原作通り『アメリカン・パストラル』というタイトルで公開されている。邦題の『アメリカン・バーニング』も、戦争、暴動、爆発、そして燃え尽きるアメリカン・ドリームが描かれた作品であることを思えば燃え（バーニング）に注目した改題は妙案だが、パストラルの側面も無視できない。シーモアの家に注目してみよう。

牧歌のように素朴でのどかな生活は、これまで自分の土地をもつことができず、安寧な暮らしに縁のなかった移民たちにとっては夢のような話である。だからこそ、シーモアは仕事場まで毎日何時間もかけて通うことを厭わず、ドーンは娘と二人で馬の世話につとめたのだ。だが、シーモア家の一見幸せそうな暮らしは幻想だった。ワスプの多い保守的な土地に娘と日中取り残されるドーンの孤独にも思いを馳せたい。

これはシーモア家だけの問題ではない。五〇年代のアメリカのパストラル幻想は多くの問題をもたらした。都心を出て郊外の住宅を購入するというのは夢の実現の一形態だった。とくに白人中流階級の郊外移住が盛んで、この現象はホワイト・フライト（白人の逃避）といわれた。だが、郊外生活での核家族化や女性の主婦化あるいは孤独化が進むなどの問題を生んだだけではなく、都心に集中した貧困層への差別激化にもつながるパストラルだったのだ。

★ネイサン・ザッカマン

ザッカマンは最初と最後にしか姿を見せないが、フィリップ・ロス作品ではおなじみのキャラクターで、ロスの分身とも言える存在。原作に比べて映画ではその重要性を見逃しやすいが、この話はザッカマンの語りであることに注意。言い換えると、この話は、その後のシーモアを直接知らなかったザッカマンが、どこに問題があったのだろうと考えながら事実の断片をつなぎあわせて作り上げた想像の産物なのだ。どれが想像でどれが事実なのかを考えるのも面白い。例えば、メリーの友人だというリタ・コーエンとの強烈な密会を、清く正しい男でありたいシーモアが誰かに語ったりしただろうか。彼が語っていないとすれば、それはザッカマンの作り話ということになるが、その意図は何だろう。彼の描くシーモアは、崩壊した家族の修復を求めるあまり、娘と同世代のリタ相手に為す術もなく痛ましいほどに無力である。シーモアの心に寄り添おうとするザッカマンのまなざしを追うと、この映画はもっと楽しめる。

❏歴史的背景を知るキーワード

★ティック・クアン・ドックの焼身自殺

ベトナムの僧侶だったティック・クアン・ドックは、アメリカの傀儡政権だった南ベトナムの政策に抗議するため、一九六三年にサイゴン（現在のホーチミン）でガソリンをかぶって焼身自殺をした。この様子をアメリカ人ジャーナリストのマルコム・ブラウンが撮影した写真は世界中で報道され、アメリカでも反戦運動が盛んになった。

★一九六七年のニューアーク暴動

実際に起きた事件。白人警官が黒人を暴行して死なせたという噂から暴動に発展し、鎮圧のために戦車や州兵も動員され、黒人の住んでいた街は破壊された。ニューアークにはホワイト・フライト後に多くの黒人が移住したが、その居住地域も都市再開発の対象となり、彼らは追い出されるようになった。仕事も家も奪われ、警官から日常的に暴行されていた黒人たちの不満が、経済的・政治的支配者に対して爆発した。その矛先はシーモアのような工場経営にも向けられた。シーモアは暴動時、「この工場には黒人の従業員がいる」という張り紙をして、黒人の攻撃を回避しようとしている。

❏作品内重要キーワード

★ジャイナ教

仏教と同時期に成立したインドの宗教の一つ。業による輪廻を認め、解脱には苦行と戒律遵守が必要だと説く。生命の尊厳を重視し、不殺生戒の厳守が求められる。四人を殺害したというメリーは、業を滅しようとして徹底的に実践しているため、シーモアが彼女を発見した時には栄養不足で不潔な状態だった。だが、吃音が出なくなったことは外面と内面のずれの修復をも示唆しているといえるだろう。

★「フォー・ホワット・イッツ・ワース」

映画ではベトナム戦争への言及は少ないが、背後に流れる「フォー・ホワット・イッツ・ワース」が状況を語る。一九六六年のロサンゼルス暴動に対する抗議を込めて、バッファロー・スプリングフィールドのスティーヴン・スティルスが作詞・作曲したもの。この暴動はロック・ミュージックに対する牽制に端を発した警官隊と若者たちとの衝突だったが、この曲はその後反戦歌として広まった。

❑おすすめ同系作品

『さよならコロンバス』（一九六九）一九五九年に出版されたフィリップ・ロスの初期代表作の映画化。監督はラリー・ピアス。主人公の恋人役は『ある愛の詩』（一九七〇）のヒロイン役のアリ・マッグロー。ユダヤ系移民二世の若者の恋愛を通して、アメリカナイゼーションについて考えさせられる。

『白いカラス』（二〇〇三）フィリップ・ロスの小説『ヒューマン・ステイン』（人間のシミ）をロバート・ベントンが映画化したもの。友情や恋愛、スリリングな展開に引き込まれていくうちに、ユダヤ人と黒人差別が引き起こす根深い問題に気付かされる。

（井上亜紗）

『アメリカン・バーニング』(2016)
(DVD 販売発売元 ソニー・ピクチャーズ エンタテインメント)

『ブルックリン』（二〇一五）

アイルランドの少女は海を越えて

アイルランドの作家、ジョセフ・オコナーの『ダブリンUSA』（一九九六）は、アメリカ国内にある「ダブリン」という名を持つ九つの町を旅した顛末を語るトラベローグだ。アイルランドの首都にあやかった地名が散在しているのは、当然、アイルランドからの移民が各地に散らばり、そこを生活の拠点としたから。それらの町の多くは、一九世紀のジャガイモ飢饉（一八四五―四九年）の影響で、生活に窮した人々が住み着いたことに由来する。アイルランド系アメリカ人といえば、ジャガイモ飢饉、という連想は極めて自然であるが、アイルランド人はその後も断続的に海を越えて、新天地アメリカへやってきている。オコナーと同世代のアイルランド人作家コルム・トビーンの小説『ブルックリン』（二〇〇九）は、第二次大戦後にアイルランドからニューヨーク州ブルックリンに単身移住した若い女性の物語だ。批評家筋からの評判がよかったこの小説をアイルランド人映画監督ジョン・クローリーが映画化したものが本作である。

❑どうしても観たくなるストーリー解説・多少のネタバレ覚悟

銀幕上のアイルランド系アメリカ人といえば、『静かなる男』（一九五二）の主人公のような大酒飲みのガサツなタフガイという人物像が鉄板だ。このタフガイ的ステレオタイプは、『刑事マディガン』（一九六七）や『ダーティー・ハリー』（一九七一）のような刑事ものジャンルで定番化した感がある。こうした映画のなかのアイルランド系のイメージを覆すのが、アイルランドの田舎町からニューヨークに移り住む若い女性のライフ・ストーリーである『ブルックリン』だ。

一九五〇年代初頭、アイルランドの小さな町エニスコーシーの商店でなけなしの日銭を稼ぐエイリッシュは、人生の活路を見いだせないまま、その日をやり過ごす生活を送っている。地元企業で経理係をしている利発な姉と、年老いた母との三人暮らし。救いようのない閉塞感のなか、最愛の姉の後押しもあり、ブルックリン在住のカトリック神父を頼りに、一路、アメリカに渡る。

この冒頭部分の時代背景を確認しておこう。アイルランドは一九二二年に英国から独立、四九年には共和制国家として新たな船出を飾るが、国家の経済は最悪の状態に陥る。不況の原因は保護主義的な経済政策や外国資本の排斥と言われる。ことにエイリッシュの故郷エニスコーシーのような地方都市においては、雇用の場が縮小し、失業者が増加した。聡明で勤勉なエイリッシュが意に沿わない雑貨店の売り子に甘んじていたのは、こうした国内状況を反映したものと考えられる。対して、当時のアメリカは戦後の好景気に沸くゴールデン・エイジ。妹の行く末を案じる姉ローズが、アメリカ行きを勧めたのも当然のことだった。

先行きへの不安と船酔いに苦しみながら、アメリカに入国したエイリッシュは、アイルランド系コミュニティが形成されているブルックリンの下宿に身を寄せ、デパート・ガールとして働き始める。望郷の念からお約束のようにホームシックになるエイリッシュであるが、カトリック教会のダンス・パーティーで知り合ったイタリア系の青年トニーと付き合い始めることで、明るい兆しが見え始める。世話役の神父の計らいもあり、大学で簿記の勉強を始め、デパートの仕事にもなじんできた矢先に、突然、姉の病死の知らせを受ける。姉の訃報を受けて、故郷に一時帰国する直前に、トニーからプロポーズされ、二人は籍を入れる。

アイルランドに帰国したエイリッシュは、姉が勤めていた地元企業の経理の仕事を一時的に引き受けることになるが、その仕事ぶりから、社長にずっと働いてほしいと懇願される。滞在中、旧友の紹介で知り合った裕福な青年ジムに見初められ、エイリッシュは結婚していることを隠したまま束の間のデートを重ねる。年老いた母親はエイリッシュがそのままアイルランドにとどまることを望んでいる。ジムに惹かれる気持ちも抑えきれない。アメリカに戻り、トニーと暮らすべきか、あるいは、ジムを選びアイルランドにとどまるべきか。二重のロマンスの葛藤は、アイルランドとアメリカという両国のはざまで揺れ動くエイリッシュのアイデンティティを浮き彫りにする。エイリッシュの最終的な決断はいずこへ。

❏スタッフとキャスト情報

本作のメガホンをとったのは、アイルランド人若手映画監督のジョン・クローリー。元々、演劇畑の人物で、二〇〇五年には、アイルランド系イギリス人劇作家マーティン・マクドナーの戯曲『ピローマン』（二〇〇三）のディレクションが評価され、トニー賞、演劇監督賞にノミネートされている。映画監督としては、殺人事件で服役していた青年の出所後の苦悩を描いた『BOY A』（二〇〇七）で高い評価を得た。

エイリッシュ役の主演女優はニューヨーク生まれ、アイルランド育ちのシアーシャ・ローナン。アイルランドで、テレビ・シリーズの子役としてキャリアを積み、十三歳にして映画『つぐない』（二〇〇七）でアカデミー助演女優賞にノミネートされた早熟の天才である。本作の好演でニューヨーク映画批評家協会賞（主演女優賞）を受賞した。トニー役のエモリー・コーエンは、ニューヨーク育ちの若手俳優。

❏みどころ

異人種間恋愛や異人種間結婚ほど「アメリカらしい」愛のカタチはない。アメリカは様々な人種の寄り合い所帯なので、歴史上、人種間の軋轢が絶えなかった。であるがゆえに、文学作品や映画においては、異人種間の恋愛は人種融合の象徴として、ロマンチックに描かれる傾向にある。

異人種間恋愛のお約束通り、アイルランド系のエイリッシュとイタリア系のトニーとの恋は一筋縄ではいかない。トニーの実家におけるディナーの場面で繰り広げられるエイリッシュとトニーの家族との会話は、同じ移民でありながらも、エスニック・グループの違いによるちょっとした緊張関係を絶妙に描いている。イタリア系のトニーとアイルランド人のジムとの狭間で揺れ動くエイリッシュの心の動きこそが、この作品最大の見どころと言えるだろう。

❏歴史的背景を知るキーワード

★エスニック・コミュニティ

本作を観ると、エイリッシュがアメリカに移住する際に、ブルックリンのアイリッシュ・コミュニティの面々が手厚くスタート・アップの世話を焼いてくれたことが分かる。アメリカの都市部では、チャイナタウンに代表されるように、エスニック・グループごとのコミュニティが形成されている例が多い。ブルックリンはアイルランド系の人々が密集している地域を抱えていることで知られる。アイルランド系カトリック教会を中核として形成されたコミュニティの結束は固く、地域住民の相互扶助のみならず、母国とのつながりを保持し続けており、新規移住者が同胞を頼って地域にやってくる事例も少なくない。

★カトリック教徒

ご存知の通り、アイルランド人の大半はカトリック教会の信徒であり、アメリカに移住した人々は移住先においてもその信仰を保持し続けている。この映画においてもブルックリンのカトリック教会と神父がアイルランド系移民たちのよりどころであることが分かる。ちなみに主人公のエイリッシュとイタリア系青年トニーとの出会いもカトリック教会主催のダンス・パーティーである。イタリアはローマ・カトリック教会の本拠地なので、アメリカに渡ったイタリア系アメリカ人の多くはカトリック教徒だ。そういう意味では、アイルランドとイタリアというルーツの異なる移民が、カトリックという信仰によって結ばれたロマンスということになる。

★じゃがいも飢饉と初期移民

アイルランドにおける「じゃがいも飢饉（一八四五—四九）」によって困窮した人々が、新天地アメリカに移住することで、合衆国におけるアイルランド系移民の数は増大した。この移民第一世代が築いたアイルランド系コミュニティを頼って、断続的にアイルランド人の流入は続いた。映画の前半部分に、年老いて生活が立ち行かなくなった初期移民たちが教会の施しを受ける場面がある。フラッド神父が「彼らはトンネルを掘り、橋やハイウェイを造った。行く末は神のみぞ知る」とエイリッシュに語る場面は、新しい時代の移民であるエイリッシュを、アイルランド移民史につなぐ。

❏作品内重要キーワード

★ナショナル・カラー

「ナショナル・カラー」とは、通常、特定の国家を代表／象徴する色のことをいう。アイルランドの場合は、グリーン。アメリカにおいて、事実上、アイルランドのお祝いとなっているセント・パトリックス・デー（三月一七日）に、グリーンの物を身に着ける習慣がある。主人公エイリッシュがアイルランドを後にして、アメリカに渡る時に身に着けているのは、グリーンのロング・コートだ。さらに、バルトッチ百貨店に初出勤する朝には、グリーンのコート、白いブラウス、そして山吹色のカーディガンといういでたちで、さながら、アイルランドの国旗のようである。エイリッシュのファッションを追うことで、アイルランド人というアイデンティティが変化するさまを見ることができる。

★大西洋を横断する「手紙」

大西洋によって隔てられたアイルランドとアメリカを往還する「手紙」は、この映画における重要な小道具のひとつだ。ブルックリンに渡ったエイリッシュと姉ローズとの往復書簡、エイリッシュがエニスコーシーに帰郷した際に夫であるトニーから送られてくる手紙に目を向けると、両国に板挟みにされたエイリッシュの心理が浮き彫りになる。

❏おすすめ同系作品

かつて、アメリカ映画界の自主規制ガイドライン「ヘイズ・コード」は、異人種間の性愛を描くことを制限していた。ここでは、異人種間のロマンスを描いた名作五点を紹介したい。

『ウエストサイド物語』（一九六一）　マンハッタンを舞台に、異なるエスニック・グループのギャング間の争いを描いたミュージカル映画。ポーランド系青年トニーとプエルトリコ系の少女マリアとの恋愛悲劇。二〇二一年にスティーヴン・スピルバーグ監督によってリメイクされた。

『愛と哀しみの旅路』（一九九〇）　日系アメリカ人二世の女性とアイルランド系アメリカ人男性との異人種間ロマンス。ふたりのロマンスの行方が、第二次大戦中の日米関係とパラレルな関係にある。ハリウッドのメジャー映画が日系人収容体験を描いた意義は大きい。

『ポカホンタス』（一九九四）　先住民ポカホンタスとイギリス人探検家ジョン・スミスとの恋愛を描いたウォルト・ディズニー作品。公開後、先住民団体から史実と相いれない点について批判され、議論をよんだ。

『ラビング　愛という名前のふたり』（二〇一六）　異人種間結婚の是非をめぐるラビング夫妻とヴァージニア州の法廷闘争（ラビング対ヴァージニア州裁判、一九六七）をもとにした映画。白人男性と黒人女性との愛が国を動かすというダイナミズムを見事に描いた秀作。

『ゲット・アウト』（二〇一七）　異人種間のロマンスをホラー映画のフォーマットに落とし込んだ意欲作。白人のガールフレンドの実家を訪問する黒人青年を襲う恐怖を描く。今も「分かりにくい形で」残存するレイシズムをエンタメ恐怖映画として表現した傑作。

（馬場　聡）

『ブルックリン』(2015)
（DVD 販売発売元 ウォルト・ディズニー・ジャパン）

『しあわせへのまわり道』（二〇一四）

同時多発テロ以降のインド系移民をめぐる抑圧と多様な人生の物語

白人女性である主人公が離婚を機に自動車の運転免許を取得することになり、インド系男性による運転教習を通して、アメリカ社会の中でマイノリティとして生活する現実の厳しさを垣間見る。同時多発テロ以降、マイノリティに対する抑圧が強まる風潮の中で、マイノリティが日々の生活の中で抱かざるを得ない緊張感、また、故国を離れてもルーツとなる宗教文化への帰属意識ゆえに独自の慣習を保ち続けようとする姿勢が、白人女性の視点を通して浮かび上がるところに本作の特色がある。同じニューヨークに暮らしながらも通常は接点のない白人の富裕層階級と、インド系の労働者階級の二人の人生が束の間交錯する。

邦題は『しあわせへのまわり道』であるが、原題（*Learning to Drive*）は「運転の方法を学ぶ」展開に由来する。まわり道をしながらも自分の人生のあり方を探る物語である。

なお、邦題が似ている『幸せへのまわり道』（*A Beautiful Day in the Neighborhood*、二〇一九）は、子ども向けテレビ番組の司会者と雑誌記者の友情、家族愛をめぐる物語であり、本作との関連性はない。

❏どうしても観たくなるストーリー解説・多少のネタバレ覚悟

文芸評論家として活躍しているウェンディであったが、二十年以上連れ添ってきた大学教員の夫がある日突然、家から出ていってしまう。ニューヨーク、マンハッタンにある広い自宅に一人取り残され途方に暮れるウェンディのもとを、離れて暮らす娘ターシャが訪れる。娘の勧めもあり、ウェンディは一念発起して、それまでは夫に任せきりであった自動車の運転に挑戦する。

夫に未練があり復縁を願うも、ウェンディが高く評価し贔屓にしている作家こそが夫の不倫相手であること、さらに夫が粛々と別居の法的手続きを進めていることを知り、ウェンディは書評の仕事も手につかないほど落ち込む。タクシー運転手ダルワーンが副業として行っている自動車免許取得のための個人教習を受けることになり、その過程でニューヨークにマイノリティとして生きるダルワーンの厳しい境遇を知る。ダルワーンはインド出身のシク教徒で祖国では大学教員であったが、迫害を免れるためにアメリカに渡ってきた。アメリカにおいても同時多発テロ以降、イスラム系に対する差別・偏見がはびこる中で、インド出身で、ターバンを巻いているダルワーンはさまざまに理不尽な扱いを受ける。

一方、ウェンディは社会的・経済的に成功を収めているものの家庭生活が破綻し、人生の岐路に立たされている。路上教習でクイーンズ地区を訪れたウェンディは、彼女自身も低所得者層が暮らすクイーンズ地区の出身であり、父の失踪などの幼少期の辛い記憶を思い起こす。ウェンディは、ダルワーンの前で自身の半生を振り返り、車だけでなく人生を自分自身で舵取りする転機を得る。

文芸評論家として数多の文学作品に触れ、巧みな評論・書評を手がけてきたウェンディであるが、実生活においては世間知らずのまま過ごしてきた。数奇な運命に翻弄されながらも大都会ニューヨークに生活の根を下ろそうとしているダルワーンの姿勢に感化され、ウェンディは生き方をも学んでいく。ダルワーンとウェンディの人生は運転教習を通して重なり合い、その後はまたそれぞれの人生に分かれていく。ダルワーンは郷里の村に暮らす妹がダルワーンのために選んだ女性ジャスリーンと結婚することになり、それまでまったく会ったこともない女性をインドから招き寄せ、ニューヨークで新婚生活をはじめる。人生のあり方も多種多様である。ウェンディは免許取得の試験になかなか合格できず、途中で諦めかけながらも、「運転中は平常心を保つことが大切だ。もちろん普段の生活でも」と諭し続けるダルワーンの根気強い指導で念願の免許取得をはたす。自分自身の運転する車窓から見える風景はそれまでとはまったく異なるものであり、ウェンディは新たな人生をはじめていく。

❏スタッフとキャスト情報

雑誌『ニュー・ヨーカー』に二〇〇二年に発表されたキャサ・ポリットのエッセイを映画化したいという女優パトリシア・クラークソン（一九五九—　）の熱意から本作は誕生した。クラークソン自らが主役ウェンディを演じ、かつて出演した映画『エレジー』（二〇〇八）で監督をつとめたイザベル・コイシュと、共演した役者ベン・キングズレーに働きかけることで映画化が実現した。『エレジー』は、ユダヤ系アメリカ作家、フィリップ・ロスの小説『ダイイング・アニマル』（二〇〇一）の映画化作品。

監督のイザベル・コイシェ（一九六〇—　）はスペイン・バルセロナ出身の女性監督。スペインの伝統的な映画技法から逸脱していることから、自らを「カタローニャ人作家」として捉えている。スペイン映画『あなたになら言える秘密のこと』（二〇〇五）で注目され、アメリカ映画『エレジー』や、日本の築地市場を舞台にした異色のスペイン映画『ナイト・トーキョー・デイ』（二〇〇九）など国際的な活動を展開している。

ダルワーン役を演じたベン・キングズレー（一九四三—　）は、インド人の父と、イギリス人モデル・女優の母のもとで生まれた。一九六七年にロイヤル・シェイクスピア・カンパニーに招かれシェイクスピア劇で活躍したほか、一九八二年『ガンジー』にてアカデミー賞主演男優賞受賞。二〇〇一年にエリザベス女王からナイトの称号を授与される。

❏みどころ

路上教習から帰る夜、雷雨となり、ウェンディは雷鳴に動揺して衝突事故を起こしてしまう。相手の運転手のみならず警官からもダルワーンは差別的な扱いを受ける。ウェンディは人種差別に対して猛然と抗議するも、ダルワーンは事を荒立てたくない。アメリカで生きていくためには、マイノリティは黙ってその屈辱に耐えるしかないのだと。同時多発テロ以降、マイノリティに対する抑圧は激化しており、目立たぬよう息を潜めて生活することを余儀なくされている。こうした状況はその後も、トランプ政権下における排外的な移民政策によってさらに悪化の一途を辿ることになる。

アメリカで暮らしながらも、ダルワーンは自身の宗教文化の慣習を保ち続ける。それまで会ったことがない女性との結婚も慣習として受け入れる。その女性ジャスリーンも英語がまったくわからないままアメリカに渡り、初めて会う夫との新婚生活をはじめる。ウェンディにとっては理解できない人生のあり方であるが、それもまたそれぞれの人生であることをウェンディも学ぶ。

インドの小さい村からやってきたジャスリーンは言葉も文化も異なる中、スーパーマーケットでの買い物にも難儀している。店員に尋ねようとしても、英語を話すことができないことによりアフリカ系と思われる店員にも邪険に扱われてしまう。見かねた買い物客の女性が声をかけ、その店員に差別的なふるまいを抗議し、その後、友だちを連れてジャスリーンの家に遊びに訪れる。孤立してしまっているジャスリーンを励まし、帰宅してきたダルワーンに対しても妻を家の中に閉じ込めることがないように助言する。ダルワーンとジャスリーンの生活もアメリカ社会の中で変わっていくかもしれない兆しを示している。

❏歴史的背景を知るキーワード

★同時多発テロ事件

二〇〇一年九月十一日にイスラム過激派組織アルカイダによって起こされたテロ行為であり、四機の旅客機がハイジャックされ、ワールドトレードセンターに突入するなど多くの犠牲者を出した。事件後、アメリカの右傾化が進み、移民に対する抑圧が強まった。とりわけイスラム教徒に対する差別や偏見が激しくなるが、シク教徒であるダルワーンが体験するように、アメリカに暮らすマイノリティが公然と理不尽な扱いを受ける差別が日常化していく。

同時多発テロ事件を分水嶺として、アメリカ社会におけるインド系の描かれ方の変遷も重要な観点となる。インド映画としてアメリカを舞台にした作品も多く現われている。

□作品内重要キーワード

★シク教徒

インドではヒンドゥー教徒に比して少数派であり全体の二%ほどとも言われるが富裕層が多く社会的な成功者が多い。アメリカ合衆国では国勢調査にてシク教徒を「民族」として扱っている。イスラム教の影響を受け、ヒンドゥー教の改革を目指し、一神教信仰、偶像崇拝の否定、カースト制度の否認を説く、その成り立ちからも、宗教対立は現在も軋轢を招いている。シク教徒の男性は神から与えられたものである髪や髭を切ることを許されていないために、頭飾りのターバンと髭がシンボルである（若い世代はこの慣習を敬遠する傾向もある）。本作のダルワーンは典型的なシク教徒の風貌で造型されている。

★アメリカでの運転免許取得

州によるが、概ね十六歳から免許を取得することができる。教習所の制度はなく、成人している家族や友人に助手席に座ってもらい運転を教わるのが一般的。各州の運転免許所にて、筆記試験、路上試験を受ける。その際の車は自分で用意する（家族や友人に車を借りて受験する）。本作ではタクシー運転手をしているダルワーンが副業として個人の運転教習を行っている。

❏おすすめ同系作品

『マイ・ネーム・イズ・ハーン』（二〇一〇）　アメリカを舞台にしたインド映画。主人公ハーンはアスペルガー症候群をもつイスラム教徒のインド人で、サンフランシスコに暮らす弟を頼りアメリカに渡る。ヒンドゥー教徒のインド系女性と結婚し幸せな生活を送っていたが、同時多発テロ事件以降、イスラム教徒に対する差別が強まったことから日々の生活が一変してしまう。

『マダム・イン・ニューヨーク』（二〇一二）　アメリカを舞台にしたインド映画。インドで暮らす主婦が、ニューヨークに住む姉から娘（主人公にとっての姪）の結婚式の準備を手伝ってほしいと頼まれ、一人でニューヨークに渡る。英語が苦手であるために自分の娘からも軽んじられていた主人公であったが、英会話学校に通い、さまざまな背景の人たちと触れあうことで自分らしい生き方を探っていく。

『ミリオンダラー・アーム』（二〇一四）　スポーツ・エージェントの主人公が野球未開の地であるインドに目をつけ、「ミリオンダラー・アーム」というリアリティ番組をコンテストとして企画し、メジャーリーガーを発掘しようと試みる。アメリカ社会を異文化の観点からコミカルに捉える伝記映画。

『ビッグ・シック　ぼくたちの大いなる目覚め』（二〇一八）　パキスタン出身のスタンダップ・

コメディアン、クメイル・ナンジアニが妻と共に執筆した脚本をもとに自ら本人役をつとめた異人種間の恋愛を描く物語。主人公クメイルは保守的なムスリム教徒である両親に白人女性エミリーとの恋愛を反対される。エミリーが原因不明の病気で昏睡状態に陥ったことから、エミリーの両親のサポートを得ながら彼女の闘病生活を支えていく。

ドラマ『わたしの「はじめて」日記』（二〇二〇―　）インド系アメリカ人二世の女子高校生デービーを主人公にしたネットフリックス制作による学園コメディドラマ。インド系であることにより周囲から偏見をもたれてしまいがちなデービーの視点から学園内の複雑な人間関係を捉える。主人公のデービーを演じるマイトレイ・ラマクリシュナンは、スリランカ内戦のために難民としてカナダに移住した両親を持つタミル系カナダ人二世で、本作のオーディションによってデビューした。二〇二三年に「シーズン４」にて完結した。

（中垣恒太郎）

『しあわせへのまわり道』(2014)
(DVD 販売発売元 ワーナー・ブラザース・ホームエンターテイメント)

『マラヴィータ』（二〇一三）

イタリア系マフィアの逆走の運命

イタリア系アメリカ人の映画というと、マフィアのギャング映画を思い浮かべる人が多いと思う。一九二〇年代の禁酒法時代に暗躍し聖ヴァレンタイン・デーの虐殺（一九二九）などで有名なギャングのボスのアル・カポネ（一八九九—一九四七）。そしてその後の数々のイタリア系同士、アイルランド系ギャングとの抗争などには、ソフト帽にダブルの洒落たスーツ、葉巻をくわえてマシンガンをぶっ放して相手を蜂の巣にする残虐なイメージが残るだろう。

映画ではこんな有名なギャングたちの伝記、またそれこそ残酷なギャング同士の抗争ストーリーもあるし、警察との壮絶な闘争劇もある。だが何と言ってもマフィアのギャングを映画として世界に知らしめたのは、パートⅢまである『ゴッドファーザー』（一九七二・七四・九〇）シリーズだろう。残酷ながら家族の絆を扱うストーリーがあまりに人気となったことに、悪しきマフィアを賛美してはいけないと逆に言われたほどだ。

そんな「イタリア系映画」イコール「残酷なギャング映画」というイメージを、ちょっと払拭してくれるコメディ作品が、この『マラヴィータ』だ。

❏どうしても観たくなるストーリー解説・多少のネタバレ覚悟

主人公のフレッド・ブレイク（本名はジョヴァンニ・マンゾーニ）は元マフィア。彼はＦＢＩと取引をして証言をし、それで当局は大物を逮捕でき、一方、自分は証人保護プログラムで守られて、家族（妻、娘、息子）と共に、アメリカを離れ、ヨーロッパの国々を極力目立たぬように転々として居住地を変えて生活することを余儀なくされている。彼らの安全を守るために監視役ＦＢＩも数人で向かいのアパートに住まい、警戒を促して指示を出す。

しかしながら、さすがの元マフィアのフレッド。おとなしくしているどころか、すぐに移った先でトラブルを引き起こし、長居はできずまた移動の繰り返し。作品の冒頭はそんなことで、彼らにとっての新たな地、フランスのノルマンジーの田舎町に到着したところから始まる。

娘ベルと息子ウォレンは転校生として、また妻（母）マギーは買い物に行った先のスーパーでまず、いじめや嫌がらせを受ける。だが結局は、やられたままではなく過激な反撃に出るのは、さすが元マフィア一家と思えて面白い。

夫（父親）の方は更に過激で気に食わないとすぐに相手を消そうとする。そんな中、いつも在宅で隣人からは怪しまれるのをカモフラージュするために、自分は作家だと名乗る。古いタイプライターで執筆するのは実はギャング生活の自叙伝。だが隣人に何を書いているかを尋ねられて、地元に関係する第二次大戦ノルマンジー作戦に関するものと適当に返答する。だがその後、隣人を呼んで自宅で開いたパーティに来ていた教員から今度、開く映画会に来てコメントしてくれないかと頼まれて、映画上映会に参加させられてしまう。

コミュニティに溶け込むのも必要と出かけるが、映画は戦争映画から急にギャング映画に変更になり、思わず、調子に乗ってしゃべりまくってしまう。冷や冷やさせられ手を焼かされるのは監視係りのFBI捜査官スタンスリーで、二人のやりとりが、これまた絶妙に面白い。まさにイタリア系マフィア逆走の運命といえるだろう。

そんなドタバタの中、思わぬ偶然から情報が漏れて、フレッドにより投獄され復讐を狙っていたマフィアのボスに彼らの居場所が分かってしまう。武装した追手はアメリカから彼らに迫る。最後は家族が協力して追手とまるで戦場のように闘うのだ。

最後にタイトルとなっている「マラヴィータ」だが、彼ら家族が飼うペットの愛犬の名前。意味はイタリア語で「裏社会」を表し、身分を隠していながら、唯一、彼らの実態を露わにしている象徴的な存在なのだ。だがさすがこのワンちゃんも、元マフィア家族の一員、最後で活躍するのでお楽しみに。

❏スタッフとキャスト情報

脚本と監督はフランス映画界の重鎮リュック・ベッソン（一九五九—）。これまで『ニキータ』（一九九〇）や『レオン』（一九九四）、『トランスポーター』シリーズ（二〇〇二・〇五・〇八・一五）などで知られる作品の監督や製作を行ってきたのでご存知の方も多いだろう。彼のアメリカのイタリア系ギャングを扱った作品で言えば『レオン』以来だろう。

さて製作総指揮を務めたのはイタリア系アメリ人監督マーティン・スコセッシ（一九四二—）。『タクシー・ドライバー』（一九七六）や『レイジングブル』（一九八〇）、『ギャング・オブ・ニューヨーク』（二〇〇二）などの作品やコンサートを映像化したザ・バンドの解散コンサート『ラストワルツ』（一九七八）、ストーンズのライブ『ローリング・ストーンズ・シャイン・ア・ライト』（二〇〇八）なども精力的に撮っている。特筆すべきはスコセッシが、遠藤周作の小説『沈黙』（一九六六）を『沈黙サイレンス』（二〇一六）として映画化したことと、数々の音楽ドキュメンタリーの中でも初期に一九六九年の伝説のフェスの記録映画『ウッドストック・愛と平和の三日間』（一九七〇）の撮影・編集に携わっていることだ。

という訳でこの作品は仏米合作。スコセッシは、同胞イタリア系を大事にして、同じ出自の俳優を使うことが多い。特に今回はマフィアのストーリーだから、名コンビといわれるイタリア系の名優ロバート・デ・ニーロ（一九四三―）を主人公のフレッドに起用した。またさんざんと悩まされるＦＢＩ捜査官スタンスリーにはトミー・リー・ジョーンズ（一九四六―）。フレッドの妻役にはやはり多くの受賞歴があるベテランのミッシェル・ファイファー（一九五八―）。だから観ていて作品にどんどん引き込まれるのは必至なのだ。

❏原作

原作はトニーノ・ブナキスタ著の『マラヴィータ』（二〇〇四）。だが日本語のタイトルは内容がわかりやすくするため『隣のマフィア』であるので、本稿を読まれ、原作も読もうと思われるならご参考にしていただければと思う。ブナキスタ（一九六一―）はイタリアとフランス両国の犯罪サスペンスを得意とする作家であり映画脚本家。

❏みどころ

★コメディ・ブラックユーモア

元ギャングのフレッドが、繰り返し、ギャングの血が騒いで、トラブルに巻き込まれるドタバタ。家族も同様、おとなしくしようと努力しても、我慢ができずに過剰に復讐してしまうところは傑作だ。その方法はやはり過激で普通じゃない。またコメントを求められ出かけると戦争映画からギャング映画へ変更された作品が、実はスコセッシ監督のギャング映画『グッド・フェローズ』(一九九〇)なのも、先に知っていた方が、気づいてニンマリできるだろう。因みに上映予定であった『走りくる人々』(一九五八)は、フランク・シナトラ(一九一五—九八)主演で、原作が戦争小説で有名なジェームズ・ジョーンズ(一九二一—八七)の同名小説を映画化したもの。変更されたものの、主演のシナトラがイタリア系であるのも面白い。

★家族の絆

そんなめちゃくちゃな家族だが、父親を中心にしっかりとまとまっている。家族を守るFBI捜査官たちは、双眼鏡と盗聴器で逐一、様子を見守っているが、娘ベルの失恋には、大の男の捜査官たちが、気の毒にと涙を流すシーンは、圧巻でしっかり見てほしい。

★銃撃戦

作品最後はアメリカから復讐のためにやってきたギャング連中と銃撃戦になる。単なる撃ち合いというよりは戦争だ。家族総出で自分たちを守るために闘う様子は、それまでコメディ調で進んできたストーリーが一転、迫力あるシーンに変わるので、期待大だ。

❏歴史的背景を知るキーワード

★遅れてきたイタリア移民

イタリアからアメリカへの移民が増大したのは、十九世紀末、一八八〇年代以降。それ以前に訪れた他国からの移民が旧移民と呼ばれるのに対し、新移民と称されるグループだ。前者の中には英語ができる熟練労働者が多くいてアメリカに同化しやすかったのに対し、後者は政変などで着の身着のまま準備もなく逃げて来た者も多く、英語も話せず手に職もなくアメリカに着くと苦労する。

特にイタリア移民は、プロテスタントが主流のアメリカでカトリック教徒であること、母国語がイタリア語ゆえに英語で苦労したこと、民族の結束が固くそれが逆に同化を遅らせたと指摘される。その一方、同じカトリック教徒でも既に旧移民として移民していたアイルランド移民は差別されるものの母国語が英語であるゆえ、新天地アメリカで既に確固たる地位を築いていた点は注目に値する。イタリア移民は大西洋を渡ってきたその他の移民同様に、ニューヨーク・マンハッタン島のリトルイタリー地区などに住み始める。

★マフィア

この時期に移民したイタリア人は、イタリア統一後も抑圧をされ続けたシチリア島を中心とした南イタリアの農家出身の貧しい者が多かった。移民後はトラブル解決や仕事の斡旋などを、このシチリア島に起源を遡るマフィアの元となる「マーノ・ネーラー（黒い手）」がすでに暗躍し始めた。賭博、売春、用心棒でどんどん勢力を拡大していった。

彼らのイメージは、ソフト帽に葉巻をくわえて、ダブルのスーツ、そしてギャング抗争ではマシンガンを撃ちまくる絵だろう。一九二〇年代、第一次世界大戦で武器能力が上がり、マシンガンは当時の最良兵器となり、同時に何人もひといきに殺害でき、また完全に仕留めたい相手であれば、ハチの巣にして始末できる。

そんなマフィアが特に勢いづいたのは一九二〇年代だ。二〇年に施行された「禁酒法」が彼らにとって絶高の資金源となったからだ。ちなみに禁酒法は、酒の製造、販売、移動が禁止されたもの。だが禁止されたにも関わらず、アメリカ史上、一番、酒が飲まれていた時代とも皮肉られて言われる時代なのだ。

さらに、この一九二〇年代は、いわゆる物価高騰で特に株価や土地の価格が上がる「バブル」時代で、貧富の差が開いたとき。金のある連中はいくらでもマフィアが用意した裏取引のアルコールにお金をつぎ込んだからだ。そんな中、マフィアは密造酒の製造から販売まで一手に引き受け、裏販売やもぐり酒場スピークイージーを開いて客に提供もしていた。酒は体に悪いアルコール純度の悪質なものから密輸した高級品まで揃っていた。酒に関わる抗争は、イタリア系同胞同士だけでなく、異民族間でも行われ、アイルランド系などとの間の抗争もあった。

❏作品内重要キーワード

作中で重要なキーワードはこれだ。

★証人保護プログラム

もともと、マフィアの犯罪を摘発するため、法廷などで告発してもらいその報復から告発者の身を守るために作られたプログラム。裁判中はもとより、必要があれば生涯を通じて保護されるもの。これまでの名前も変え、別の人間として生活し始め、生活費などすべて支給される国家の最高機密として扱われる。

★コートダジュールからノルマンジーへ

この証人保護プログラムにより、作中のブレイク一家は、アメリカを離れ、裏切ったマフィアの仲間に追跡されぬように、フランスを転々と住み家を変えて移動している。新たな地のノルマンジーは言うまでもなく、第二次世界大戦の際にアメリカ軍が上陸作戦を行った地ノルマンジーだ。

★アッティカ刑務所

一九三〇年開設のニューヨーク州アッティカにある連邦刑務所。開設時は凶悪犯を収容する刑務所であったため、最高度の警備体制が敷かれていた。その名を知らしめたのは一九七一年九月九日に発生した歴史に残る囚人による暴動で、囚人たちは所員を人質に取り、解決に至るまでに囚人と看守や所員に多く死者が出た。

❑おすすめ同系作品

数あるイタリア系の映画の中、ここではギャング映画に絞って紹介する。

『欲望のヴァージニア』（二〇一二）　舞台は一九三一年の禁酒法時代のヴァージニア。密造酒を作り売る兄弟と競争相手、またそれを取り締まる取締局の特別補佐官との抗争劇。かなり残酷なシーンがあるのでそのつもりで御覧ください。以下の作品も同じ。

『アンタッチャブル』（一九八七）時代は一九二〇年代。タイトルのアンタッチャブルとは、シカゴのイタリア系ギャング・マフィアのボスのアル・カポネを追う捜査チームの名前。カポネ逮捕へと向かう彼らの追跡劇というストーリー。

『ゴッドファーザー・パートⅠ〜Ⅲ』（一九七二・七四・九〇）　マフィア五大ファミリー中のコルレオーネ・ファミリーの第二次大戦後の歴史を辿ることで、マフィアのイタリア系の中での伝統的な仕事やファミリーの絆などもうかがい知れる。

『バラキ』（一九七二）　現役のマフィアのギャングのジョセフ・バラキが、その実態を証言した事実をレポートした書「マフィア・恐怖の犯罪シンジケート」（一九六八）を元に映画化されたもの。

『グッド・フェローズ』（一九九〇）　監督は本作の製作総指揮を務めたマーティン・スコセッシで、出演もスコセッシとコンビのロバート・デニーロ。実在のマフィアのヘンリー・ヒルの伝記をもとに製作されたこの作品は、組織から狙われる身の危険を感じた彼が、本作『マラヴィータ』同様に証人保護プログラムに協力するストーリー。

（君塚淳一）

『マラヴィータ』(2013)
（DVD 販売発売元 Happinet）

『ヘルプ～心がつなぐストーリー～』（二〇一一）

人種隔離時代の人種を超えた絆のお話

アメリカ黒人にとって一九六〇年代は文字通り激動の時代だった。「分離すれども平等」というまやかしのスローガンのもと、ジム・クロウ法（人種分離法）に縛られた黒人たちは、整備された白人用の設備とは打って変わってろくに掃除もされていない公衆便所で用を足し、見るも粗末な水飲み場で喉を潤すことを余儀なくされていた。バスにも人種別の指定座席が設けられ、黒人は後ろから白人は前からそれぞれ詰めて座るのが規則で、中間席は空いてさえいれば誰が座ってもかまわなかった。ある日、中間席に座っていたローザ・パークス（一九一三―二〇〇五）は、あとから乗ってきた白人に席を譲るよう運転手に強要されたのを拒否し逮捕される。それを機に黒人たちの不満が一挙に爆発、やがてはマーチン・ルーサー・キング牧師（一九二九―六八）のバス・ボイコット運動へと発展し、ひいては一九六四年の公民権法制定へとつながっていく。

そんなバスに乗っては雇い主の白人家庭に毎日せっせと足を運んでいた黒人のメイドたち。この映画はそんな黒人メイドの悲哀と笑いと勇気、そしてジャーナリストを真摯に目指す白人女子大生との絆と正義と感動の物語である。

❏どうしても観たくなるストーリー解説・多少のネタバレ覚悟

一九六〇年代のアメリカ南部ミシシッピ州の街ジャクソン、映画は実質的主人公の黒人家政婦エイビリーンが主人公の白人女子大生スキーターに自分の生い立ちとメイドとしての人生を語るところから始まる。といっても、これはフラッシュバック。この語りはのちの流れのなかに組み込まれる。これまで十七人もの他人の子どもの世話をしてきたこと、スズメの涙ほどの賃金で一日中働いたこと。壁にかかった息子への写真を見つめる目はなぜかさみし気だ。さて、場面変わって、このエイビリーンにメイドのことを語らせるきっかけになった地元の新聞社で面接を受けたスキーターは雑用係として採用され、ジャーナリスト志望の彼女は上機嫌だ。

そんなジャクソンで、ひとつの新たな動きが生まれようとしていた。それはジム・クロウ法を自宅のなかに持ち込むというものだった。黒人メイド専用のトイレ導入を提言したのは人種差別意識が著しいヒリー。ちなみにヒリーの家に雇われているメイドのミニーもまたこの映画のもう一人の実質的主人公である。ミニーとエイビリーンは大の親友、いつも雇い主の悪口を言っては大笑いするメイド仲間である。

そんなエイビリーンに担当の家事の記事関連で助言を求めたいと、雇い主で友人のエリザベスにお願いしたのをきっかけに、いよいよ映画のタイトルでもある『ヘルプ』出版までの波乱と感動の道のりが始まる。その幕開けはエリザベス家で仲間とカードゲームに興じるヒリーが、メイドのエイビリーンも使っているからという理由で来客用のトイレ使用を固辞したことだった。「彼ら（黒人）は得体のしれない病気を持っているから危険」という根も葉もない理由からだ。違和感と静かな憤りを覚えるスキーターは、気を悪くしたであろうエイビリーンを気遣いつつ家事の記事の手伝いを頼む。引き受けるエイビリーン。

この日の夜、ジャクソンは激しい雷雨に襲われる。尿意をもよおしたメイドのミニーは外の専用トイレではなく家のトイレをこっそりと使おうとする。しかしヒリーに見つかり、激しく叱責された挙句にクビだと豪雨のなかへと放り出される。このことはのちにミニーに大事件を引き起こさせ、さらにそれが奇跡を呼び起こすきっかけになる。

そんなミニーはメイドの働き口を求めてシーリアの家を訪ねようとしていた。迎えに出たシーリアからは人種差別的な側面はみじんも感じられない。既に五人のメイドに断られたというシーリアが、ミニーが引き受けてくれることを知って手に持ったコーラをこぼすまでに喜ぶ姿は愛らしく、観ているこちら側まで幸せにしてくれるインパクトがある。

一方、ミニーの代わりにヒリーの家に入ったユール・メイは、息子たちの大学の授業料の足しにする給料の前借りを断られ、魔が差して掃除中に見つけた指輪を着服して逮捕される。口元にはうっすらと笑みを浮かべながら逮捕現場を車から遠巻きに眺めるヒリーは、とことん黒人を差別視する極端な白人女性の典型として描かれている。

その間も続くスキーターによるメイド取材。何度目かの訪問の夜、突然ミニーがエイビリーンを訪ねてやってくる。何も知らずにやってきたミニーは取材が気に入らず一度は部屋を出ていくが、「気が変わった」とすぐに引き返し、自分の経験を語り始める。そこからはミニーの独り舞台、とくに料理の話は止まらず夜が明ける。ミニーのおかげで徐々に協力者は増えるものの、ニューヨークの編集長は少なくとも十二名以上の証言者を集めろという。数を気にしつつもエイビリーンへの取材は続き、かつて事故で重傷を負った息子が白人の現場主任にひどい扱いで見殺しにされたことが語られる。毎年胸が張り裂けそうになる彼の命日にカードゲームに興じる白人たちの世話をしなければならない黒人メイドの気持ちがわかるかと涙を流すエイビリーンの問いにスキーターは言葉が出ない。

そんなエイビリーンにメイド専用のトイレの気に入ったかと無神経に尋ねるヒリーへの嫌がらせとして、ちょうどヒリーが会長を務める集まりの会報編集を頼まれていたスキーターはヒリーの家の庭に持ち寄るべきコート (coat) を便器 (commode) と書き換える。会報を読んだ人びとは次々と便器を庭に運び、ヒリーは大恥をかかされて泣きべそをかく。一方、スキーターはいつも食事するダイナーのヘンリーから、すぐにエイビリーンの家に行くよう促される。なんと、そこには本への協力を申し出た十二名のメイドたちが待っていたのだった。

地域の主婦たちから仲間外れにされているシーリアは、ミニーからパイにまつわる衝撃的な話を聞かされる。それはヒリーからクビを宣告された直後に、お詫びと称したパイをもって再びヒリーを訪ねたときのことだ。それは実はヒリーへの仕返しで、あろうことか、ミニーはパイのなかに自分の大便を練り込んだのだった。美味しいと言って食べるヒリーに「糞食らえ！」と叫ぶミニー。気づいたヒリーは慌ててトイレへと駆け込み、それを見て大笑いするヒリーの母親はそのことが原因で老人ホームへと放り込まれる。

いよいよ完成間近の『ヘルプ』だったが、スキーターにはどうしても書かなければならない話があった。それは自身の家に二十九年もの間使えたコンスタンティンのことだったが、問い詰められた母親の告解から彼女が当時の白人社会の見栄と高慢の犠牲として無慈悲に解雇されたことを知る。コンスタンティンこそが本当の育ての親だとまで言うスキーターは、怒りと悲しみを抑えて亡きコンスタンティンとの思い出を振り返るのだった。そして、ついに『ヘルプ』は出版される。本は話題となり、さらし者にされるというヒリーの不安と焦りと怒りは頂点に達する。スキーターの家に押し掛けるも、逆にスキーターの母親から大便パイ事件をほのめかされ、返り討ちにあう。

食材を抱えてシーリアの家に着いたミニーを待っていたのは、シーリアと夫のジョニーの実に暖かいもてなしだった。以前には考えられなかったシーリアお手製の料理がテーブルに並び、ジョニーが引いてくれた椅子にミニーは腰かける。当時の黒人には考えられない白人からのもてなしを受けて、ミニーの目が涙で潤む。勇気づけられたミニーは暴力をふるうリロイと別れ、子どもたちを連れて家を出るのだった。

本の売れ行きは順調で、最初の印税がスキーターから二人の元に届けられる。街の黒人たちの間でも出版は有名になり、日曜のミサで協会に集まった黒人たちからエイビリーンとミニーの勇気への称賛が送られる。出版の成功を機にスキーターはニューヨークの出版社に採用され、ふたりはスキーターをニューヨークへと送り出す。

そして、いよいよ最後のクライマックス場面。『ヘルプ』の出版に対する苛立ちが収まらないヒリーは、いよいよエイビリーンに攻撃の矛先を向けようとする。エリザベスの家に押し掛けたヒリーは、エリザベスに貸した銀のスプーンが三本なくなったとエイビリーンを疑う。警察にだって突き出せると脅しをかけるヒリーに、エイビリーンは意を決したように詰め寄り、勇気を振り絞って問いかける。「(そんなに人を差別して) 疲れませんか?」。

結局、ヒリーの圧力に負けたエリザベスが泣く泣くエイビリーンを解雇し、幼いメイ・モブリーが「行かないで」と泣き叫ぶなか、彼女は表通りへと歩き出す。目に涙が浮かんではいるものの、その表情は晴れやかだった。人種差別のなかですべてを心の内側に押しとどめていたこれまでとは違って、書いて表現するという手段を手に入れたことによって彼女は解き放たれたのだ。

そして、ずっと心に重くのしかかっていた最愛の息子の死にもこれで報いられると彼女は明るく前を向くのだった。

❏スタッフとキャスト情報

『ヘルプ～心がつなぐストーリー～』は、キャスリン・ストケットの同名小説（二〇〇九）を原作とした映画であるが、出演はエマ・ストーン、ビオラ・デイビス、オクタヴィア・スペンサー他、監督・脚本はテイト・テイラーである。評論家に高評価され、商業的にも製作費二五〇〇万ドルに対し、興行収入は一億七五〇〇万ドルを超える成功を収めた。オクタビア・スペンサーは第八四回アカデミー賞で助演女優賞を受賞した。

主演のエマ・ストーン以上にこの物語を要になっているのは、やはりエイビリーン役のビオラ・デイビスとミニー役のオクタヴィア・スペンサーであることは間違いない。しいたげられたメイドとして、また息子を失った母親、夫から暴力を受ける妻として、この二人が描き出す当時の黒人女性の現実は生々しい。しかしもう一人、役どころ、演技力ともにきわめて目を引くのがシーリア役のジェシカ・チャスティンだ。彼女の存在は、人種問題が人種の違いからではなく人間性の問題であることをあらためて示してくれる。エマ・ストーンがジャーナリスティックに人種平等を扱おうとする一方で、彼女は虐げられ差別される白人女性の視点をもたらす重要な役割を果たしているのである。アカデミー賞ではノミネートに終わったものの、全米映画批評家協会賞の助演女優賞受賞など膨大な数の助演女優賞を受賞していることからも彼女の存在の大きさをはかり知ることができる。

❑みどころ

★メイド仲間とバスで出勤しようとする矢先のエイビリーンをスキーターが呼び止め、無神経にしゃべりかける場面。走り去るバスを恨めしそうに見つめるエイビリーンに気にせず話しつづけるスキーター。黒人への優しい思いにあふれつつも、やはり白人の意識的限界が浮き彫りになる瞬間だ。エイビリーンは言う、「ジム・クロウ（人種分離法）よりも怖いのは（白人の）視線」。白人と立ち話しているだけで激しい侮蔑の視線を投げかけられる黒人の日常は、エイビリーンだけのものではない。なおも無神経に車で送るというスキーターの誘いを断り、エイビリーンはエリザベス家までの遠い道のりを歩き始める。

★ミニーの新しい雇い主で、料理のうまい彼女を心から尊敬するシーリアの存在。ヒリーの元カレを夫としていることから目の敵にされ、周辺もヒリーの同調圧力によって彼女をのけ者扱いにする。彼女の存在は、差別意識は人種の違いからではなく、人の頭のなかで意図的に作られることの証明でもある。

★ヒリーの庭がスキーターの悪戯から便器で埋め尽くされた時、慌てて駆け付けたエリザベスの幼子のメイ・モブリーが便器におしっこをするが、エリザベスはメイ・モブリーをひっぱたく。泣き叫ぶメイ・モブリーをエイブリーンは優しく抱き寄せ、いつもの言葉をまじないのように繰り返す。「お嬢ちゃまは優しく、賢く、大切な子」。母親としての至らなさを薄々自覚し、その光景を恨めしそうに見つめるエリザベスの姿には、無知で高慢で偏見に満ちた当時の南部白人の形骸化された日常が象徴されている。

★映画のなかでもっとも感動的な場面。アメリカ深南部という地域的、社会的、時代的な背景のもと、エイビリーンとミニー以外に証言してくれるメイドを探せていなかったスキーターは、ダイナーのヘンリーに促されるままエイビリーンの家へと向かう。そこで待っていたのは十二名のメイドたち。ハット息をのむスキーターに向かって彼女らは協力を申し出、経験を語り始める。こうして『ヘルプ』は出版へと大きく前進する。

★ミニーが大便入りのパイをヒリーに食べさせる場面。これは衝撃的で、笑え、スッとする場面だ。この衝撃的な事実が『ヘルプ』出版のうえで大きな役割を果たすことになる。

★出勤してきたミニーへのお礼だと言って、徹夜でこしらえた自前の料理をシーリアがふるまう場面。夫のジョニーはそっとミニーが腰かけるために椅子をそっと引いてくれ、当時では考えられない白人からの親切な振る舞いにミニーの目にはうっすらと涙が浮かぶ。

★エイビリーンの最後のセリフ、「(そんなに人を差別して) 疲れませんか?」。ヒリーからスプーンを盗んだという濡れ衣をかけられそうになったエイビリーンが意を決してヒリーに言い返すこのセリフは、人種差別を行う人間に対する怒りと哀れみと疑問がひとつにまとまった最適で唯一無二の表現だと言えよう。

❏歴史的背景を知るキーワード

★ジム・クロウ法(人種分離法)

一八七六年から一九六四年にかけて存在した人種差別的内容を含むアメリカ合衆国南部諸州の州法の総称。例えば、白人女性の看護師がいる病院には黒人男性患者は立ち入れない、教科書は最初に使った人種がずっとその教科書を使わなければならない、バスの座席も黒人は白人とは反対側の後ろから座らねばならない、等々。レストランやバーも人種別で、映画『グリーンブック』(二〇一八) のタイトルのグリーンブックは黒人専用のホテルを紹介したもの。

★メドガー・エヴァース (一九二五—六三)

アフリカ系アメリカ人の公民権運動家で全米黒人地位向上協会のミシシッピ州支部委員。一九六三年六月一二日に白人優越主義組織「白人市民会議」のメンバーに暗殺された。

❏作品内重要キーワード

★公民権運動

一九五〇年代後半から六〇年代前半に活発化したアメリカ黒人の基本的権利を要求する運動。キング牧師らによる非暴力抵抗運動が支持を集め、ケネディ大統領が公民権法制定を準備、その暗殺後の一九六四年に公民権が成立、翌六五年に選挙権法が制定され、選挙権の平等が実現した。

❏おすすめ同系作品

『ロング・ウォーク・ホーム』（一九九〇）　一九五五年アラバマ州モンゴメリで起きたローザ・パークスが、人種隔離のジム・クロウ法に反してバスで白人に席を譲らず逮捕されたことを機に起きた、キング牧師率いるアフリカ系による「バス乗車ボイコット運動」。いかに一般のアフリカ系市民が協力し合い、成功に至ったかを描いた作品。

『黒い司法　0%からの奇跡』（二〇一九）　ノンフィクションを原作に、人種問題と司法の問題を扱った作品。白人女性殺人の容疑をかけられ、冤罪で逮捕された黒人の弁護をする新人弁護士の話。

（山本　伸）

『ヘルプ ～心がつなぐストーリー～』(2011)
(DVD 販売発売元 ウォルト・ディズニー・ジャパン)

『ウィンターズ・ボーン』(二〇一〇)

現代アメリカの「氏族社会」

ミズーリ州オザーク地方に暮らす白人家族という設定を聞いただけで、本作がアメリカの白人最貧困層を描くのだろうと予想できる人はどれくらい居るだろうか。オザークはミズーリ州南部からアーカンソー州北西部に広がる高原地帯で、「ヒルビリー」と呼ばれる貧しい白人が十九世紀初頭から定住を始めた地域である。ここに残るその子孫たちは今もなお貧困から抜け出せていない。「ヒルビリー」という言葉は、アメリカでは田舎者の蔑称として使われることが多い。同じ白人からも「ホワイト・トラッシュ」と蔑まれてきた白人グループの一つである。

『ウィンターズ・ボーン』は、現在のヒルビリーの世界を描いた作品である。オザーク出身の作家ダニエル・ウッドレルが二〇〇六年に発表した同名の小説を映画化したものである。

作品に登場する人物の多くは酒や麻薬に溺れ、日常には暴力が蔓延する。彼らは山奥の寂れた場所で、日本でいう「村社会」のような閉鎖的な血縁のコミュニティを形成して生活している。まともな仕事はなく家族を養うために麻薬の密造が行われている。主人公は十七歳の少女で、突然父親が行方不明になり、家族を守るために一人奮闘する。

本作をJ・D・ヴァンス著『ヒルビリー・エレジー』(二〇一六)のように「アメリカの繁栄から取り残された白人」の実態を描いた作品として、なぜ貧困地域は生まれ、なぜそこに生きる人々はそこから抜け出せないのかを考えながら観るのもよいだろう。あるいは、過酷な環境を生き抜く家族の絆や少女の成長に注目するのもよい。暗い物語だが、これもまたアメリカの現実である。

❏どうしても観たくなるストーリー解説・多少のネタバレ覚悟

主人公リーの一家の生活は困窮を極めている。明日食べるものもない。その原因は、父親が麻薬の密造で逮捕され、保釈後に姿を消したからである。一家はさらに、もしも父親が一週間後の裁判に現れなければ、住む家も土地も失うことになる。それらが保釈金の担保になっているのである。一家の窮状を見かねて隣人や親族は食料やわずかな金を与えてくれるが、住む場所を失えば、病気の母親とまだ幼い弟や妹は施設に入れられるか、誰かに引き取られるかのどちらかで、家族の離散は避けられない。家族だけが彼らの心の支えである。何としても父親を見つけ出さなくてはならない。

リーは父親の手がかりを求めて彼と関わりのある人物を訪ね歩く。しかしどこへ行っても迷惑とばかりに追い返される。どうにもならないリーは、コミュニティのボスに会いに行くと、彼は間違いなく事情を知っているはずだが、この件には関わらないと妻に伝言させ、リーに会おうとしない。親友の一人を除いて、誰も彼女の父親探しに協力しようとしない。それどころか手荒なまねまでして邪魔をする。

結局父が見つからないまま裁判の日を迎え、彼女のもとに現れた保釈保証人に、一週間後には家と土地が没収されると告げられる。その際に父親の保証金について、家と土地だけでは足りなかったため、不足分を誰かが支払った事実を聞かされる。それが誰なのかはわからないが、リーは父親の失踪には何か裏があることを確信する。状況からして父親は恐らく死んでいる。それが証明されれば、保釈金は返却され、家も土地も取られずにすむ。もはや父親の死の真相などはどうでもよい。遺体さえ見つかれば、一家離散は避けられるが、果たして父親は見つかるのか。

ここから先は息をのむ展開となり目が離せない。クライマックスは読者自身で観てほしい。ただ、家族は今後も一緒に暮らしていくことになるとだけ言っておく。

❏スタッフとキャスト情報

脚本・監督はデブラ・グラニク。主演はジェニファー・ローレンスで、無名だった彼女はこの作品で一躍有名になる。本作は二〇一〇年サンダンス映画祭で公開され、グランプリおよび脚本賞を受賞する。アカデミー賞でも四部門にノミネートされる。

❏みどころ

アウトローの集団には必ずその集団独自の掟がある。メンバーは法よりも掟に従って生きる。よく言えば、掟は集団の秩序を保ち共存を可能にするが、逆にそのような集団は、一般のルールは通用せず、たいていは力による支配が行われて暴力的である。市民社会から見ればただの「野蛮」な犯罪集団に過ぎなく見える。本作に登場するコミュニティも麻薬の密造を行っていて、それに関わっていた主人公の父親は掟を破ったために殺される。しかし父親が麻薬の密造を行っていたのも、さらに掟を破ったのも、実は家族のことを思ってである。

犯罪に加担するその根底には貧困がある。彼らの暮らすオザーク高原はアメリカでも最貧困地域のひとつである。山岳地域で石が多く土地も痩せていて農業には向かない。これといった産業もなく、教育水準も低いため、彼らが貧困から抜け出すことは難しい。国は貧しい彼らを助けようとはしないし、そもそも彼らも国を信用していない。頼るのは家族やコミュニティの相互扶助である。

主人公リーの台詞に「自分はドリー一族の人間だ」というのがある。彼らは貧しくとも一族の誇りや伝統を守り、相互扶助の精神を忘れずに生きている。本作を「一族」という視点で見れば、描かれているコミュニティは、市民社会とは別物の、現代アメリカにおける「氏族社会」であるといえる。父親を殺されたリーは、法によって犯人が裁かれることなど望んでいない。彼女もまた掟に従って生きるのである。

❏歴史的背景を知るキーワード

★ヒルビリー

ヒルビリーとは、アパラチアやオザークの山岳地域に住む人々のことを指すが、その先祖は十八世紀にアイルランド北東部のアルスター地方からアメリカに移住したスコットランド系アイルランド人である。彼らはもともとスコットランドからアイルランドに移住したプロテスタントで、一八四五年に始まる「ジャガイモ飢饉」によって大量にアメリカに移民したカトリックのアイルランド人とはルーツが異なる。彼らが新天地アメリカにやって来たとき、大西洋沿岸部はすでに入植者がいたので、未開の地を求めて西に向かってアパラチア山脈周辺に住み着いた。時を経て彼らはさらに西の山岳地域のオザークにも住むようになる。

スコットランドと言えばウィスキーが有名である。スコットランド系である彼らの犯罪集団は、伝統的に蒸留酒の密造を行っていたが、それが現在は麻薬の密造に代わったと言われている。

❏作品内重要キーワード

★保釈保証業者

逮捕された被疑者や起訴された被告人が保釈されるためには、保釈金を支払う必要がある。保釈金の払えない者に対して保釈金を立て替えて手数料を取るのが、保釈保証業者である。保釈金は裁判を受けることで返還されるが、もし裁判所に出頭しないと保証金は没収され、立て替えた保釈保証業者は大きな損害を被る。そのため業者は何としても被告人に裁判を受けさせようとするが、万が一のために保釈金の額に相当する物を担保に取っている場合も多い。アメリカには保釈後に逃亡した者を捕まえて保釈保証業者に引き渡して報酬を得るバウンティハンターと呼ばれる業者もいる。

★貧困層の若者と軍隊

主人公のリーは金に困り、軍のリクルーターの元を訪れる。彼女は入隊を希望するが、その目的は四万ドルの金である。しかし十七歳では入隊に両親の署名が必要で、さらに金は入隊後もすぐにはもらえない。結局、入隊を諦めて家に残ることを説得され、彼女はそれを受け入れる。

貧困層の若者にとって軍への入隊が貧困から抜け出すチャンスになり得るのは事実である。

本作の原作小説を書いたダニエル・ウッドレル自身の経歴もそれを示す。彼は十七歳で海兵隊に入隊しているが、除隊後に大学に入学し、最終的には大学院の創作科を卒業して作家になっている。

さらに有名なのは、『ヒルビリー・エレジー』の著者J・D・ヴァンスで、貧しい環境で育った彼は、高校卒業後に海兵隊に入ったことで新しい価値観や生活習慣を身につけ、自らの人生を切り開いてゆく。彼は名門イェール大学のロースクールで学位を取得し、二〇二二年には中間選挙で勝利してオハイオ州選出の上院議員になっている。

軍に入隊すれば学費免除や医療保険などの経済支援を受けることができるが、問題なのは貧困層の若者は軍隊に入るしか貧困から抜け出す方法がないことである。軍もそれを利用してリクルートを行っている。アメリカは志願制であるが、この現状から批判的に経済的徴兵制とも呼ばれる。

❏おすすめ同系作品

『ビバリー・ヒルビリーズ／じゃじゃ馬億万長者』（一九九三） アメリカで一九六二年から七一年までテレビ放送された人気コメディ『じゃじゃ馬億万長者』を二十世紀フォックスが映画化。片田舎の山奥で極貧生活を送っていた一家が油田を発見して億万長者になり高級住宅地ビバリーヒルズに移住したことで引き起こされる騒動を描く。

『ヒルビリー・エレジー　郷愁の哀歌』（二〇二〇）　J・D・ヴァンスの回顧録『ヒルビリー・エレジー アメリカの繁栄から取り残された白人たち』をドラマ映画化した作品。監督は『アポロ13』（一九九五）や『ビューティフル・マインド』（二〇〇一）を手がけたロン・ハワード。

（河内裕二）

『ウィンターズ・ボーン』(2010)
（DVD 販売発売元 Happinet）

『シリアスマン』（二〇〇九）

コーエン兄弟とイディッシュ文化

ユダヤ系の話を描いた映画は少なくないが、多くはニューヨークやシカゴなどの都会が舞台で、地方のコミュニティが描かれることは滅多にない。ハリウッド的な俳優が登場しない、普通のユダヤ系アメリカ人の日常を見せてくれるのがこの作品だ。六〇年代のミネアポリスの郊外の風景も住人の服装も徹底的に再現されている。それでいて、ストーリーは全く平凡ではない。笑いのツボが緻密に仕込まれたブラック・コメディで、見直すたびに発見がある。

❑どうしても観たくなるストーリー解説・多少のネタバレ覚悟

主人公ラリーの息子ダニーはユダヤ人学校で先生にラジオを没収される。授業中に聴いていていたのが見つかったのだ。没収されたラジオの隙間に、強面の同級生から買ったマリファナの代金を忍ばせていていた。金を返せなければ彼から何をされるか分からないと焦る。

その頃、ラリーはCT検査で病院にいた。ラリーは大学で物理学を教えており、現在はテニュア（任期なし契約）の審査を受けている。そんな彼のところにアジア系の学生クライブが成績を上げてほしいと言いにくる。きっぱり断ったが、金の入った封筒を押し付けられる。さらに、彼の父親から言いがかりをつけられ、成績を変えなければ息子への名誉毀損で訴えるぞと脅される。

そのうえ、妻からは離縁状の準備を迫られる。そして、サイ・エイブルマンと再婚に向けて一緒に暮らし始めたいから、子どもたちの平穏のために家を出て行ってほしいと言われる。ラリーは二人のラビ（ユダヤ教の聖職者）と弁護士に相談するが埒が明かないし、主席ラビのマーシャクに相談したいが相手にされない。結局、問題含みの弟と一緒にモーテル暮らしを始める。だが、ある日、ラリーもサイもそれぞれ別の場所で同じ時間に交通事故に遭い、サイの方は死んでしまう。ラリーは多額の損害賠償金と弁護士費用に加え、サイの葬式代を負って一文無しに。

ダニーのバル・ミツヴァの日がやってくる。息子がマリファナをきめて臨んだ事も知らず、ラリーと妻はシナゴーグ（ユダヤ教の礼拝堂）で彼の成長を喜び合う。ダニーを祝福するマーシャクは、ジェファソン・エアプレインの歌詞とメンバー名を口にする。

一方、弟が逮捕されたラリーは、その保釈金捻出のためにクライブの金に手をつけ、成績に変更を加える。そのとき、病院からの電話が鳴り、検査結果を知らせたいので来院するよう告げられる。また場面は、ユダヤ人学校の校門前に移る。ダニーがラジオを取り戻してマリファナ代を払おうとした矢先に、目の前に大竜巻が迫ってくる。

❏スタッフとキャスト情報

監督・脚本はジョエル・コーエンとイーサン・コーエン。コーエン兄弟は映画好きを唸らせる芸術性と奇想天外のエンターテイメント性を両立させてくれる鬼才。『ノーカントリー』（二〇〇七）、『バーン・アフター・リーディング』（二〇〇八）、『トゥルー・グリット』（二〇一〇）のように巨額な制作費をかけ破格の興行収入をあげた大作群の間に発表されたのがこの『シリアスマン』だ。コーエン兄弟の自伝的な作品で、主人公も二人の父親と同じく大学教員。彼らが育った中西部のユダヤ人コミュニティで撮影された。地味な作品のようで評価は高い。撮影監督はアカデミー撮影賞の常連で、『ファーゴ』（一九九六）を含めてコーエン兄弟のほとんどの作品を担当しているロジャー・ディーキンス。『ブレードランナー　２０４９』でも魅せた色づかいと画面展開がこの映画でも発揮されている。

コーエン兄弟は、臨場感を出すため、キャストをなるべくミネアポリスのユダヤ系で固めることにこだわり、現地でオーディションを行った。主役のラリー・ゴプニック役には無名な実力俳優を探し、選ばれたのはユダヤ系のマイケル・スタールバーグ。彼は演劇界では活躍していたが映画界では知名度が低く、最適だった。本作以後、『ヒッチコック』（二〇一二）や『スティーブ・ジョブズ』（二〇一五）などにも出演し、個性的な性格俳優として評価されている。

❏みどころ

★イディッシュ寓話

映画の冒頭は七分程度のイディッシュ語（東欧系ユダヤ人の日常言語）の小話で始まる。東欧系ユダヤ人の血を引くコーエン兄弟は、幼少期に聞かされた昔話を意識してこれを創作したという。一九世紀の東欧のシュテトル（小さなユダヤ人村）が舞台で、独特の雰囲気がある。妻が夕食の支度をしているところに帰宅した夫が、ある老人に助けられたので彼を家に招待したと話す。だが、妻は、彼なら三年前に死んでいるはずだからディブック（悪霊）に違いないと言い、訪ねてきた老人をアイスピックで刺してしまう。老人は血を流しながら家を出て行くため、生きていたのか死んでいたのかは結局不明である。

これは観客をこの映画の主題にうまく誘う仕掛けとなっている。呆気に取られる学生を前にラリーが教壇でまくし立てたのも不確定性の話だった。不確定性理論は、シュレーディンガーの猫の話を持ち出して説明されてきたが、コーエン兄弟はこの小粋な寓話で映像化してみせたのだ。

★屋根の上のラリー

ダニーはロック・ミュージックにはまっている。バル・ミツヴァのためにトーラーの暗唱をしなければならないのに、音楽を聴いてしまう。父の苦悩には無関心で、金策に困っている父のクレジットカードでレコードを買い、家を追い出されてモーテルにいる父に電話をかけて屋根の上のアンテナを直してほしいと要求する。だが、ラリーはそんな息子に応えて屋根の上に登り、アンテナを直す。

イディッシュ文化で日本でも馴染み深いのはミュージカル『屋根の上のバイオリン弾き』だが、このタイトルには、「ユダヤ人というのは、いつ落ちてしまうか分からない中で、のんきに愉快な音楽を奏でているようなものだ」という意味が込められている。息子はもちろんだが、この状況で屋根の上から見える隣人女性の色気に目を奪われて浮かれるラリーの姿もまたのんきなユダヤ人だろう。屋根の上のラリーの姿が映画DVDのジャケットにも使われている通り、実はここは大事なセッティングになっている。

ちなみに、屋根からの眺めは六〇年代のミネアポリスを再現したいというコーエン兄弟が、当時の写真をもとにこだわりぬいて作り出したもの。郊外の住宅地は時を経て緑も豊かになっていたが、最近改築された地域を見つけ、分譲したばかりの新しい街に蘇らせているので注目を。

★「ヨブ記」

「不正を行わず真面目に生きてきた男が、次々と災難に遭う。三人に相談したところ、因果応報なのではないかと言われるが、理由は見当たらない。そして嵐が訪れる。」これは、この映画ではなく旧約聖書の「ヨブ記」のストーリーだ。「ヨブ記」では嵐は神の訪れを示すもので、神と対話した後、ヨブは幸運に恵まれる。

コーエン兄弟は、この映画が「ヨブ記」と似ているなんて思わなかったと言っているようだが、ユダヤ人コミュニティに育った彼らがこの話を知らなかった訳はない。映画は暗雲立ち込める竜巻の訪れで幕を閉じるので、ラリーの未来は謎に包まれる。この竜巻は更なる災難なのか「ヨブ記」のように好転する予兆なのか、観る側がストーリーの続きを考えたくなるよう仕向けられている。

❏歴史的背景を知るキーワード

★ジェファソン・エアプレインの「サムバディ・トゥ・ラブ」

時代を一九六七年に設定したことについて、コーエン兄弟はジェファソン・エアプレインの「サムバディ・トゥ・ラブ」が大ヒットした年だったからと言っている。ジェファソン・エアプレインは六〇年代のサイケデリック文化を牽引したロックバンド。薬物使用も含む実験的な楽曲は若者を魅了した。実際、ダニーが授業中に聴いていたのもこの曲だ。そして、主席ラビのマーシャクがダニーのバル・ミツヴァの日に口にしたのも、その一節である。この歌は「真実が偽りだとわかって、すべての喜びが消えた時」は「誰か愛する人を探したらいい」と畳み掛けている。ラリーはラビの教えを求めて空回りしていたが、必要な言葉はロックの中にあったのかもしれない。

★一九六七年のミネアポリス

一九六七年にはもう一つ事件が起こっている。戦前はミネアポリスのマイノリティの居住地域は限られていたので、ユダヤ系とアフリカ系の住民は助け合って暮らしていた。だが、第二次世界大戦後はユダヤ人差別が減り、弁護士や医者、学者のほか工場を経営する裕福なユダヤ系も増えた。この映画にもそういった人物が多く登場する。もちろん、ユダヤ系への差別が減ったと言っても完全に無くなったわけではない。ラリーの隣人も反ユダヤ主義で敵意をむき出しにしている。だが、痛烈に虐げられ続けたアフリカ系が不平等の改善を訴えた。警官隊と衝突して多くの被害が出たミネアポリス暴動である。これは各地で暴動の相次いだ「一九六七年の長くて暑い夏」の一つである。映画では暴動への言及はないが、一九六七年という年が強調されており、アフリカ系に惨劇が続いたその年を振り返る視線を読み取ることもできる。

❏作品内重要キーワード

★シュレーディンガーの猫

ラリーが黒板に猫の絵を描いて講義していたが、これは一九三五年にオーストリアの物理学者エルヴィン・シュレーディンガーが既存の量子力学理論のパラドックスを説明するために行った思考実験である。原子核が崩壊すると毒ガスが発生する装置を箱の中に仕掛け、そこに猫を入れた場合には、原子がいつ崩壊するのかも猫がいつ死ぬのかも分からない。量子力学では、箱を開けない限り生きている状態と死んでいる状態が重なり合っていると考えられ、開けた途端に猫の生死が決まる。直感とは相容れない理論ではあるが、果たして生死を確定させる意味はあるのか。イディッシュ寓話の老人の生死も真面目なラリーへの災難の理由も不明にしたまま、この映画はそれを問いかける。

★バル・ミツヴァ

一三才に達した少年に行うユダヤ教の成人式。これ以降は宗教上の義務と責任が生じるため、一三才になった直後の安息日（何もしてはならないと定められた日。土曜日にあたる）にシナゴーグでトーラー（巻物状のユダヤ教の聖書）の一部を暗唱する儀式を行う。ダニー役のアーロン・ウルフは撮影前にちょうどバル・ミツヴァを受けたばかりだったという。大きなトーラーの運び役も本物の経験者。ロケ地にも実際のシナゴーグが使われており、貴重な映像になっている。

❏おすすめ同系作品

『しあわせ色のルビー』（一九九八）は伝統的なユダヤ系コミュニティを描いた作品。題名は「賢い妻を見つけることができるのは誰か。彼女の価値はルビーよりもはるかに高い。」という『箴言』の一節から取られた。レネー・ゼルウィガーが閉鎖的なユダヤ社会で奮闘する女性を演じた。監督・脚本はボアズ・イェーキン。

『嘘はフィクサーのはじまり』（二〇一六）では、ユダヤ系の上流社会が垣間見える。ニューヨークに生まれニューヨーク大学で映画を学んだイスラエルのヨセフ・シダーが監督・脚本を務めた。ユダヤ系フィクサーを演じたリチャード・ギアに加え、シャルロット・ゲンズブールも好演。

（井上亜紗）

『シリアスマン』(2009)
（配給フェイス・トゥ・フェイス）

『グラン・トリノ』(二〇〇八)

エスニシティをめぐるアメリカの「光と影」

タイトルの「グラン・トリノ」とは、アメリカのフォード社が制作していた車の名前だ。一九七二年から一九七六年まで生産されており、この年代はあの「ベトナム戦争」の終盤と重なっている。これはもちろん偶然に設定されたものではない。この忌まわしい戦争は一九七五年に終結したが、アメリカはというと一九七三年にベトナムから逃げ出し、「負の歴史」としていまだにアメリカ人の心に影響を与え続けている。

アメリカにとってもう一つの忌まわしい戦争は、映画内で「アジア人を何人も殺害した」と述べる主人公のコワルスキーを苦しめ続けている「朝鮮戦争」だ。映画内でなんどとなく言及される朝鮮戦争。「グラン・トリノ」の背景に垣間見える戦争という「影」と、それと反転する未来への希望という「光」。エスニシティをめぐりながら、アメリカの「光と影」とは何かが凝縮された映画と言えるだろう。

映画の最後に、アメリカの「光と影」を引き継ぐことになる、もう一人の主人公であるタオが属するモン族について、タオの姉のスーはこう語っている。「モンは国ではなく民族なの。ラオス、タイ、中国に散らばって暮らしているわ。私たちはベトナム戦争で米国に味方して、米軍の撤退後、共産主義勢力の報復を恐れてアメリカに来たの」。エスニシティの問題と切り離すことができないアメリカの光と影は、どのように継承されるのだろうか。

❏どうしても観たくなるストーリー解説・多少のネタバレ覚悟

ポーランド系アメリカ人ウォルト・コワルスキーは、フォードの自動車組立工として五〇年にわたって勤めあげ、すでにリタイアしている。映画の冒頭で描かれている葬儀からわかるように妻を亡くし、いまでは愛車のグラン・トリノを相棒とした生活だ。街はすっかりアジア人、黒人、ヒスパニックだらけになってしまっているが、そのような状況でも、アメリカがかつてもっていた自他共に誇れる「価値観」をウォルトはかたくなに持ち続けている。しかし、言うまでもなく、その価値観はこの時代にはもうそぐわないものとなっている。

価値観の違いから、コワルスキーは子どもたちや孫たちからも敬遠され、息子の一人からは「おやじは五〇年代を生きている」とまで言われてしまう。五〇年代はコワルスキーを苦しめる朝鮮戦争の時期でもある。ちなみに、息子が乗っている車は、アメ車ではなくトヨタのランドクルーザーで、モン族の不良たちが乗っている車はホンダ。

結局、コワルスキーは同じ価値観をもつ限られた友人と心を許しあう日々。古い価値観を引きずっている自宅には、星条旗がはためいている。星条旗はまさに古き良きアメリカの象徴として、映像に何度も映り込む。そのポーチでゆったりと座り、愛犬デイジーを傍らに置き、ビールを飲みながら、つねに苦虫をかみつぶしたような表情でつばを吐くコワルスキー。そんな表情になってしまう大きな原因は、かつて三年間従軍した朝鮮戦争であり、多くのアジア人を殺したという罪の意識だ。

そして、彼の家の隣に住むのは東南アジアの、おもにラオスに暮らすモン族という少数民族である。この映画を支えるもう一人の主人公であるモン族のタオは、同じモン族の不良たちにそそのかされてコワルスキーの七二年型「グラン・トリノ」を盗もうとして侵入する。これはつまり、新しくやってきたアメリカへの移民が、古いアメリカに固執している白人の老人が大事にしている車を盗もうとする構図、である。ここで「グラン・トリノ」が象徴するものとはいったい何だろうか。コワルスキーはというと、西部劇のガンマンよろしく、銃を構えてタオを追い払うのだった。

その後、しつこくからんでくる不良たちからタオや姉のスーを救ったことで、スーはそのお礼としてコワルスキーをホームパーティーへと招く。モン族の習慣に馴染めないながらも、家族のつながりや優しさに触れるコワルスキー。その場で出会ったモン族のシャーマンからは「おまえは過去に過ちを犯して、自分を許すことができていない」と指摘される。その後、モン族一家の希望もあり、タオはお詫びとして一週間コワルスキーのもとで働くことになる。「仕事を世話して、一人前の男にしてくれ」という彼らからの頼みを最初はかたくなに断っていたコワルスキーだが、やがて受け入れ、仕事を通して成長していくタオの姿をポーチからゆったりと眺めるようになる。

とはいえ、彼の口からはアジア人はイエロー、黒人はクロ、その他、ユダヤ人やアイルランド系を揶揄する言葉が頻繁に吐かれる。しかし、それらの言葉は古い価値観を示唆しつつも、どことなく愛着が感じられることもたしかだ。

一方、モン族の不良は相変わらずタオに嫌がらせを行い、コワルスキーはというと、タオを信頼しはじめ、自分が大事にしていた工具を自由に使わせる関係となる。エスニック集団内での価値観は分裂し、エスニックを越えての信頼が築かれるのである。「モン族の不良vs.タオの家族とコワルスキー」。

最後には衝撃的なラストを迎えることになるのだが、コワルスキーは愛車グラン・トリノをタオに譲るという遺言を残していた。自宅は、あれほど避けてきた教会に寄付。そして、最後の場面でタオは、コワルスキーの思い出とともに、愛犬だったデイジーを乗せてグラン・トリノを運転する。タオは「グラン・トリノ」という象徴を通して、コワルスキーの、いやアメリカの何を受け継いだのだろうか。エスニシティを越えた人々のつながりに心を打たれると同時に、アメリカとは何かについて深く考えさせられる映画だ。

❏スタッフ・キャスト情報

主演と監督は、言わずと知れたクリント・イーストウッド。タオ役のビー・ヴァンとその姉のアーニー・ハーは、実際にモン族の両親を持つ。音楽は、イーストウッドの長男で、ジャズベーシストでもあるカイル・イーストウッドが担当している。最後に流れる歌では、クリント・イーストウッド自身が、最初の方を歌っている。カイルは『硫黄島からの手紙』、『インビクタス／負けざる者たち』などでも音楽を担当している。

❏みどころ

クリント・イーストウッドの映画（主演でも監督でも）とずっと寄り添ってきた者にとっては、この映画も「現代の西部劇」を連想するかもしれない。あるいは、イーストウッドが何者かを知らずに見ることが逆に、この映画をよりよく見るための条件になることもありうる。それはつまり、よくあるストーリーとしての「仲が悪かった者たちが紆余曲折の末に、最終的には仲良くなって心を通じ合わせて終わる」というお決まりの流れとして、である。

恣意的に善と悪に分けられた集団が登場し、善の側から勧善懲悪をアピールし、悪者が成敗されるというパターンだ。アメリカ映画を代表してきたと言っても過言ではない「西部劇」はその典型的なジャンルであろう。理不尽な偏見から悪者にされてしまった人々を、ヒーローがコテンパンにやっつけて溜飲を下げるという娯楽の王道である。

しかし「悪い」エスニック集団というレッテル貼りは、スカッとさせるための虚構であって、「あらゆる意味で悪」という集団は存在しない。したがって、完膚なきまでにやっつけて構わない集団というものも、この世の中には存在しない。そのようなストーリーを通してスカッとしてしまったならば、すぐにその物語は虚構であると振り返ることは重要である。

歴史を振り返れば（振り返らなくても）、誰もがすねに傷を持つ身であって、どの集団も一定の歴史を生き抜き、一定の土地を我が物とし、そんななかでときに他者と対立することもある。そのような事実を目の当たりにし、時間と空間を練り合わせたモザイクの中から浮かび上がって来るものに対して、私たちは複雑な思いに迫られる。

このように小難しく考えてしまうとスカッとにしくいし、ときには嫌な気分にもなることもあるだろう。だから、物事を単純に捉えて二者択一に落とし込んでしまいがちだ。偏見バリバリの前提のもとにスカッとするのもいいが、やはり、世界をよりよく知るために答えのない迷宮に迷い込むこともときには必要だろう。『グラン・トリノ』は、世界の迷宮を探索するには格好の映画だ。

❏歴史的背景を知るキーワード

★**朝鮮戦争**は、表向きは北朝鮮と韓国の戦争だが、北はおもに中国が支援し、南はおもにアメリカが支援した代理戦争。一九五〇年六月から始まり、四〇〇万人以上の死傷者を出し、南北は分断されたまま、一九五三年七月に休戦協定が成立した。

★**モン族**については冒頭で引用したように、映画内でスーが説明している。国境を越えて生活する彼らは（モン族の生活を無視して国境線が引かれたまま生活する彼らは）それぞれの国家の思惑（政策）に翻弄されてきた。アニミズムやシャーマンを重んじるモン族の特徴は、映画のなかでも活かされている。

❏作品内重要キーワード

★**自動車産業**は、二〇世紀以降ずっとアメリカを代表する産業だったから、自動車をもってしてアメリカそのものと考える比喩も成り立つだろう。その中でもフォードは、GMなどとともに、アメリカ自体を象徴する企業となった。やがて日本車が台頭するのと軌を一にして、アメリカは本作品にあるように、ベトナム戦争や朝鮮戦争を経て、国内にさまざまな問題を抱えてゆくことになる。

★**懺悔**は、この映画の最初から最後まで言及されるキーワードだ。大きな罪を犯した際に、教会内にある告解室で神からの許しを得る信仰儀礼である。映画内では、カトリックの神父ヤノビッチは、亡くなった妻からの依頼としてコワルスキーに懺悔をするよう何度も訪れる。「若造のヤノビッチ神父に何がわかるのか」と馬鹿にして敵対し続けるが、神父から「ここは朝鮮じゃない！」と言われるなど、徐々に対等な関係になってゆく。

❑おすすめ同系作品

イーストウッドがアジア人を絡めて制作した映画としては、『**硫黄島からの手紙**』が日本人にとってはなじみ深い。米軍側から描いた『**父親たちの星条旗**』を、日本軍側から描いた作品である。また、アメリカにおけるマイノリティの擁護という点では、すでに一九七六年の時点でインディアンを擁護するまなざしを通して描いた『**アウトロー**』をあげることができる。『グラン・トリノ』という「クリント・イーストウッド」の集大成とも呼ばれる映画を経て、ここから彼の映画を逆に遡っていくのが「おすすめ」と言えるかもしれない。

（井村俊義）

『グラン・トリノ』(2008)
（DVD 販売発売元 ワーナー・ホーム・ビデオ）

『縞模様のパジャマの少年』（二〇〇八）

有刺鉄線柵越しに芽生えた友情。

第二次世界大戦時にナチスとその協力者によってヨーロッパで約六百万人のユダヤ人が殺害された。この過去に類を見ない大虐殺をホロコーストと言う。ヘブライ語のショアという言葉が使われることもある。

ホロコースト関連で最も有名なアメリカ映画は、スティーヴン・スピルバーグ監督による『シンドラーのリスト』（一九九三）であろう。第二次大戦中のポーランドを舞台に、多くのユダヤ人の命を救った実在のドイツ人実業家オスカー・シンドラーを主人公にした大作で、アカデミー最優秀作品賞を始め、多くの賞を獲得している。映画公開の年にワシントンDCのホロコースト記念博物館が開館するが、これは偶然ではない。スピルバーグは開館に合わせて映画を作ったと言われていて、アメリカではこの年にホロコーストへの関心が一気に高まった。

『シンドラーのリスト』から十五年が経過した二〇〇八年に公開されるのが、イギリス・アメリカ合作映画『縞模様のパジャマの少年』である。原作はアイルランド人作家ジョン・ボインによる二〇〇六年出版の同名のヤングアダルト小説。本作は強制収容所司令官の息子と収容所のユダヤ少年との友情を描くというこれまでにない新しい切り口でホロコーストを描いている。

❏どうしても観たくなるストーリー解説・多少のネタバレ覚悟

第二次大戦下、ドイツのベルリンで暮らしていた八歳の少年ブルーノは、ナチス将校の父親の任務により家族でベルリンを遠く離れ、何もない田舎に引っ越す。ここがどこなのかさえ彼にはわからないが、森の中に一軒しかない家で遊び相手もいなく、しかも庭の外に出ることも禁止されるのである。

自分の部屋の窓から外を眺めると、遠くにフェンスに囲まれた場所が見える。彼は「農場」だと思うが、奇妙なことにそこにいる人たち全員が昼間にも関わらず同じ縞模様の「パジャマ」を着ている。子供たちの姿も見える。

ある日、我慢できなくなったブルーノは、裏庭から抜けだして「農場」に行ってみる。するとフェンスの向こう側に一人の少年が座り込んでいる。彼の名前はシュムエル。偶然にもブルーノと同い年だった。シュムエルに何か食べ物を持っていないかとたずねられるが、ブルーノは持っていなかった。それ以降、シュムエルに会う時にはできるかぎり家から食べ物を持ち出すようになる。

いつもふたりはフェンスを挟んで座り、お互いのことを話す。あるときシュムエルから、フェンスは家畜ではなく人間を閉じ込めておくためのもので、彼がユダヤ人なのでこのような扱いを受けていると教えられるが、ブルーノには理解できない。

ユダヤ人については、ブルーノと姉グレーテルを教える家庭教師から、前の戦争でドイツが負けたのはユダヤ人のせいで、ユダヤ人は「有害」であるなどと悪いことばかりを教え込まれる。しかし友達になったシュムエルはとてもそんな人間には思えない。隠れてシュムエルに会いに行くのが、今では唯一の楽しみになっている。

ブルーノの母親は、夫の部下の発言から強制収容所でユダヤ人が殺され、焼却されている事実を知る。指揮を執る夫にそれは間違っていると詰め寄るも、夫は国のためで、それは軍人である自分の仕事だと言うだけである。その一件以来、夫婦関係は悪化する。ブルーノも十分には理解できないものの、尊敬する父親がひどい場所の所長であることに戸惑いを感じている。

何か晴れない気持ちで家の中を歩いていると、目を疑う光景が。シュムエルが家にいるのである。何をしているのかたずねると、グラスを磨くのに子供の小さな手が必要なのだと。黙々と作業するシュムエルの目の前にはお菓子が置いてあり、ブルーノがそれをあげるとシュムエルは夢中で食べ始める。食べながら話していると、中尉に見つかる。ユダヤ人の分際でブルーノと口をきくことを叱責され、さらに菓子を盗んで食べたのかと問い詰められる。シュムエルは「彼がくれた。友達だから」と答えるが、ブルーノは事実を問われると、中尉が怖くて「彼が勝手に食べた。彼に会ったことなどない」と答えてしまう。

それから何日かしてフェンス越しのいつもの場所でシュムエルに再会すると、彼の顔には殴られた傷がある。ブルーノは嘘をついたことを謝り、シュムエルも彼を許して、フェンスの隙間から手を出し仲直りの握手をする。

やがてブルーノの母親はこの環境に耐えられなくなり、子供のためにもならないと判断し、夫を残して子供たちとこの場所から引っ越すことを決める。ブルーノはここを離れたくないが、両親が決めたことには従うしかない。

出発の前日に、もう会えなくなることをシュムエルに伝えに行くと、彼の様子がおかしい。たずねると、父親がいつもと違う仕事に行って帰ってこないとのこと。ブルーノは、君にひどいことをしたから、明日出発する前に父親探しを手伝わせてほしいと申し出る。フェンスの下の地面を掘れば、身体の小さい子供ならくぐり抜けられる。ふたりは約束して別れる。

一夜が明け、彼らは計画を実行する。ブルーノは、シュムエルの持ってきた縞模様の服に着替えて収容所に侵入する。シュムエルの父親を探すために、人が集まっている小屋にふたりで入ると、突然そこにいた人たちとともに移動させられる。着いたところは「シャワー室」であった。

❏スタッフとキャスト情報

脚本と監督はイギリス人のマーク・ハーマン。彼の脚本・監督作品には他にイギリス・アメリカ合作映画『ブラス!』(一九九二)やイギリス映画『リトル・ヴォイス』(一九九八)などがある。主役のブルーノを演じたのはイギリス人俳優のエイサ・バターフィールド。彼はマーティン・スコセッシ監督のアメリカ・イギリス・フランス合作の映画『ヒューゴの不思議な発明』(二〇一一)で主人公のヒューゴを演じている。

❏みどころ

★作品に登場するユダヤ人

作品前半に登場する使用人のパヴェルに注目してほしい。父親を除いて主人公一家が接する唯一のユダヤ人がパヴェルである。ただしブルーノだけは隠れてシュムエルに会っている。ユダヤ人とはどのような人たちなのか。作品ではパヴェルによって示されている。父親は「ユダヤ人は人間ではない」と言うが、ブルーノにはどう見えるのか。ブルーノだけではない。パヴェルと接して変化するように見える母親のユダヤ人に対する気持ちにも注意したい。

パヴェルはここに来る前は何をしていたのか。食事の給仕中に中尉のワイングラスを倒し、それ以来二度と現れないのはどうしてか。それらも含めて注目すべき点は多い。

★驚きの結末

作品の結末は、観る人に大きな衝撃を与える。しかしそれは何故なのか冷静に考えてほしい。大人から真実を教えられていないブルーノは、収容所がどういう場所なのかを知らず、ただ友達の力になろうとして悲劇に見舞われてしまう。そのように見ていないだろうか。悲劇なのは、あるいは大きな衝撃を与えるのはと言い換えてもよいが、ブルーノがドイツ人だからか。もしくは所長が彼の父親だからか。いずれにせよドイツ人という点に集約されるような見方は適切なのだろうか。

★原作との違い

映画には原作にないエピグラフがある。イギリスの詩人ジョン・ベッジュマンの「子供時代とは分別という暗い世界を知る前に音と匂いと自分の目で事物を確かめる時代である」という言葉である。原作ではふたりは九歳だが、映画では八歳。映画の方が、子供の純真無垢な心により強く焦点が置かれ、特異な状況下で全く異なる境遇にあっても心を通わせる子供とそれを許さない大人の世界とが、原作よりもより寓話的に表現されているといえる。

原作では具体的に示される内容も、映画では曖昧にされる。例えば映画では、彼らのいる場所が具体的にどこなのかわからない。原作でははっきりポーランドとなっている。シュムエルについても同様で、映画ではなにもわからないが、原作では具体的に、ポーランドのクラクフから来たポーランド人で、ここに連れてこられる前は、まず腕章を付けることを強制され、その二、三ヶ月後にゲットーに移住させられ、さらに数ヶ月でこの収容所に移されたと本人の口から語られる。またブルーノとはドイツ語で話すが、彼の母親は教師で何カ国語も話すことができ、彼女からドイツ語を教わったことになっている。原作ではブルーノがこの場所に一年以上いたことが示されるし、ふたりの生年月日が全く同じ一九三四年四月一五日で現在九歳であることから、他の年代の計算も可能である。

❏歴史的背景を知るキーワード

★ホロコースト

先述のようにホロコーストによるユダヤ人の犠牲者数は約六百万人とされるが、犠牲になったのはユダヤ人だけではない。ロマ族（ジプシー）、ドイツ国内の精神障害者と身体障害者、ポーランド人のエリート層、ソビエト人捕虜、同性愛者、エホバの証人、共産主義者や社会主義者など様々な人々が殺された。ただ、その数においてユダヤ人は他を大きく上回る。

ナチスが政権に就いた一九三三年のヨーロッパにおけるユダヤ人口は、約九百万人とされているので、ホロコーストによりヨーロッパのユダヤ人の三分の二が殺害されたことになる。何とか生き延びた生存者の多くが難民となり、その多くはアメリカや一九四八年に建国されるイスラエルに移住する。

❏作品内重要キーワード

★強制収容所

ナチスにより第二次大戦終戦までに約二万か所の収容所が作られた。強制収容は、政治的に敵対する共産主義者や社会主義者の収容から始まり、やがてユダヤ人や他の人々にまで対象が拡大された。一九三三年に政権を獲得してわずか二ヶ月後に開設されたダッハウを始め、第二次大戦前（ポーランド侵攻前）に、ザクセンハウゼン、ブーヘンヴァルトなどドイツ国内に五か所、オーストリアに一か所の計六か所の強制収容所が開設された。ポーランド侵攻後にはさらに強制労働収容所が開設されて強制労働が行われる。

一九四一年になると「(ユダヤ人問題の）最終的解決」と婉曲表現されるユダヤ人絶滅計画を実行するために、殺害を目的とする絶滅収容所がユダヤ人口の多いポーランドに六か所開設される。効率的に殺害するためにガス室が使用され、遺体は焼却炉で処分された。言うまでもなく、ホロコーストを象徴する場所であるアウシュヴィッツ＝ビルケナウ強制収容所は、この六つの絶滅収容所の一つである。

『縞模様のパジャマの少年』に出てくる強制収容所は、ガス室があり焼却炉の煙突からは異様な臭いの黒い煙が出ていることから絶滅収容所である。クラクフから近いアウシュヴィッツ＝ビルケナウ強制収容所という設定なのかもしれない。

❑おすすめ同系作品

『シンドラーのリスト』（一九九三）　スティーヴン・スピルバーグ監督。第二次大戦中のポーランドで工場を経営する実業家のオスカー・シンドラーは、ユダヤ人の強制収容命令が下る中、あらゆる手を尽くして終戦まで自分の工場で働く千二百人ものユダヤ人を守り抜く。実話に基づいた作品。

『ライフ・イズ・ビューティフル』（一九九七）　ロベルト・ベニーニ監督・脚本・主演のイタリア映画で、強制収容所に送られたユダヤ系イタリア人の親子愛を描いた。

『ソフィーの選択』（一九八二）　ウィリアム・スタイロンのピュリツァー賞受賞の同名の小説が原作。監督はアラン・J・パクラ。本作で主演のメリル・ストリープはアカデミー主演女優賞を初受賞。作品は一九四七年のニューヨーク・ブルック

『縞模様のパジャマの少年』(2008)
(DVD 販売発売元 パラマウント)

リンを舞台に、アウシュヴィッツ＝ビルケナウ強制収容所から生還したポーランド人女性と彼女のユダヤ人ボーイフレンドの人生を作家志望の青年の視点で描いている。タイトルの「ソフィーの選択」が重要な意味を持つ。

（河内裕二）

『ニュー・ワールド』（二〇〇五）

ポカホンタスの悲恋とアメリカ建国神話

アメリカ建国にまつわる物語として、ポカホンタス（マトアカ）（一五九五頃—一六一七）とジョン・スミス（一五八〇—一六三一）の悲恋は有名だ。一六〇七年、ジェームズタウンに降り立ったスミスとポウハタン族のポカホンタスの出会いからすべては始まる。アメリカ先住民と入植者たちの交流と衝突の中、植民地の指導者とポウハタン族の娘という相容れない二つの集団の間で葛藤する二人の恋は成就することなく終焉を迎える。

スミスを失い、打ちひしがれるポカホンタスの前に、ジョン・ロルフ（一五八五頃—一六二二）が現れる。ロルフとの結婚を経て、彼女は植民地の平和を象徴する「新世界の女王」としてイギリス国王ジェームズI世と謁見する栄誉を得るが、イギリスで病に倒れ、約二十二年という短い生涯を閉じる。

こうして、美しくも悲しいポカホンタスの愛が「新世界」最初の恒久的植民地を救い、入植者とアメリカ先住民の懸け橋となってアメリカの礎を築いたという建国の神話をもとに、美しい映像で壮大なラブ・ストーリーを描いたのが本作『ニュー・ワールド』だ。

❏どうしても観たくなるストーリー解説・多少のネタバレ覚悟

主人公はジェームズタウンの指導者ジョン・スミスと先住民ポウハタン族の娘ポカホンタス、そしてその二人の悲恋だ。イギリスの貧しい農民の子として生まれ、「新世界」での成功を求めて移民団に加わった元傭兵の青年と、美しいポウハタン族の酋長の娘。すでに「史実」として知れ渡っているように、衝突する二つの集団の間で燃え上がる恋物語はアメリカ建国神話を美しく彩る悲恋として現代まで語り継がれている。

本作では、ジェームズタウンの惨状も丁寧に描かれている。夢と希望、そして黄金を求めてたどり着いた新世界で、彼らは飢饉や疫病の蔓延による地獄に直面する。そんな中、野蛮人に捕らえられながらも、「新世界」の「王女」と「よろしくやっていた」スミスは裏切り者として指導者の地位を剥奪される。一方のポカホンタスも愛ゆえに部族を裏切って一族から追放され、植民地で囚われの身となる。

スミスは彼女への愛ゆえに、自ら死を装って姿を消す。悲しみに暮れるポカホンタスの前にタバコ農場主のジョン・ロルフが登場。ロルフとの穏やかな生活の中、ポカホンタスは洗礼を受け、「レベッカ」となって結婚し息子トーマス（一六一五—八〇）を授かる。しかし、彼女はスミスが生きていることを知ってしまう。スミスとロルフとの愛の挟間で揺れ動く中、「新世界の女王」

として招かれたイギリスでスミスとの再会と別れ、そして物語は哀しい結末へと向かう。

こうした一連の「ポカホンタス神話」は形を変えながらも建国の「史実」として語り継がれ、アメリカ建国期に入植者と先住民を献身的に結び付けた象徴として今日まで語り継がれている。

❑スタッフとキャスト情報

監督・脚本は、希代の映像作家テレンス・マリック（一九四三―）。『シン・レッド・ライン』（二〇〇〇）、『ツリー・オブ・ライフ』（二〇一一）など、寡作ながら、映像にこだわった作風は様々な映画監督に影響を与えている。『ノマドランド』（二〇二一）の監督クロエ・ジャオ（一九八二―）もその一人。この機会に二人の作品を観比べてみるのも面白い。

マイケル・マン（一九四三―）が監督・脚本・制作を手掛けた往年のテレビドラマの映画版『マイアミ・バイス』（二〇〇六）でソニー・クロケットを演じたコリン・ファレル（一九七六―）がジョン・スミスを、『ダークナイト・トリロジー』（二〇〇五・二〇〇八・二〇一二）でバットマン／ブルース・ウェインを演じたクリスチャン・ベール（一九七四―）がジョン・ロルフに起用されている。そしてポカホンタスには、当時一四歳だったクオリアンカ・キルヒャー（一九九〇―）が抜擢された。

アメリカ先住民映画の「常連」も出演している。まずは『ダンス・ウィズ・ウルブス』（一九九〇）、『ラスト・オブ・モヒカン』（一九九二）、『ジェロニモ』（一九九三）などのチェロキー族の俳優ウェス・ストゥーディ（一九四七―）。彼はベトナム戦争（一九五五―七五）に従軍後、アメリカ先住民運動に加わり、ウンデッド・ニー占拠（一九七三）に参加した。その後、俳優活動を開始した彼は、本作ではオペチャンカナウを演じている。

ポカホンタスの母親役を演じたのは、ディズニーのアニメ版『ポカホンタス』（一九九四・一九九八）でポカホンタスの声優を務めたアイリーン・ベダード（一九六七―）。彼女は『スモーク・シグナルズ』（一九九八）、『兄が教えてくれた歌』（二〇一五）にも出演している。

❏みどころ

★スミスの助命

ポウハタン族につかまり処刑されんとするスミスをポカホンタスが身を挺して救う、アメリカ建国神話における彼女の献身的な愛を象徴する最重要場面。しかし、この逸話はスミス自身の著書にのみ記載されるもので真偽のほどが疑わしい。疑似的な死を通過儀礼として、植民地の指導者を共同体の中に組み入れ、植民地とポウハタン族との新たな関係を築くための「儀式」であったという説もある。なお、ポカホンタスはこの時推定十二歳。

★ポカホンタスの葛藤

彼女はいくつもの葛藤の間で生きている。自らの民族と愛するスミスのいる植民地のどちらにつくかで葛藤し、父親やポウハタン族から追いやられてしまう。そして、スミスとの燃えるような愛とロルフとの穏やかな愛との狭間での葛藤など、正にラブロマンスに欠かせない葛藤が満載。当然、スミスとロルフもそれぞれに葛藤している。

★物語を彩る美しい映像

自然光や逆光を生かした、テレンス・マリックによる神秘的な映像は見どころの一つ。ポカホンタスのスミスとの激しい愛、ロルフとの穏やかな生活などが、豊かな自然描写とともに綴られていく。一方、入植者の悲惨な生活や、先住民に対する食料の強奪や焼き討ちなど、決して美談で終わらないアメリカ建国史の一端が描かれる場面にも注目してほしい。

❑歴史的背景を知るキーワード

★ピルグリム・ファーザーズ

一六二〇年、ジェームズタウンよりも北のプリマスに百二名のイギリス人が到着する。イギリスでの宗教的な迫害から逃れ、新たな国を作るためにわずか一八〇トンのメイフラワー号で「新大陸」に辿り着いたこの人々こそ、アメリカの起源として語られるピルグリム・ファーザーズだ。宗教的背景や「メイフラワー・コンパクト」などから、ヴァージニアではなくこのプリマス植民地こそアメリカ社会の源流として位置付けられている。

★トーマスという「血統」

ポカホンタスとロルフの結婚と息子トーマスの誕生を「新世界の女王」という高貴な血筋と白人入植者との二つの集団の平和的な融合として重要視する見方もある。それはアメリカ建国神話における「王室」とも言える二人に対するロマンであり、アメリカ先住民の血を引くことを誇る風潮とも関係している。実際、多くの著名人、映画俳優などもアメリカ先住民のルーツを持つことを公言しているし、ワナビーと呼ばれる「自称」アメリカ先住民もいる。

★オペチャンカナウ

一六一八年にポカホンタスの父であるポウハタン（ワフンスナコック）が死去し、本作でも登場するオペチャンカナウがそのあとを継ぐと、一六二二年に植民との間で戦争が勃発、一六三二年に和睦が成立したものの、ポウハタン側は土地の多くを失ってしまう。その後、一六四四年にポウハタン側が植民地に大規模な攻撃を仕掛けたが、苛烈な報復を招き、ポウハタン族を中心とした先住民の部族連合は壊滅する。オペチャンカナウは一六四六年に処刑された。ポカホンタスの死からここまで、たった三〇年。

❏作品内重要キーワード

★ジェームズタウン

一六〇七年、スミスが入植して建設した土地はイギリス王ジェームズI世にちなんでジェームズタウンと命名され、アメリカ大陸で最初の恒久的植民地として、特にタバコ栽培において繁栄の礎を築いた。なお、ポカホンタスがイギリスに招かれたのは、植民地のイメージアップと、投資や移民の促進のための広告塔としての役割を期待されたためだった。

★タバコ栽培

ジェームズタウンの主要な産業であったタバコ栽培の拡大はアメリカ先住民からの土地の簒奪と先住民の虐殺を加速させた。タバコ等を栽培する南部植民地の入植者はほとんどが、人口増加、物価上昇、賃金低下、失業で植民地に渡った二〇代前半の独身男性だった。彼らは渡航費の代わりにプランテーションで四年から七年ほどの強制労働に従事する「年季契約奉公人」であり、年季が明けると土地や家畜を手に入れて自作農になる者もいたが、約半数は過酷な労働で命を落とした。その後、白人の「年季契約奉公人」の減少に伴って「黒人奴隷」が導入されることになる。

★高貴な野蛮人

スミスは、出会ったポウハタン族について「高貴な野蛮人」と表現する。対照的な「血に飢えた野蛮人」とともに、この二つのイメージは精神世界を重んじ自然との共存を象徴するもので、現代文明と対照的であるがゆえに過度に理想化されてアメリカ先住民のステレオタイプとして今なお根強く生き残っている。アメリカ先住民を描いた映画に限らず、異なる文化や民族に対する過度な理想化は、程度の差こそあれ誰もが見かけたことがあるはずだ。

□おすすめ同系作品

『ポカホンタス』（一九九四）　こちらは自然と語り合い、歌って踊ってと、正にディズニーらしい映画。ポカホンタスは植民地とポウハタン族のために奔走する、とっても大人な女性として造形されている。ポウハタンの声は先住民運動の活動家で俳優のラッセル・ミーンズ（一九三九―二〇一二）が担当。クリスチャン・ベールも声優として参加。

『ポカホンタスⅡ／イングランドへの旅立ち』（一九九八）　ポカホンタスはジョン・ロルフとともに渡英し、ロンドンの街で悪者相手に大活躍する、好奇心旺盛で自立した美しいスーパーヒロイン。ジョン・スミスも登場する。

『アバター』（二〇〇九）　ポカホンタス型のアメリカ建国神話の構造を受け継ぐ作品。舞台は未来、地球から遠く離れた惑星パンドラ。新世界で起死回生を図る白人男性と先住民の美しい女性との愛や、人類が資源を求めて自然を破壊し、先住民を武力で追い払おうとするところも一緒。CGで分からないが、ウェス・ストゥーデイもアメリカ先住民を彷彿とさせる先住民ナヴィの指導者役で出演。

『ラスト・オブ・モヒカン』（一九九二）マイケル・マン監督、名優ダニエル・デイ＝ルイス（一九五七―）主演。フレンチ・インディアン戦争（一七五四―六三）を駆け抜ける最後のモヒカン族を描いた迫力ある映像は最後まで目が離せない。もちろんウェス・ストゥーデイも出演。ただしこちらでは悪役。

『ラスト・サムライ』（二〇〇三）トム・クルーズ（一九六二―）演じるオルグレンをジョン・スミスに、舞台を日本に移し、渡辺謙（一九五九―）演じるサムライの統領勝元の妹で、小雪（一九七六―）が演じる、夫を亡くした女性たかをポカホンタスに置き換えて観てみるのもおもしろい。

（関根健雄）

『ニュー・ワールド』(2005)
(DVD 販売発売元 ポニーキャニオン)

『炎のメモリアル』（二〇〇四）

アイルランド系消防士の生涯

アメリカにおけるアイルランド系消防士の話という言い方をすると、日本人の多くはあまり身近に感じないかもしれない。だが、例えば大阪にあるＵＳＪ（ユニバーサル・スタジオ・ジャパン）に行ったことがある人なら『バックドラフト』の名前に聞き覚えがあるはずだ。火災現場を疑似体験する人気アトラクションとして知られるが、実はそのベースになる同名の映画『バックドラフト』は「アメリカにおけるアイルランド系消防士の話」なのである。

歴史的な経緯からアメリカの消防士にはアイルランド系の人々が多く就いた。そのため実際に「消防士＝アイルランド系」というパブリックイメージが今でも根強く残っている。『炎のメモリアル』の舞台はメリーランド州ボルチモア。主人公ジャック・モリソンは消防士であり、やはりアイルランド系だ。アメリカ映画の中の有名な「火災映画」の古典的名作と言えばマイケル・オハラハンというアイルランド系消防隊長が活躍する一九七四年公開の『タワーリング・インフェルノ』だが、実は『バックドラフト』も『タワーリング・インフェルノ』も純然たる「消防士もの」とは言えない面がある。

その意味でこの『炎のメモリアル』はアメリカのアイルランド系消防士を正面に据えた最初のアメリカ映画と言えるだろう。

❏どうしても観たくなるストーリー解説・多少のネタバレ覚悟

主人公ジャック・モリソンは、メリーランド州、ボルチモアの消防署（第三十三消防隊）に勤務する消防士である。ある日、穀物倉庫で発生した火災現場で人命救助の最中、突然起きた爆発で建物が崩落、その事故に巻き込まれて転落し負傷する。身動きが取れなくなったジャックは、自力での脱出が出来ず一人現場に取り残される。現場に駆け付けて消火活動の指揮を取っていた副本部長のマイク・ケネディは無線を使ってジャックとの交信を取りつつ、ジャックの救助作業を開始する。瓦礫の中で救助を待つ間、ジャックの頭には新米消防士時代から今日に至るまでの出来事が走馬灯のように甦る。

ジャックが新米消防士として第三十三消防隊に着任した時、その隊長だったのがケネディだった。着任の挨拶に緊張しながら隊長室に入ると、マイクは第三十三消防隊がボルチモアで最も出動回数が多く、規律正しい隊であることをジャックに告げる。「怠け者には用がない」「率先して骨を折る覚悟があるか」と初対面ではジャックに厳しい口調で迫るものの、その実、部下思いの優しい上司だった。他の先輩消防士たちも曲者ぞろいではあったが、揃ってジャックを歓迎してくれる。
赴任してしばらくしたある日、ジャックの初仕事となる火災事件が発生する。緊急出動し現場に到着する第三十三消防隊。ポンプ隊に配属されたジャックは初めての消火活動に従事する。新人のためまだ不慣れで手間取る場面もあったが、ケネディにサポートされて無事に消火活動をやり遂げる。署に戻って、興奮冷めやらぬまま先輩消防士のデニスと買い出しに行ったスーパーで、ジャックは一人の女性に目を奪われて立ち止まる。彼女の名はリンダ。この偶然の出会いをきっかけにジャックとリンダは交際を始め、ついには結婚することになる。ほどなく二人は子供を授かり、幸せな家庭を築いていく。

ある時、老朽化したビルで起こった火災の消火活動中、屋上部分が崩落しデニスが炎の中に転落、殉死する。マイクをはじめ第三十三消防隊は、デニスの死を嘆くが、彼と特に親しかったジャックはひときわ大きなショックを受ける。そしてデニスが配属されていたはしご隊への転属をケネディに申し出るのだった。一般的に、人命救助を行うはしご隊の任務は、消火活動が中心のポンプ隊のそれよりも危険度が高い。つまりジャックは自ら望んで危険な仕事を引き受けようと踏み出したのである。そうした夫ジャックを理解しつつも、妻のリンダは不安を募らせていく。

今やジャックは、まだ幼い二人の子供の父親でもあるのだ。

作品の最終盤、負傷しながらもなんとか活路を見出そうと崩落したビルの中、一人奮闘するジャックの姿があった。マイクに指示を受けた第三十三消防隊の仲間たちはジャックの救出に全力を尽くすが、現場の状況は刻一刻と悪化の一途を辿っていく。果たしてジャックは無事に生還し、リンダや子供たちの元に戻れるのか。

❏スタッフとキャスト情報

本作を監督したのはジェイ・ラッセル。彼の監督作品には『マイ・ドッグ・スキップ』(二〇〇〇)、『エバーラスティング 時をさまようタック』(二〇〇二)、『ウォーター・ホース』(二〇〇七)など、『炎のメモリアル』も含めて主に二〇〇〇年代に入ってからの作品が知られている。ただ一九八七年に監督として初めて撮った『ハロー・マイ・トレイン』も忘れてはならない作品だ。鉄道労働者たちを主人公としたハートウォーミングな作品で、ラッセルの監督デビュー作品だが落ち着いた演出で好感の持てる秀作である。

『炎のメモリアル』の主人公ジャック・モリソンを演じたのはホアキン・フェニックス。彼自身はアイルランド系ではなく、父方がイギリス系、フランス系、ドイツ系といった血筋、母方が東欧のユダヤ系である。また『スタンド・バイ・ミー』などに出演し、子役時代から名を馳せ二十三歳で夭折したリバー・フェニックスは実兄だ。

物語の舞台となるボルチモア消防署のアイルランド系の隊長を演じているのが一九七七年の

『サタデー・ナイト・フィーバー』で主役を演じてスターダムに駆け上がったジョン・トラヴォルタである。彼は父親がイタリア系、母親がアイルランド系で、この作品でも親子三代続く筋金入りの「アイルランド系消防士」という役どころだ。「アイルランド系の男」と言えば一般的には「大柄で逞しく陽気」というイメージがあるが、トラヴォルタのここでの役は、このイメージに合致している。

ジャックの恋人であり、後に妻になるリンダを演じたジャシンダ・バレットは、モデルからスタートしたオーストラリア出身の女優で、彼女の父親は三十三年間の勤務歴を誇る本物の消防士である。

❑みどころ

「消防士もの」ということで、やはりみどころのひとつとなるのが「火災現場」「消火活動」のシーンである。本作の「火災現場」はどれも迫力に満ちたものだが、それもそのはず、あらゆる火はCGによる加工ではなく実際のモノを燃やしたリアルな火だからである。監督のジェイ・ラッセルは言う。「デジタルで作った炎はどうしても真実味に欠ける」と。出演した俳優たちも全員、消防アカデミーで二週間の事前訓練を受けたそうで映画の火災考証には、ボルチモア消防署の本物の消防士であるマーク・イェントが就いている。

映画冒頭の二十五階建ての穀物倉庫の火災シーンは、ボルチモアの埠頭に立つ廃墟となった本物の建物に火を放ち、毎分約四万五千リットルもの水を使用した消火活動を撮影した映像である。音響も素晴らしく炎の音だけでもおよそ四〇種類ものリアルな音を使っているそうだ。「本物の火の中にいるような感じを味わって欲しい」と音響ミキサー、クリス・カーペンターは言う。できるだけ炎の描写にこだわったとラッセル監督は語り、映画史上初めて本物の火を再現できたのではないかとインタビューに答えるトラヴォルタも誇らしげである。

❏歴史的背景を知るキーワード

★アイリッシュ・ネーム

ジャックの勤務するボルチモア署の署長の名は「マイク・ケネディ」だが、ケネディという名前で一般的に思い出されるのは一九六三年テキサス州ダラスで暗殺されたジョン・F・ケネディ大統領だろう。彼は第三十五代にしてアメリカ初のアイルランド系カトリックの大統領に他ならず、つまり「ケネディ」はアイルランド系の名前として広く知られている。また「ジョン・F・ケネディ」の「F」で表されるミドルネーム「フィッツジェラルド」もアイルランド系の名前である。

★九・一一

『炎のメモリアル』を観る際、意識しておかねばならないことのひとつに、二〇〇一年九月一一日にアメリカで起きた同時多発テロがある。ニューヨーク、マンハッタンのワールド・トレード・センターにイスラム過激派テロ組織アルカイダにハイジャックされた航空機二機が激突した事件で、アメリカの繁栄を象徴するそのツイン・タワーは無残にも崩落した。その際、危険を顧みず人命救助にあたり命を落とした消防士は、実に三四三名。その悲劇から三年後の二〇〇四年に公開されたこの映画を見て、彼らの英雄的行為を思い出さなかったアメリカ人はいないだろう。実際、公開されたバージョンではカットされているが、DVDの未公開映像の中にはワールド・トレード・センターを報じるテレビのニュース速報にジャックとリンダが絶句して見入るシーンがある。

❏作品内重要キーワード

★セント・パトリックス・デー（聖パトリックの祝日）

アイルランドにキリスト教を広め、アイルランドの守護聖人とも言われる聖パトリックの命日であるとされる三月十七日に彼を讃えるために設けられた記念日。もとはアイルランド共和国の宗教的な祝祭日で盛大に祝われてきたが、現在ではアイルランド系移民の多いニューヨークやボストン、ボルチモアなどアメリカ東海岸の各都市をはじめ世界各国で祝われている。アイルランド系以外の誰もが参加できるオープンなものになっており、マンハッタンで行われるパレードが特に盛大で有名だ。アイルランドのナショナル・カラーである緑色で街を彩り、緑色の服を身に着け、グリーン・ビールを飲むなど「緑の日」と呼ばれることもある。また、アイルランドの国花でもあるシャムロックという三つ葉のクローバーをモチーフにしたデザインがあちらこちらに飾られる。日本でも、クリスマスやハロウィン同様、東京や横浜で関連行事が開催されており、アイルランドの伝統や文化に触れるよい機会になっている。

本作でも、ジャックたち消防士たちがボルチモアのセント・パトリック・デーのパレードに参加、行進している場面が出てくる。また彼ら行きつけのアイリッシュ・バー『ルーニーズ』(「ルーニー」もアイルランド系の名前なのでアイリッシュ・バーとすぐ分かるし、店のカラーリングが緑である)でも盛大なパーティが開かれ、デニスがグリーン・ビールを振舞っている様子が描かれる。ちなみに彼らが常飲している「ギネス・ビール」はアイリッシュ・ビールの代表的な銘柄だ。

★はしご車隊

『炎のメモリアル』は日本の映画配給会社が付けた邦題だが、原題はLadder 49、「第四十九はしご車隊」の意味である。その他Engine 33という言葉が飛び交うが、これはfire engine、つまり「消防車」のことで「第三十三ポンプ車隊」の意味である。

❑おすすめ同系作品

アイルランド系消防士が登場する映画を紹介しよう。

『タワーリング・インフェルノ』（一九七四）　舞台はサンフランシスコ、地上百三十八階の超高層ビルから出火、文字通り「そびえたつ地獄」と化す。七〇年代に流行したいわゆるパニック映画の走りである。

『バックドラフト』（一九九一）　シカゴ市消防署に勤務するアイルランド系の兄弟消防士の話だが、映画としては謎の連続放火殺人犯を追うサスペンスとなっている。バックドラフトとは火災現場で起こる爆発現象の名前である。

『ファイヤー・インフェルノ』（一九九六）　一九九四年七月六日、コロラド州ストーム・キング・マウンテンで実際に起きた「サウス・キャニオン・ファイヤー」として知られる森林火災で十四名もの消防士が命を落とした実話を基にした作品。

『夏休みのレモネード』（二〇〇二）　舞台は一九七六年のシカゴ、八歳になる主人公の少年ピートはアイルランド系であり、その父親の職業が「消防士」である。いわゆる「消防士もの」ではないが、消防士を演じたピートの父ジョーを演じたエイダン・クイン自身もアイルランド系であり「消防士＝アイルランド系」という設定へのこだわりが感じられる。

『ワールド・トレード・センター』（二〇〇六）九・一一の実話が基になっている作品。主人公は消防士ではなく港湾警察官だが、ジョン・マクローリンという実在のアイルランド系アメリカ人がモデルになっている。

（伊達雅彦）

『炎のメモリアル』(2004)
(DVD 販売発売元 ジェネオン エンタテインメント)

『イン・アメリカ　三つの小さな願いごと』（二〇〇三）

アイルランド系移民の現実と再生のドラマ

この映画『イン・アメリカ　三つの小さな願いごと』（二〇〇三）（以下、『イン・アメリカ』）は、監督及び脚本（脚本は娘ふたりと共作）を務めたジム・シェリダンの自伝を基に、故国アイルランドからアメリカはマンハッタンへと、一九八〇年代に移民してきた平凡な小家族のドラマを描く。家族はニューヨークの片隅で、見捨てられたマイノリティばかりの安アパートに暮らし、差別や偏見、そして、貧乏やトラウマと戦ってゆく。

❏どうしても観たくなるストーリー解説・多少のネタバレ覚悟

主人公ジョニー（監督ジム・シェリダンがモデル）は、妻サラ、長女クリスティ、次女アリエルとともに、アイルランドからカナダを経由してアメリカに入国した。ジョニーは入国審査で休暇と偽る。ビザも観光ビザだ。現実は観光とは程遠い。ジョニーは無職。仕事を求めてニューヨークに渡ったのだ。ニューヨークで俳優として成功することを夢見ている。

家族はトラウマを抱えていた。幼くして亡くなった長男フランクの死だ。サラとジョニーは、喪失感と罪の意識を抱えている。長女クリスティは悲しむ姿を両親に見せないと心に決めるも、影では泣いている。この長男の死を乗り越えるためにも、新天地での再出発が必要だった。だがこのトラウマは、新天地でも家族を苦しめる。

子供連れで、仕事もないアイルランド移民の家族。彼らが辿り着いたのは、マンハッタンの場末だ。「アメリカ大陸で最も危険な地域」と呼ばれる「ヘルズ・キッチン」の安アパートだ。住民はドラッグ中毒患者にディーラー、ゲイに「叫ぶ男」。虐げられたマイノリティの縮図のようだ。早速ジョニーはオーディションを受けるものの、不合格続き。本国で教師だったサラが、アイスクリーム屋で働き一家を養う。娘二人は、カトリック系の学校に通い始める。そして、サラが妊娠する。

ハロウィンがやってきた。「トリック・オア・トリート！（いたずらされたくなきゃ、お菓子をくれ！）」と言って、家々の扉をノックして回るアメリカ式の風習に娘二人は大はしゃぎ。二人はアパートの部屋を回る。唯一反応があったのが「叫ぶ男」の部屋だった。

「叫ぶ男」の名はマテオ。アーティストだ。創作活動が邪魔されたと勘違いし、二人を威嚇する。しかしハロウィンだとわかると、マテオは貯めた小銭を「宝物」として、二人にプレゼントする。ここからマテオと家族の良好な交流が始まる。家族は逆しまに、マテオを部屋に招待。アイルランド流のハロウィンで、もてなした。

マテオはエイズに犯されていた。時は流れる。マテオの病状は悪化。終末医療へと向かう。そのまま帰らぬ人となる。

一方、サラは病院で出産。生まれた子供は、未熟児だった。輸血をしなければ助からない。家族で唯一血液型があうクリスティは、輸血を決断する。ねぎらう父親に、クリスティの感情が爆発する――「子供扱いしないで。フランキー「フランクの愛称」が死んで一年、私が家族を支えたのよ」。幼い娘が崩壊しつつある家族を、必死に守ってきたことを知るジョニー。輸血は成功。新しい生命は、救われた。

ひとつ大きな問題が残った。莫大な入院費だ。家族に支払える額ではない。しかし奇跡が起る。マテオには信託（トラスト・ファンド）銀行に、貯金があった。その全額をサラの入院費用にあてるように、言い残して死んだ……。

❑スタッフとキャスト情報

映画はアイルランド、イギリス、アメリカの合作。監督はジム・シェリダン。アイルランドはダブリン出身。自らもアメリカへ渡り、一九八一―八九年の間、ニューヨークに住んだ。ジムの映画監督としてのデビューは、『マイ・レフト・フット』（一九八九）だ。この頃、ジムはアイルランドに戻っている。その後、北アイルランド問題を真正面から扱った『父の祈りを』（一九九三）

及び『ボクサー』（一九九七）という傑作で監督と脚本を担当。前者と『マイ・レフト・フット』は、批評家から高い評価を得ている。

サラを演じたサマンサ・モートンと、ジョニーを演じたパディ・コンシダインは、いずれもイギリス出身の当時若手の俳優だ。サマンサは後に映画『ハリー・ポッター』シリーズ『ファンタスティック・ビーストと魔法使いの旅』（二〇一六）に出演している。

ジムの娘役を演じたサラ・ボルジャーとエマ・ボルジャーは、実の姉妹だ。ダブリン出身。ふたりともオーディションで選ばれた。姉妹は性格が異なり、サラは寡黙でエマは積極的。『イン・アメリカ』での姉妹の演技は高く評価され、サラはフェニックス映画批評家協会賞で若手女優賞を受賞し、エマはサテライト賞助演女優賞、放送映画批評家協会賞にノミネートされた。その後も映画に出演している。

❏みどころ

みどころは何といっても、サラとエマ姉妹の愛らしさだ。特にエマの天真爛漫な演技は、これがカメラの前のことであることを忘れさせるほど、自然だ。

ひとつだけシーンをあげるとすれば、病院でクリスティが輸血を決断するシーンだろう。幼い少女が意を決して、息子が死んだトラウマをどうすることもできないでいる父親に叱責するシーンには、目を見張るところがある。監督もこのシーンでのサラを絶賛。壊れかけた家族を支える少女クリスティを演じるに、サラが必要だったとまで語っている。

❏キーワード

★アイルランドからの出移民（ディアスポラ）

アイルランドは一八世紀より出移民が増大する。現在までに本国の人口の十五倍近くのアイルランド人が、海外に移民している。ニューヨークだけで、十九世紀から二十世紀半ばの間に、約千百万人のアイルランド人が移民した。アイルランドが分断され、いわゆる北アイルランド問題と呼ばれる、プロテスタントとカトリック双方の過激な集団の紛争が起こると、国を離れる人の数は加速した。血の日曜日（一九七二）と呼ばれる事件以来、北アイルランドでは、血で血を洗うテロ行為が激化。移民に拍車をかけた。本作が舞台とする一九八〇年代は、後のケルティック・タイガーと呼ばれる高度成長期前。アイルランド国内の経済状態は非常に悪かった。これらの要因が、映画の中で直接語られるわけではない。しかしシェルダンは本作より前に、北アイルランド問題を真正面から扱った二作品を手掛けている。そのことを考えると、本作の大前提としてこれらの不安要素があることは否めない。それを前提に考えれば、あのようにひどい環境のアパートに一家が落ち着けたことも、理解できると思う。

★ポリ公（警官）かよ

一家が初めてアパートを訪れる際に、かけられる言葉だ。これに対しジョンが「（私たちは）アイルランド人だ」と応える。相手は「じゃあポリだ」と返す。これはアイルランド人移民が、十八―十九世紀に移民先でおかれた立場を表している。ほかの白人移民らより、アイルランド系移民は明らかに立場が弱かった。従って他の移民が嫌がる、危険な職業のみが残された。そのうちの一つが、荒くれものや犯罪者を相手にする警察だったと言われる。

★ハロウィン

この祝祭の起源はアイルランドにある。もともとはアイルランドの土着宗教と、その後に紹介されたキリスト教が合さった風習だ。アイルランドに一神教であるキリスト教が布教された際に、土着の神々はフェアリーと形を変えた。彼らは地下や海の彼方に棲んだ。ハロウィンの十月三十一日は、この世とフェアリーが住む場所とを隔てる境界が薄れると言われる。そして多くのフェアリーがこの世にあらわれ、人々にいたずらをする。それを避けるために、人々はフェアリーの扮装をし、フェアリーを欺いた。この風習は、本土アイルランドでは忘れられた。ところがアメリカに移民が渡ることで、ハロウィンに新しい歴史が加わる。望郷の念に囚われたアイルランド系移民が、故郷の風俗とともに、ハロウィンを復活させた。その時フェアリーは忘れられた。取って代わったのは、モンスターに仮装をした子供たち。子供たちが「トリック・オア・トリート」と言いながら、家々を回っては、お菓子をもらう祭りとなった。映画では姉妹が、「トリック・オア・トリート」を新しい遊びの文化として経験し興奮する。それもアイルランドにはこの習慣はないからである。

★コルカノン

映画の中でマテオに一家が振舞う食事が、コルカノンだ。コルカノンは、ハロウィンや聖パトリックの日にアイルランドでは必ず出される伝統料理だ。

コルカノンは、ケール（現在はキャベツを使う）とジャガイモを、牛乳とバターで煮ただけの料理だ。大皿に盛られたコルカノンの中には、あらかじめ指輪、指ぬき、コインなどが隠されている。これを各人が銘々とりわける。その中から出てきたもので、一年の運勢を占う。指輪は一年以内の結婚を、指ぬきは一年間独身で過ごすことを意味する。コインなら、一年間裕福に過ごせる。映画ではマテオがコインを探り当てる。マテオはそれから一年を待たずに他界するが、最後で、多額の貯金をもっていたことが判明する。マテオがコインを引き当てたのは、この貯金の暗示だったとは、考えすぎだろうか？

★過去の悲しみ〈トラウマ〉

映画を貫くテーマだ。ジョニー一家は過去の悲しみを断ち切り、新天地でやり直そうと誓う。監督のジム・シェルダンは、「この映画は過去の悲しみとともに生きていくのではなく、いたみにうちかち、未来へ向けて生きていくことを学ぶ姿を自分たちの姿を通じて描きたかった」と語る。ところでこの映画の公開日は、二〇〇二年九月一二日だ。つまり、アメリカ中が傷ついた九・一一アメリカ同時多発テロから丁度一年経った翌日である。この九・一一では数多くのアメリカ人が犠牲となり、多くの人が悲しんだ。その悲しみに打ち勝っていこうというジムのメッセージが、ここには込められているのではないだろうか。

❏おすすめ同系作品

八十年代のアイルランド系移民を扱った作品は少ない。そのためここでは関連作品として、移民を扱った作品と、ジム・シェリダンの作品を紹介しようと思う。

『ブルックリン』（二〇一五）　舞台は一九五一―五二年のアイルランドとアメリカ。アイルランドから単身アメリカに移民した主人公を、アイルランド系移民の歴史とともに描く。

『父の祈りを』（一九九三）　イギリス映画。ジム・シェリダン監督。一九七〇年代の北アイルランドを舞台に、英国パブ爆破事件で自白を強要され投獄された息子とその父が、冤罪を晴らす姿を通じ、北アイルランド問題と英国政府の暗部を描き出した力作。アカデミー賞七部門にノミネート。

『ボクサー』（一九九七）　ジム・シェリダン監督。舞台は北アイルランド。元ＩＲＡの活動家が服役後、〝宗派に関係ない〟ボクシング・ジムで社会復帰を計る中、かつての恋人と再会。恋が再燃する。北アイルランドが抱え込む複雑な問題を描いた作品。

（永田喜文）

『イン・アメリカ 三つの小さな願いごと』(2003)
(DVD 販売発売元 20 世紀フォックス・ホーム・エンターテイメント・ジャパン)

『戦場のピアニスト』（二〇〇二）

敵か味方か。音楽の楽しみ方

ポーランドのユダヤ人たちの命を救った実業家のオスカー・シンドラーは知られているが、ナチス・ドイツの軍人ヴィルム・ホーゼンフェルトを知る人は少ないだろう。スピルバーグ監督の『シンドラーのリスト』（一九九三）はユダヤ人救出に手を尽くすシンドラーにライトを当てたが、『戦場のピアニスト』はホーゼンフェルトに救われる側の一人のユダヤ人ピアニストの視点に注目する。この映画を通して、戦時下のヨーロッパのユダヤ人の状況を少しでも理解したい。ピアノの音色も魅力だ。ショパンへの見方も変わるかもしれない。

❑どうしても観たくなるストーリー解説・多少のネタバレ覚悟

第二次世界大戦下、ポーランドの首都ワルシャワにナチス・ドイツが侵攻してきたとき、ウワディクことウワディスワフ・シュピルマンはポーランド放送局専属の著名なピアニストだった。ラジオ局にも爆撃音が鳴り響く中、ウワディクはギリギリまで手を止めずショパンを弾き続けたが、もはやこれまで。両親と二人の姉と弟の待つ家へと急ぐ。

一家はつつましくも温かい食卓を囲みながらワルシャワを脱出するかどうか話し合うが、どうせ死ぬなら家で死にたいという考えで一致し、留まることを決める。イギリスとフランスがドイツに宣戦布告したというニュースに励まされる一方、救済に動かないアメリカには苛立ちを覚える。

ワルシャワがナチスに占拠されて、ユダヤ系のシュピルマン家の生活は一変する。まず、ユダヤ人は外出時には識別のために腕章をつけることが義務付けられ、常に差別と暴行の危険に晒される。さらに理不尽な規則が追加されていく。例えば、ウワディクは彼のファンだというドロタとのデートを楽しみにしていたが、二人が訪れた喫茶店にはユダヤ人お断りの看板が掲げられていた。また、ユダヤ人は保有財産も制限されたため、シュピルマン家では、父のヴァイオリンの中にお金を隠すことにした。彼らは、まもなく連合軍が勝利するはずだから、こんな生活は続かないと信じて耐えるが、状況は悪化。ゲットーへの強制移住が決まる。ウワディクの高級ピアノも売るより他ないが、二束三文の値しか付かなかった。

壁に囲まれたゲットーの内側では、過酷な強制労働で倒れる人や、ゲシュタポの気まぐれや憂さ晴らしにより殺された人などで死体が溢れる。衝撃的な車椅子のシーンも実話に基づくという。ナチスの手先となって働くユダヤ人警察は特権的な生活を認められた。ウワディクもスカウトされるが断り、レストランでピアノ弾きの仕事を始める。反ナチスの地下組織の手伝いも希望するが、繊細な音楽家にできる仕事はないと一蹴される。その後、ウワディクが徐々に変わっていく様子に注目したい。弟がナチスに捕まりそうになるとユダヤ人警察に賄賂を渡して釈放を頼み、父が強制収容所に送られないように就労証明書を入手し、自らも工場で働き始める。

家族一緒に暮らせることだけが救いだったが、絶滅強制収容所行きが決まる。ウワディクだけはユダヤ人警察の手で救出されるが、これは孤独な逃亡生活の始まりだった。初めはゲットーの外で知人に助けられたり裏切られたりしながら辛うじて生き延び、その後は独りになり廃墟となっていたゲットーを隠れ家にして逃げ続ける。そして、餓死寸前のところで出会うのがユダヤ人狩りをしていたナチスの将校ヴィルム・ホーゼンフェルトだった。実話に忠実に描かれた二人のやり取りが胸を打つ。

❏スタッフとキャスト情報

原作は主人公ウワディスワフ・シュピルマンの『ある都市の死』(一九四六)。戦後すぐにポーランドで出されたが、検閲によりホーゼンフェルドの名は消された上、事実上発禁となった。当時、スターリン寄りの政府は善良なドイツ人の存在を認めたくなかったし、弱腰なポーランドの姿は封印したかったのだ。ようやく日の目を見たのが一九九八年のドイツ語訳および翌一九九九年の英訳版『ピアニスト——奇跡の生還』である。

この原作に基づいて脚本を書いたのは南アフリカ出身のユダヤ系イギリス人ロナルド・ハーウッドで、映画化したのはアカデミー賞やベルリン国際映画祭金熊賞など多くの賞を総なめにしてきたロマン・ポランスキー監督。ハーウッドとは『オリバー・ツイスト』(二〇〇五)でも一緒に仕事をしている。ポランスキーはスキャンダルが絶えず、数々の容疑でアメリカの映画芸術科学アカデミーから追放された監督だが、この映画への評価は揺らがない。彼もウワディクと同じくユダヤ系ポーランド人で、ゲットーへの強制移住と逃亡生活を経験し、母をアウシュビッツで殺された。この映画にかける想いは測り知れない。なお、『オフィサー・アンド・スパイ』(二〇一九)でもドレフュス事件をもとにユダヤ人差別の主題に取り組んでいる。

主役はアメリカ人のエイドリアン・ブロディ。彼もユダヤ系ポーランド人の血をひく。『ミッドナイト・イン・パリ』(二〇一一)ではサルバドール・ダリ役、『ブロンド』(二〇二二)ではマリリン・モンローの夫アーサー・ミラー役などで、細部まで手を抜かない役作りで知られる彼は、この作品で二九歳にしてアカデミー主演男優賞を受賞するという快挙を成し遂げた。ホロコーストについて学び、壮絶なダイエットとピアノ練習に励んで見事にウワディクを演じている。ホーゼンフェルト役は『ヒトラーの審判――アイヒマン、最後の告白』(二〇〇七)でアイヒマン役を演じたトーマス・クレッチマン。

❏みどころ

★ワルシャワ・ゲットーの町並み

ユダヤ歴史研究所の協力のもと、道路標識や看板、広告に至るまで丁寧に再現されているので画面の隅まで目を凝らしたい。ユダヤ歴史研究所はポーランドのユダヤ人の歴史と文化に関する資料を所蔵し、ワルシャワ・ゲットーのアーカイブも充実している。主な撮影地はゲットーの外のプラガ地区だが、ここは戦禍を免れ、ユダヤ人が住んでいた建物も残されていたためロケ地に選ばれた。

★フレデリック・ショパン

ウワディクを通してショパンの楽曲を味わうのもこの映画の醍醐味だ。ポーランド生まれのフレデリック・ショパンは、ロシアの占領に反発したワルシャワ蜂起（一八三〇）が一年で制圧されたとき、演奏活動でパリにいて祖国を思った。愛国心からロシアへの忠誠を拒み、二度とポーランドに帰れずに死んだショパンの調べは、百年を経てドイツの占領下のポーランド人を力づけた。なお、原作ではホーゼンフェルト将校の前で演奏したのは夜想曲第二〇番嬰ハ短調「遺作」だが、映画ではバラード第一番ト短調に変更されている。この曲はワルシャワ蜂起制圧の頃にポーランドの愛国詩に基づいて書かれたといわれる。映画での実際の演奏者はポーランドを代表するピアニストのヤノシュ・オレイニチャク。ショパンの音を奏でる彼の手の表現にも注目を。

★敵か味方か。音楽の楽しみ方

ポーランド人の敵はドイツ軍だったはずだが、ユダヤ系にとっては、ドイツ人もポーランド人も、一部のユダヤ人すら敵になる。死の恐怖に怯え、自分よりも弱い者を犠牲にすることで生き延びようとする者たち。ユダヤ人を無理やり踊らせて憂さ晴らしをする軍人、ゲットーのレストランでウワディクのピアノを中断させてまで贋金の確認をするユダヤ人、チェロの音でウワディクを癒すポーランド人、ウワディクのピアノを愛したドイツ人。敵か味方か、簡単に割り切れない戦争下で、音楽を通してつながる関係に希望が見えるかもしれない。

❏歴史的背景を知るキーワード

★アメリカのユダヤ人

ゲットーの人々が何度かアメリカへの不満を口にする場面がある。彼らは、アメリカの新聞がゲットーの悲惨な状況を報道しないことや、ユダヤ系の銀行家たちが同胞のために政府に働きかけないことに失望していた。

アメリカは第二次世界大戦開戦後の二年間、参戦せず防衛に徹すべきだという孤立主義を貫いた。さらに日本の真珠湾攻撃を機に連合国側に参戦してからも、戦争の目的は軍事的勝利であってユダヤ人救済ではなかった。むしろ国内では反ユダヤ主義が高まっており、大西洋横断無着陸単独飛行に成功して一躍ヒーローとなったチャールズ・リンドバーグも、ユダヤ人はアメリカの脅威だと主張しており、アメリカのユダヤ系も自らの保全のため、動きに慎重になっていた。ようやくホロコーストの情報が国民の知るところとなり、救済支援のための戦争難民局が編成されたのは一九四四年。既に多くの被害者が出た後だった。

★ワルシャワ・ゲットー蜂起とワルシャワ蜂起

二つの蜂起を整理しておきたい。ナチスはユダヤ人を支配するため、都市の一画を壁で仕切った区域（ゲットー）に強制移住させた。ヨーロッパ各地に約千ヶ所のゲットーが建設されたが、ワルシャワ・ゲットーは最大規模だった。

映画でも具体的な年が記されている通り、一九四〇年に三十五万人を強制移住させ、その後、最大時は五〇万人のユダヤ人が生活した。そのほとんどは一九四二年に集荷場から貨車に詰め込まれてトレブリンカ絶滅収容所に移送され、残されたのは五万人だった。彼らは一九四三年のワルシャワ・ゲットー蜂起で抵抗するが制圧され、ゲットーは解体される。その廃墟の光景がこの映画の宣伝に使われている。

一方、武力の乏しいユダヤ人の制圧にドイツ軍が四週間も要したことはポーランド人を勇気づけ、一九四四年のワルシャワ蜂起につながった。だが、ドイツ軍の徹底的な攻撃により、東のパリと呼ばれたワルシャワは廃墟となった。

❏作品内重要キーワード

★ワルシャワのユダヤ人

当時、ユダヤ人はワルシャワの人口の三割を占め、ユダヤ人街にまとまって住み、ニューヨークに次ぐ大きなユダヤ系コミュニティを形成していた。知識人や実業家、高級官僚などの富裕層が多く、ユダヤ教正統派の他、世俗的ユダヤ人も少なくなかった。

★ユダヤ人警察

ナチス・ドイツはユダヤ人評議会に指示してゲットー内に自治警察組織を設置した。高級レストランやクラブなどの娯楽施設もあった当初は治安維持活動を中心に行っていたが、絶滅収容所への移送が始まるとナチスの伏兵としてユダヤ人狩りを行った。移送を逃れようとする者から賄賂を要求するなど、同胞から嫌われることも多かったが、最終的には彼らも収容所送りとなった。

□おすすめ同系作品

『ユダヤ人を救った動物園　アントニーナが愛した命』（二〇一七）も実話をもとにユダヤ人救済を描いた映画。第二次世界大戦中のワルシャワで、三〇〇人以上のユダヤ人を救った動物園があった。ベストセラー・ノンフィクションを映画化したのは『スタンドアップ』（二〇〇五）のニキ・カーロ。

（井上亜紗）

『戦場のピアニスト』(2002)
(DVD 販売発売元 Happinet)

『ギャング・オブ・ニューヨーク』(二〇〇二)

アイルランド系ギャングの仁義なき戦い

先住民をのぞけば、世界各地からやってきた移民たちの寄り合い所帯であるアメリカ。当然、移民してきた時期はエスニック・グループごとに異なる。であるがゆえに、生じるのがいわゆる「どっちが先か」問題だ。つまり、先にアメリカに移民してきたグループは、遅れてきたグループに対して、「自分たちこそはアメリカ人だ」という優越意識をいだく傾向にある。場合によっては、それが新たに入国する移民に対するバッシングにつながる。この問題は意外と根が深く、アメリカにおけるエスニック・グループ間の衝突の火種になることが少なくない。こうした衝突をギャング映画のフォーマットに落とし込んだのが、『ギャング・オブ・ニューヨーク』だ。

❏どうしても観たくなるストーリー解説・多少のネタバレ覚悟

歴史を紐解けば、後述する「ジャガイモ飢饉(一八四五―四九)」によって生活が成り立たなくなったアイルランドの人々は故郷を離れ、国外に新たな生活拠点を求めた。移住先はイギリス、カナダ、オーストラリア、アメリカ合衆国などであった。折も折、ゴールド・ラッシュに沸いていたアメリカはとりわけ魅力的な移住先とイメージされていたようだ。とはいえ、新天地アメリカに到達した移民たちを待ち受けていたのは、先住者による差別と迫害だった。こうしたアイルランド系移民史をふまえて書かれたハーバート・アズベリーの歴史物語『ギャング・オブ・ニューヨーク』(一九二八)がこの映画の原作だ。

時は一九世紀中葉、マンハッタンの貧民街ファイヴ・ポインツ地区では、ギャングたちがいわゆる「シマ」の支配権をめぐって、壮絶な抗争を繰り広げていた。当地を長年仕切ってきたアメリカ生まれでアングロ・サクソン系の「ネイティヴズ(米国ネイティヴ連盟)」と、アイルランド系移民から成る新興ギャングの「デッド・ラビッツ」の対立を軸に物語が展開する。ネイティヴズのボスは、肉屋を営むビル・ザ・ブッチャー。対して、デッド・ラビッツの親玉は、カトリック神父のヴァロンだ。冒頭のお祭り騒ぎさながらの戦闘シーンでは、ビルのナイフがヴァロン神父の体を貫く。ヴァロン神父の死を間近に見届けたのが、息子のアムステルダム・ヴァロンだ。父殺しを目撃した幼きアムステルダムは、ビルに対する復讐心を募らせながら、少年院で思春期を過ごす。物語の大枠は、アムステルダムのビルに対する復讐譚だ。

場面は転じ、ヴァロンの殺害から十数年の時が過ぎた頃。少年院を出たアムステルダムは、再びあの貧民街ファイヴ・ポインツに舞い戻る。浦島太郎さながらのアムステルダムは、父ヴァロン亡き後、ビル率いるネイティヴズが完全に界隈の支配権を握り、庶民の生活はもとより、警察や政治家ですらネイティヴズに牛耳られた状況を目の当たりにする。復讐を目論むアムステルダムは、自分の正体を明かさずにビルに接近する。すると、幸か不幸か気に入られてしまい、しばらくの間、ビルの右腕として行動を共にすることになる。金と暴力が渦巻くギャングの世界の活写が中心ではあるが、アムステルダムと女詐欺師ジェニーとのロマンスが殺伐とした世界観に花を添えている。とはいえ、そのロマンスこそが一気にストーリーに緊張感を与えるきっかけとなるのが面白い。というのも、アムステルダムの幼馴染であるジョニーが、二人の恋沙汰に嫉妬を募らせ、ビルに伏せられた秘密を明かしてしまうからだ。その秘密とは、もちろんアムステルダムが、デッド・ラビッツの首領ヴァロン神父の息子であり、ビルに対する復讐を目論んでいるという事実だ。怒りに駆り立てられたビルはアムステルダムに凄惨な制裁を加え、手負いのアムステルダムはしばらくの間、人目のつかぬ場所に潜伏して反撃の時を待つ。そして、傷が癒えた頃に、アムステルダムは新生デッド・ラビッツを組織し、ネイティヴズとの最後の戦いへ向かう。

❑スタッフとキャスト情報

監督は数々の作品で折々のニューヨークの姿を描いてきたイタリア系アメリカ人のマーティン・スコセッシ。アメリカ女性作家イーディス・ウォートンの小説を映画化した『エイジ・オブ・イノセンス／汚れなき情事』（一九九三）では、煌びやかな一九世紀末の上流階級社会を、『グッドフェローズ』(一九九〇)では第二次大戦後のイタリア系マフィアが暗躍する犯罪都市の姿を、そして『タクシー・ドライバー』(一九七六)では、ベトナム帰還兵の視点から荒廃した七〇年代のマンハッタンを。物語ジャンルはそれぞれ異なるが、スコセッシは常に移ろいゆくニューヨークの姿への関心を持ち続けた。

主演、アムステルダム役は『タイタニック』(一九九七)の名演で、九〇年代を代表する銀幕スターとして不動の地位を築いていたレオナルド・ディカプリオ。ネイティヴズのボス、ビル役を好演したのは、舞台俳優出身で名バイプレイヤーとして知られるダニエル・デイ=ルイス。ヒロイン、ジェニーを演じたのは『メリーに首ったけ』(一九九八)で一躍トップ女優の座を射止めたキャメロン・ディアス。ディカプリオとディアスという人気俳優を凌駕するデイ=ルイスの名演に注目したい。

❑みどころ

ストーリーは「父の敵討ち」というシンプルな復讐譚であるが、この作品最大の魅力は監督のマーティン・スコセッシが入念な歴史考証の上、描き出した十九世紀のファイヴ・ポインツ地区の描写だろう。さまざまな地域からの移民たちがごった煮状態で共存するアウトローな貧民街は、私たちがイメージする現在の華やかなニューヨークの対極にある。

当時の当該地域の状況をイギリス人作家チャールズ・ディケンズは『アメリカ紀行』（一八四二）で次のように説明している。「一般にファイヴ・ポインツと呼ばれている界隈がある。そこは、不潔さと陰惨さの点では、セヴン・ダイアルズやあの有名なセント・ジャイルズのいかなる場所にも引けをとらない。」この一節は、ニューヨークの街と風俗を詳説する章の冒頭から引いた。ニューヨークを初めて訪れたディケンズにとって、ファイヴ・ポインツの猥雑な雰囲気は印象に残るものだったようだ。

スコセッシが描くこの地域はマグマ溜りのような独特な活気を醸し出す。その活気は、世界経済の中心地、あるいは、コスモポリタン的異種混淆文化の一大拠点への発展を支えた原初的なエネルギーに他ならない。混沌としたストリートを生きる名もなき人々こそが、この映画の本当の主役といえるだろう。結末部においてこの地域で繰り広げられるギャング間の抗争と南北戦争を契機に勃発した暴動のシーンは、クライマックスにふさわしい祝祭的な熱気を放っている。

❏歴史的背景を知るキーワード

★ジャガイモ飢饉

一八四五年から四九年にかけて、欧州全土で生じたジャガイモの疫病被害に起因する飢饉。アイルランドにおいては、ジャガイモの不作に窮する農民の救済が政治的になされず、深刻な飢饉となった。結果、生活苦からアメリカをはじめとする国外へ移民する者が後をたたなかった。アイルランド系アメリカ人の歴史を語る際、最も重要な歴史的な出来事といえるだろう。

★ニューヨーク徴兵暴動

奴隷制の是非をめぐって、一八六一年に北部諸州と南部奴隷州とのあいだで南北戦争が勃発した。本作のクライマックスである新生デッド・ラビッツとネイティヴズとの対決のシーンと並行して描かれるニューヨーク徴兵暴動（一八六三）は、南北戦争に際して北軍兵士を募るために制定された「徴兵法」に反対する民衆によってはじめられたが、どういうわけか本来の目的はなし崩しとなり、次第に白人が黒人を襲撃するヘイト・クライムに転化してしまう。

❏作品内重要キーワード

★アングロ・コンフォーミティ

遅れてアメリカに渡って来た移民は、先行移民のアングロ・サクソン系アメリカ人に順応／同化すべきだという考え方。本作におけるネイティヴズ（アングロ・サクソン系）とデッド・ラビッツ（アイルランド系）との対立を考える際に参照すべき移民理論。

★疑似的父子関係

ビル・ザ・ブッチャーはアムステルダムにとって父親の仇であり、復讐の対象である。しかし、アムステルダムが正体を隠してネイティヴズの一員となりビルに接近すると、一時的に二人が父と息子のような疑似的父子関係となる複雑な人間模様は、この作品のもうひとつの見どころだ。本作を成長物語として見るならば、結末部におけるアムステルダムによるビルの殺害（父殺し）は、彼が大人の男性へと移行する象徴的な出来事と考えることができる。こうした人間関係の例として、カトリック社会における代父母（ゴッドファーザー／ゴッドマザー）と洗礼を受ける子供との関係が知られている。

★アイルランド・カトリック教会

アングロ・サクソン系が支配的な立場にあるアメリカは、プロテスタントを信仰する人の割合が高い。対して、アイルランド系移民は、祖国から渡って来た後も、カトリックの信仰を保持し続けた。現在でも合衆国内のアイルランド系コミュニティの中心には、カトリック教会が据えられている。本作を宗教的な観点から見るとプロテスタントとカトリックの対立が浮かび上がる。

❏おすすめ同系作品

本作同様に、アイルランド系アメリカ人の人間模様を描いた作品を紹介しよう。

『静かなる男』（一九五二）　アイルランド系アメリカ人の青年ショーンがルーツであるアイルランドに帰郷する祖国巡礼の物語。監督は数々の名作西部劇映画を手掛けたジョン・フォード。監督自身、アイルランド系である。

『男の闘い』（一九六九）　一九七〇年代、ペンシルバニア州の炭鉱で働くアイルランド系移民たちが組織した秘密結社「モリー・マグワイアズ」に焦点を当てた歴史もの。過酷な労働を強いられる移民たちが自らの生活を守るために組織したこの結社に、警察からスパイが送り込まれることで物語の幕があがる。

『遥かなる大地へ』（一九九二）　一九世紀末にダブリンからアメリカに移住した男女の経験を描いた作品。ふたりは入港先のボストンから、中西部オクラホマへ向かう。アイルランドを起点として、一路西へと向かう若者の姿は、アイリッシュ・アメリカン・ドリームそのもの。トム・クルーズとニコール・キッドマンの名演が光る。

『ブルックリン』（二〇一五）　一九五〇年代初頭にアイルランドからブルックリン地区に移り住んだ少女の物語。イタリア系青年との異人種間ロマンス、そして、祖国とアメリカとのあいだで揺れ動く主人公のアイデンティティが静謐な映像表現

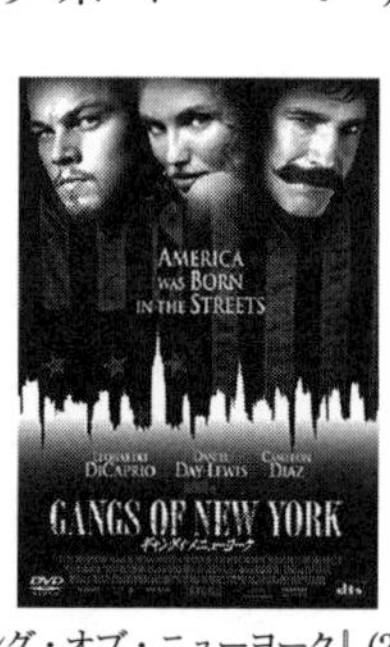

『ギャング・オブ・ニューヨーク』(2002)
（DVD 販売発売元 松竹）

で繊細に描かれる。

『イン・アメリカ／三つの小さな願いごと』（二〇〇三）　家族でアイルランドからニューヨークに移住したジム・シェリダン監督の自伝的作品。治安の悪いアパートに居を構えた一家とアフリカ系アメリカ人の隣人との人種を超えた絆を描いたヒューマンドラマ。

（馬場　聡）

『スモーク・シグナルズ』（一九九八）

アメリカ先住民の若者たちは

アメリカ先住民という言葉からは「西部劇」などで確立された残虐の限りを尽くし、最後にはカウボーイに倒される「インディアン」のイメージを漠として思い浮かべる人が多いだろう（「インディアン」という呼称が蔑称として用いられてきた歴史的背景を考慮し、固有名詞等を除き、以下アメリカ先住民と表記する）。では現代のアメリカ先住民の若者はどのように暮らしているのか。その等身大の姿を描き、二〇一八年にはアメリカ国立フィルム登録簿への保存が決まったのが、『スモーク・シグナルズ』（一九九八）だ。

本作は、毎日を無為に過ごすアメリカ先住民の若者とその友人が、旅を通して自身の民族や家族、自分自身と向き合っていく物語だ。それだけ聞くと、同世代の若者と共通したありふれたテーマに思えるが、会話の端々にちりばめられたアメリカ先住民ならではの歴史や悲惨な現状と、それをユーモアで乗り越えようとする姿が描かれ、歴史と地続きの「現代」を生き抜こうともがくアメリカ先住民の若者の姿を見ることができる青春ロードムービーだ。

❑どうしても観たくなるストーリー解説・多少のネタバレ覚悟

　主人公のヴィクターは、コーダレーヌのアメリカ先住民の保留地で、仲間とバスケットボールに興じて毎日を無為に過ごしている。アルコール依存症で時には家族に暴力をふるっていた父アーノルドは彼が幼い頃に出ていったきり。ある日、アリゾナ州フェニックスから、その父親が亡くなったという電話が入る。遺灰を取りに行くにも、ヴィクターの家にはアリゾナまで行く金銭的余裕がない。すると友人のトーマスが旅費の援助を申し出てくる。トーマスは赤ん坊だった一九六六年のアメリカ独立記念日の夜の火事で両親を失っていて、その火事から自分を救ってくれたアーノルドを慕っていた。トーマスは交換条件として旅に同行することを提示する。はじめは断っていたヴィクターだが、背に腹は代えられず、二人で旅に出発することになる。

　旅の最中、トーマスはのべつ幕なしに「ストーリー」を語る。それは旅の途中で見聞きした他人の体験談を自分たちの民族の歴史に勝手に組み込んだ出鱈目なもの。しかし、そんな法螺話も彼が語ることでアメリカ先住民が被ってきた悲劇の歴史と「現在」の生活を結び付ける「ストーリー」に生まれ変わる。

　アリゾナでは、生前のアーノルドと親しかった女性スージーから、アーノルドの思い出話を聞かされる。酒浸りで乱暴で、家族を捨てた記憶の中の父親を嫌っているヴィクターはそれを受け入れられない。そんなヴィクターに対し、スージーはアーノルドが抱えていた「秘密」を打ち明ける。アーノルドはその「罪」ゆえに家族のもとから去り、遠く離れたアリゾナのトレーラーハウスの中で、息子ヴィクターへの想いを抱えながら死を迎えたのだ。

ヴィクターとトーマスは、アーノルドのピックアップトラックで彼の遺灰とともに帰路につく。途中でトラブルに巻き込まれるが、その出来事を通して、ヴィクターは父親を許し、受け入れていく。そんなヴィクターの変化をぜひ見てほしい。

❏スタッフとキャスト情報

制作・監督はアメリカ先住民のクリス・エアー（一九六八―）、脚本は原作となる短編集『ローンレンジャーとトント天国で殴り合う』（一九九四）の著者、アメリカ先住民の作家シャーマン・アレクシー（一九六六―）。この作品は監督、脚本、スタッフからキャストまで、アメリカ先住民の手によって作られたことも注目、評価された。脚本を手掛けたアレクシーはアメリカ先住民の作家、詩人、脚本家、映画監督であり、半自伝的小説『はみだしインディアンのホントにホントの物語』（二〇〇七）で全米図書館賞を受賞するなど高く評価された。本作の脚本は彼の短編「アリゾナ州フェニックスってのは」を中心に、彼の他の作品から様々なエッセンスを抽出して書かれている。

ヴィクターを演じたアダム・ビーチ（一九七一―）は、『ウインドトーカーズ』（二〇〇二）でナヴァホの暗号通信兵を、『父親たちの星条旗』（二〇〇六）ではアメリカ先住民として従軍し硫黄島に星条旗を掲げたことで有名なアイラ・ヘイズ（一九二三―五五）として出演。『スーサイド・スクワッド』（二〇一六）にもスリップノット役で出演しているので見たことのある人も多いだろう。

保留地のラジオDJには、ミュージシャンで詩人、アメリカ先住民の民族運動「レッド・パワー」の活動家ジョン・トゥルーデル（一九四六―二〇一五）。彼はアルカトラズ島の占拠（一九六九―七一）の際、ラジオDJとして島の状況を伝えたことでも有名。『サンダーハート』（一九九二）では、彼の経歴そのままに、アメリカ先住民活動家として出演している。

スージーを演じたアイリーン・ベダード（一九六七―）も様々なアメリカ先住民映画・映像作品に出演している。ディズニーの『ポカホンタス』（一九九四・一九九八）ではポカホンタスの声を、『ニュー・ワールド』（二〇〇五）ではポカホンタスの母親を演じた。

❑みどころ

★コメディタッチで語られるアメリカ先住民の歴史

そのままではただ重苦しくなってしまうアメリカ先住民の歴史や保留地の惨状などが、ヴィクターとトーマスの二人の掛け合いを用いてユーモラスに描くことで、悲哀を内包しつつ、それでも明るく生きていくしかない等身大の若者の姿となって描かれている。これは迫害や差別の歴史が決して過去の出来事ではなく、現在とも地続きで繋がっているという本作の主張でもある。

★ステレオタイプへのカウンター

理想とするアメリカ先住民のイメージについて、ヴィクターは『ダンス・ウィズ・ウルブス』(一九九〇)を引き合いに出すが、それは自然と共存する「高貴な野蛮人」として過度に理想化されたもの。本作はそうしたアメリカ先住民のステレオタイプに対するカウンターでもあり、ステレオタイプを引き合いに出しては「突っ込み」を入れる場面が多々ある。

★ヴィクターの表情の変化

ヴィクターの表情や行動からは常に「怒り」や「苛立ち」が感じられる。挿入される炎や灰のイメージ、自然描写とともに、旅を通して変化するヴィクターの表情に注目してほしい。

❑歴史的背景を知るキーワード

★ドーズ法(一般土地割当法)(一八八七)

連邦政府の負担軽減のため、アメリカ先住民に元来の彼らの居住地の土地を「分け与え」て、独立自営農民化、文明化して部族共同体を解体するとともに、その余剰地を「白人」が合法的に所有、使用、開発するために制定された法案。その結果、アメリカ先住民にはわずかばかりの耕作に適さない荒れ地が割り当てられたが、その土地もあの手この手で「白人」のものとなった。結局、アメリカ先住民は生活地の三分の二を失い、文化的・物理的に分断された。

★都市インディアン

第一次世界大戦（一九一四―一八）で多くのアメリカ先住民が従軍したことを背景に「インディアン市民権法」（一九二四）が成立し、彼らに「市民権」が与えられるようになった。さらに第二次世界大戦（一九三九―四五）を契機に、多くのアメリカ先住民が軍や軍需産業において蔑まれながらもアメリカの主流社会を経験した意義は大きく、戦後彼らは貧困に喘ぐ保留地に帰還したもの、一九五〇年代の都市への居住政策を経て、都市部において「都市インディアン」といわれる新たなアイデンティティを誕生させることになる。これが、後の「レッド・パワー」を育む土壌となった。

★レッド・パワー

一九六一年にシカゴで開催された「アメリカ・インディアン・シカゴ会議」を契機に、主に都市部で教育を受けた若者が中心となって民族運動が展開された。アフリカ系アメリカ人の「ブラック・パワー」から、彼らの運動は「レッド・パワー」と呼ばれ、権利の回復や先住民政策への抗議行動は一九六〇年代末から七〇年代半ばに最盛期を迎える。アルカトラズ島占拠は特に有名。彼らの活動は、アメリカ社会は勿論、エンターテイメントにおけるアメリカ先住民像にも影響を与えた。本作の主人公ヴィクターとトーマスが生まれた一九六六年はまさにその時代の真っ只中。

❏作品内重要キーワード

★保留地（リザベーション）

アメリカの中にありながら、保留地は全く異なるもう一つの国。アメリカ先住民を軍事的に制圧して土地を奪い、生き残った人々を農耕民化・キリスト教化するために狭い土地に押し込めたのが保留地の始まり。現在は部族政府のもとで自治が行われているものの、もとが荒地のため産業が根付かず、貧困、失業、劣悪なインフラ、教育の崩壊によるアルコールやドラッグの蔓延や高い犯罪率などの諸問題を抱える。「インディアン・カジノ」を運営し、その収益で社会福祉や文化復興を行う部族もあるが、連邦政府に経済的に依存する部族も多い。

★ジョージ・アームストロング・カスター（一八三九―七六）

アメリカ先住民虐殺を繰り返し、「リトル・ビッグ・ホーンの戦い」（一八七六）で戦死した当時の国民的英雄。彼の死がその後のアメリカ先住民に対する軍事的制圧に拍車をかけた。彼が戦死した場所は「カスター古戦場」という史跡だったが、一方的な歴史観に対するアメリカ先住民からの抗議もあり、一九九一年に「リトル・ビッグ・ホーン古戦場」へと改称され、アメリカ先住民を祀るモニュメントも二〇〇三年に完成した。

★ジム・ソープ（一八八七—一九五三）

アイルランド系移民の父とアメリカ先住民の母の間に生まれ、ストックホルム五輪（一九一二）の近代五種・十種競技で金メダルを獲得。しかし、プロ野球選手として報酬を得ていたとして、アマチュア規定違反により金メダルを剥奪された（彼の死後三〇年たって回復）。ソープの名は縁もゆかりもない街の町興しに利用されたことがあるが、ブレーブスやレッドスキンズ、インディアンスなどのアメリカ先住民のイメージを利用した名称も長らくスポーツ界で利用されてきた。近年、それらを改称する動きがあることにも注目してほしい。

❏おすすめ同系作品

『駅馬車』（一九三九）　主演ジョン・ウェイン（一九〇七—七九）、監督ジョン・フォード（一八九四—一九七三）による「西部劇」の金字塔。『スモーク・シグナルズ』の中ではヴィクターとトーマスがジョン・ウェインを茶化した歌で盛り上がる場面がある。

『ダンス・ウィズ・ウルブス』（一九九〇）　南北戦争（一八六一—六五）直後、ケビン・コスナー（一九五五—）演じる北軍中尉とスー族との交流を描いた作品。それまでの「西部劇」とは一線を画すアメリカ先住民描写と、壮大な自然や戦闘シーン、大規模なバッファロー狩りなど見どころ満載。

『ローンレンジャー』（二〇一三）　本作でも言及されるローンレンジャーとトントが活躍するアクション映画。もとはラジオドラマで、一九四九年にテレビドラマ化され、日本でも放送された。「フロンティアの消滅」を加速させた大陸横断鉄道の開通（一八六九）が描かれている。トントを演じたのはジョニー・デップ（一九六三―）。

『サンダーハート』（一九九二）　パインリッジ保留地での殺人事件を描いたサスペンス。保留地でのウラン採掘と健康被害、最後のアメリカ先住民虐殺「ウンデッド・ニーの虐殺」（一八九〇）にも触れている。ジョン・トゥルーデルはキーパーソンであるアメリカ先住民活動家として出演。

『兄が教えてくれた歌』（二〇一五）　『ノマドランド』（二〇二一）でアカデミー賞監督賞を受賞したクロエ・ジャオ（一九八二―）の長編デビュー作。パインリッジ保留地で暮らす兄と妹の物語。映像が美しいだけに、保留地の惨状がかえって身につまされる。

（関根健雄）

『スモーク・シグナルズ』(1998)
（DVD 販売発売元 Miramax）

『ブラッド・イン ブラッド・アウト』（一九九三）

チカーノの魂を描いた傑作！

この映画は「チカーノ」とはどのような存在なのかをストレートに表現している。いや、そのような表現ではもの足りないかもしれない。この映画はチカーノ自身、そして彼らをよく知ろうとする者にとって、唯一にして無二の映画である。

それにしても、チカーノ映画がチカーノではない私たちの魂にこれほどまでに響くのはなぜだろうか。おそらくその理由は、歴史的にも地理的にも複雑な状況に立たされてきたチカーノの困難な生き様が、人々の「生の姿」を見せてくれるからだろう。さらに、現代を生きる私たちがこれから進んでいくであろう未来を透視しているのである。つまり、何もかもが移りゆく刹那的なつながりのなかで、「血（ブラッド）とは何か」「他のエスニックとの境界線はどこか」「人は何によってつながっているのか」という問いを私たちに突きつけてくる。

それらが自明のものとして機能しているうちはよかった。しかし「与えられた家族」と「与えられたコミュニティ」と「与えられた国家」の中で、「与えられた人生」を生きることが瓦解し始めている世の中においては、チカーノたちの生き様は非常に示唆的なのである。自らのうちに複数の境界線（血においても土地においても）を抱えるチカーノの生き方は、いくつもの新鮮ではあるが根源的な問題意識、すべての人々に訴えかける問題意識を喚起しているのである。

❏どうしても観たくなるストーリー解説・多少のネタバレ覚悟

冒頭、チカーノ文化を象徴する壁画、「死者の日」の踊り、グアダルーペの聖母など、チカーノたちが多く住むイーストロサンゼルスの日常が映し出される。

一九七二年、チカーノの母親と白人の父親の混血のミクロが、ラスベガスからイーストロサンゼルスに一年半ぶりに帰ってくるところからストーリーは始まる。ラスベガスにいた理由は、「白人」の父親を殴ったことにある。保護観察を終え、すぐに会いにいった相手は、ミクロと血がつながっている二人、ギャングのパコと、アーティストを目指すクルスだ。この映画は、ミクロとパコとクルスの織りなす複雑な状況を中心に描かれる。

もう一つの通奏低音は、ミクロの見た目が白人であることからチカーノであると認めてもらえず、なんとか認めてもらおうとして苦闘することから起こるさまざまな出来事である。ミクロはチカーノであることを証明するために、彼らとの再会を果たしてすぐに、敵対するグループを襲い一人を射殺してしまうという事件を起こす。その報復は、彼らの人生を大きく狂わせることになる。クルスが撃たれ、車椅子生活となってしまったのだ。そして、ミクロはサン・クエンティン州立刑務所に収監されることになる。ここから、三人の物語は大きく動き始める。

刑務所内では、アフリカ系やアングロ系との抗争が渦巻き、ミクロは自分がアングロの見た目であるにもかかわらず、チカーノとして認められようとここでも苦闘するのである。外見は白人だが、「ブラッド」はチカーノであることをなんとか認めてもらおうとするミクロは、グループのリーダーであるモンタナに訴える。そして、それを証明するためにモンタナによるイニシエーション（通過儀礼）としての命令を忠実にこなしながら、次第に認められるようになってゆく。チカーノは肌の色で決まるのではなく、どう考え、どう生きるかが決めるということを示唆しているのである。刑務所内のモンタナの部屋にはグアダルーペの聖母が飾られている。彼の印象的な台詞として「仲間同士の争いも黒人との争いも白人の思うつぼだ。白は敵、白は体制なんだ」。

一方、刑務所の外では、クルスは絵を描き続けつつも麻薬に溺れ、パコは海兵隊を経て麻薬捜査官になっていた。一九八〇年、仮出所したミクロは足を洗おうとするが、刑務所時代の仲間との接触により、現金輸送車強奪計画に加わることになる。その現場で、ミクロは麻薬捜査官のパコと思わぬ再会をし、彼に撃たれて片足を失ってしまう。もちろん、パコの心中には大きな葛藤があった。市民を守るべきか、仲間を守るべきか。

ミクロからは「裏切り者」と呼ばれるようになってしまう。一方、純粋にチカーノの絵を描いていたクルスは、金儲けに巻き込まれ、自身も絵も暗くなっていくばかりだ。

一九八三年、再び刑務所に入ったミクロはそこのリーダー格となった。ボナファイトが率いる黒人、アルが率いるアーリア軍団とともに三つ巴。チカーノ内での抗争も、ここでは団結しなければならない。「トレス・プントス（ミクロたちと抗争していたギャング）であっても、ラ・オンダに忠実なものは仲間だ」ということになる。ラ・オンダはチカーノを組織するグループであり、パコの台詞によれば「ラ・オンダはもともと〝波〟という意味。〝何にも止められない〟という意味。運命でもある」。そして、「五〇〇年間、チカーノは抑圧に苦しんできた。この大地は民族のもの。血には血で報いる」。

ある日、刑務所内で暴動が起こり、それを鎮めるためにパコが派遣され、二人はまたしても思わぬ再会を果たすことになる。一方、絵の世界で出世するクルスは個展を開くのだが、資本主義世界での出世は、かつての仲間たちとの分裂を浮き彫りにする。「依頼された同じような絵を何枚も描いていると魂が消えてゆくような気がする」とクルスは嘆く。

やがて、環境によって仲違いをしていた人々も時を経て「ブラッド」に帰っていき、少しずつわかり合えるようになる。最後の場面で、パコとクルスは「あの頃は純粋で無邪気だった」と振り返りながら、「もう戻れないがずっと兄弟だ」と同じ血が流れていることを確認する。紆余曲折を経て家族と民族の誇りを再び手にしようとするラストシーンは、必ずや心打たれるに違いない。

❏スタッフ・キャスト情報

監督は『愛と青春の旅だち』や『Ray／レイ』などで名が知られているテイラー・ハックフォード。チカーノの聖地でもあるイーストロサンゼルスで撮影が行われた。また、チカーノの有名な詩人、ジミー・サンティアゴ・バカが脚本に参加し、自らも出演している。ミクロは、ダミアン・チャパが演じ、パコはベンジャミン・ブラット、クルスはジェス・ボレッゴ。その他、ダニー・トレホやビリー・ボブ・ソーントンらが出演している。

❏みどころ

チカーノたちは、タイトルにも表されているように「血」（仲間意識）を重視する。生まれながらにして安住できる国家をもたないからである。そして、仲間に入るときも出るときも、血をもって償う。だからこそ、血は証明されなければならない。また、独自の言葉（英語とスペイン語の混成言語）や独自の文化（壁画やタトゥーなど）や特権的な土地（アストランと呼ばれる想像上の故郷）への憧憬も、血の証明であると見ることができる。

しかし、見方を変えれば、誰もが「チカーノ」になることができると言える、映画内のミクロのように。彼ら自身のアイデンティティの根幹にあるのは、家族や仲間や民族への熱い思いと魂である。この映画は、人種や民族を越えて、この複雑に屈折してしまった社会と人間の関係性のあり方を具体的に生き生きと教えてくれる。人と人の間のつながりが持つべきかけがえのなさを感じさせてくれるのである。

❑歴史的背景を知るキーワード

★「ホアキン・ムリエータ」という名前が出される場面がある。成功者を歴史上の人物になぞらえるような感性もチカーノの思考方法の特徴である。もともとメキシコだった土地を奪われたメキシコ系のアメリカ人（チカーノ）にとって、侵略したアメリカ人たちは戦うべき相手である。彼らから仲間を守り、最後には死んでしまった英雄をチカーノは何人か持っている。そのような歴史上の人物が本当に存在したのかどうかはさして重要ではない。まるで生きる亡霊のような存在のまま、いまでも彼らを勇気づけているということが重要なのである。

❑作品内重要キーワード

★「グアダルーペの聖母」は、十六世紀のメキシコに現れた「褐色の肌の聖母」である。アステカの女神とカトリックの聖母のシンクレティズム（混淆した宗教）だ。この聖母を信仰することがメキシコ人にとっての、そしてチカーノにとってのアイデンティティの証であり、紐帯の証明となっている。

❑おすすめ同系作品

『アメリカン・ミー』（一九九二）は、チカーノのギャングや刑務所をよりリアリティを持って描いた傑作である。チカーノを映像で語る際に欠かすことのできないエドワード・ジェームズ・オルモスが、長年、温めていた構想を映画化したもの。自ら監督し、出演している。ギャング映画であり刑務所の映画ではあるが、チカーノたちが直面している現実と、そこからあふれ出す精神性を知るためには、この映画も外すことはできない。

それと、趣向はかなり異なるけれども『ブレッド&ローズ』（二〇〇〇）もあげておきたい。イギリス人のケン・ローチ監督が初めてアメリカで撮影した映画。メキシコからアメリカへの不法移民を描いている。メキシコから越境し、清掃会社で働いていた主人公が、労働条件を改善する運動に参加するというストーリーなのだが、ギャングや刑務所とは異なる視点から、チカーノがどのような現実と直面しているのかが描かれている。劣悪な環境下におかれている清掃員のような仕事はヒスパニックが多いという現実。タイトルにある「パン」は最低限の生活を表し、「薔薇」は豊かに生きるための尊厳の意味を表している。

（井村俊義）

『ブラッド・イン ブラッド・アウト』(1993)
(DVD 販売発売元 ウォルト・ディズニー・ジャパン)

『刑事エデン　追跡者』(一九九二)

ユダヤ系ハシド派コミュニティと他者

アメリカ映画を見ていると時に頭の先からつま先まで黒づくめで、あごひげや頬ひげを伸ばし、長いもみ上げをクルクルと巻いている人を目にすることがある。映画の中に限らず、実際のアメリカの街、特にニューヨーク、マンハッタンなどを歩いている時、そうした容貌の人を見かけた経験を持つ人もいるだろう。彼らは、まず間違いなくユダヤ系ハシド派の人たちである。ユダヤ教を深く信仰する正統派の人々であり、ユダヤ人の間でも特別な人々として知られる。

『刑事エデン』は、その邦題が示すように「刑事もの」だ。アメリカ映画における「刑事もの」は枚挙にいとまがない。例えば、『ダーティ・ハリー』や『ダイ・ハード』等は、それぞれ人気を博しシリーズ化されたが、主人公を演じたクリント・イーストウッドやブルース・ウィリスの代表作となったばかりでなく、アメリカ映画における代表的な「刑事もの」となっている。その他、シリアスな作品からコミカルな作品までその世界は実に多様と言える。

そのような巨大ジャンルである「刑事もの」の中でも、『刑事エデン』は敏腕女性刑事を主人公に据えた、特異な設定と展開で知られる作品である。

❏どうしても観たくなるストーリー解説・多少のネタバレ覚悟

『刑事エデン』の舞台となるのは九〇年代、ニューヨーク。主人公のエミリー・エデンはニューヨーク市警察で働く第一線の刑事である。女性刑事だが、その捜査手法は強引で荒っぽく、同僚の刑事仲間からも敬遠されている。ある時、事件捜査で独断専行した結果、相棒の男性刑事が犯人に刺されて重傷を負ってしまう。懲罰的な意味も含めエミリーは家出人捜査に回される。行方不明になったのは、ダイヤモンド研磨職人ヤコブ・クラウス。ユダヤ人の彼は、七十二万ドル相当のダイヤと共に忽然と姿を消したのだった。

ニューヨークのダイヤモンド業界に大きな影響力を持っているのがユダヤ人であることはつとに有名で、特にハシド派ユダヤ人の存在感は大きいとされる。エミリーは、そのハシド派内部の犯行と見て、コミュニティがあるブルックリンのボロパーク地区に足を向ける。自分が日常生活を営む同じニューヨークに、自分の知らない異文化世界があることに驚きつつも、彼女は犯人逮捕に向け単独の潜入捜査を始める。ユダヤ教のハシド派は、レベと呼ばれる宗教的指導者を長とし、厳格な規律に沿って生きる信仰心篤い禁欲的な人々であり、自分たちのコミュニティの外部から来た他宗教の人間を容易に受け入れることはない。しかし、レベは息子アリエルと娘のレアをエミリーに付け、捜査に協力することを約束する。

エミリーは、ヤコブの仕事場があるマンハッタンのミッドタウンに位置するダイヤモンド・ディストリクトに向かう。エミリーはハシド派内部に犯人がいると主張するもアリエルをはじめハシド派の人々は「ハシド派の人間が殺人を犯す」ことなど考えられないと反論する。彼女はほどなくヤコブの仕事場の天井に血痕を認め、天井裏から彼の遺体を発見する。失踪事件は強盗殺人事件へと切り替わる。

犯人逮捕の捜査のためレベの家でアリエルやレアと生活を共にするうちに、エミリーのハシド派に対する考えや態度は徐々に変化していく。捜査開始時点では、基本的な価値観や世界観が異なるが故の意見の対立から反発し合っていたエミリーとアリエルも、次第にお互いの立場や考え方を理解し魅かれ合っていく。そして二人は協力しハシド派内部に潜んでいた意外な犯人を追い詰める。

エミリーは刑事としての自分に誇りを持ち、一方、アリエルもまたレベの息子として聖職者の道を進むことをやめない。想い合いながらも二人の間には「ユダヤ教ハシド派」という見えない壁が立ち塞がる。物語の最後、アリエルは父から紹介された同じハシド派の女性との結婚を選択する。その結婚式をひとり遠くから見つめるエミリー。そして警察という日常に彼女が帰還するところで物語は終わる。

このように『刑事エデン』には、ダイヤモンドを巡る殺人事件の犯人捜しというシリアスなクライム・サスペンスの側面と、ニューヨーク市警の女性刑事とユダヤ系ハシド派の若き聖職者の悲恋を描いたラブストーリーという側面があり、アメリカの「刑事もの」の中でも類を見ない作品となっている。

❏スタッフとキャスト情報

本作の背景には、ユダヤ系ハシド派コミュニティが使われているが監督のシドニー・ルメット自身もユダヤ系である。四歳の頃から子役としてショービジネスの世界に入り、五十年代に入ると俳優から演出の世界に軸足を移した。当初はテレビ・ドラマの演出を手掛けていたが、後に映画業界に転身する。一九五七年、テレビ・ドラマとして好評だった『十二人の怒れる男』の劇場用映画を撮り、同年の第七回ベルリン国際映画祭金熊賞を受賞した。アカデミー賞でも作品賞・監督賞を含む三部門にノミネートされたが受賞には至らなかった。

その後もルメットは、生涯に渡り多くの作品を精力的に発表し続けた。七〇年代には『セルピコ』(一九七三)、『狼たちの午後』(一九七五)、『ネットワーク』(一九七六)などの社会派サスペンスを撮る一方で、アガサ・クリスティの名作『オリエント急行殺人事件』(一九七四)を豪華キャストで映像化するなどして評価を上げた。八〇年代に入っても『評決』(一九八二)、『ファミリービジネス』(一九八九)等、創作意欲は衰えることなく毎年のように作品を生み出した。ちなみに

『刑事エデン』のプロデューサーのひとりハワード・ローゼマン、脚本を担当したロバート・アヴィレッチもユダヤ教正統派の教育を受けたユダヤ系である。

主演のメラニー・グリフィスは、ブライアン・デ・パルマ監督の『ボディ・ダブル』（一九八四）で注目を浴び、マイク・ニコルズ監督の『ワーキング・ガール』（一九八八）では主演を果たした。結果としてアカデミー賞主演女優賞にノミネート、ゴールデングローブ賞では主演女優賞を獲得している。『刑事エデン』の役どころもそうだが、この時代のグリフィスはアメリカの八〇〜九〇年代の「働く女性」のイメージを背負っていた感がある。

❑みどころ

★ハシド派の内部

やはりこの映画の最大のみどころはハシド派コミュニティの日常生活を描いた部分だろう。例えば、エミリーが最初にハシド派のレベ宅を訪ねる場面、彼女はごく一般的と思われる女性の服装をしているが、応対に出たレアは動揺を隠せない。エミリーの服装がハシド派の基準から大きく外れたものだったからだ。ハシド派の女性は、ひざを見せてはいけないので基本的にはロングスカートをはかなければならない。ひじを見せてもいけないし、鎖骨の露出も禁止なので、えりが詰まった服でなければならない。もちろん、目立つ色の服もだめだし、派手な模様が付いていてもだめ。このような禁則事項の多い服装規定であるのだが、エミリーの服装はことごとくこの規定に抵触していたのである。もちろんエミリーはハシド派ではないので、普段は構わないのだが、ここはハシド派の暮らすボロパーク地区なのである。そのため、レアは大き目の肩掛けやひざ掛けでエミリーの肌の露出度を下げようとする。

また殺害されたヤコブ・クラウスの葬儀シーンで、マンハッタンを背景にした墓地に多くのハシド派の人々が集まっている。彼らは身に着けた黒いスーツの襟を躊躇なく引き裂く。ダヴィデの星が墓苑ゲートに掲げられ、そこがユダヤ人墓地であることを示している。その後、クラウス家に弔問に行った際、エミリーは見慣れぬ光景に出会う。鏡には布が掛けられ、人々は靴を履いていない。不思議そうなエミリーにレアは説明する。服の生地を裂くのは外見を気にして見栄を張らないように、鏡に覆いをするのは喪中にあって虚栄心をなくすため、靴を履かないのは昔、革製品は富の象徴だったため、死んだら富も意味をなさないことを示すためなのだ、と。

これ以外にも、エミリーと同様に観客もハシド派の生活の内側をこの映画を通して色々と覗き見ることができる。

❏歴史的背景を知るキーワード

★ユダヤ教ハシド派

　ユダヤ教と一口に言ってもキリスト教や仏教などと同様、当然、その内部には様々な宗派がある。ハシド派は「ハシド」（敬虔な人）の言葉通り、その敬虔主義（ハシディズム）で知られるが、ユダヤ教の中でも戒律や伝統を最も重んじる厳格な宗派である。ウルトラ・オーソドックス、すなわち超正統派とも呼ばれ信仰面では同じユダヤ人同士の間でも特別視される存在である。現在でもイスラエル政府は、彼らハシド派の宗教的な特殊性を考慮し特権を与えている。すなわち全人口の約十パーセントを占めるハシド派に対し、男性は宗教研究に携われば就労せず政府からの補助金で生活ができるよう特別に認めている。

　レオ・ロステンによれば、このハシディズムの運動は、一八世紀に東ヨーロッパや中央ヨーロッパのユダヤ人社会から始まったという。そこでは、人間が行う日常生活の行為すべてが「聖なる行為」とされた。創始者は、ヘブライ語で「良き名の師」を意味するバール・シェム・トーヴの名で知られるイスラエル・ベン・エリエゼルである。彼は伝道師であると同時に詩人でもあり、「神の愛、トーラーの愛、人類愛」という三種類の愛を説いた。分かりやすい言葉で説かれたその教えに多くの人々は惹きつけられた。加えて、彼は信者たちに聖なる神に祈りを捧げながら、笑い、歌い、踊るよう説き素朴な信者たちの心を捉えていったと言う。映画の途中で、彼らが陽気に歌いながら踊り回るシーンが出てくるが、この映画はハシド派の人間的な面も映し出している。

また、ハシド派の人々は「あなた方の鬢の毛を切ってはならない。ひげの両端をそこなってはならない」という旧約聖書（「レビ記一九章二七節」）の教えを忠実に守り、ペイエスと呼ばれるモミアゲを伸ばしている。映画の中でも、エミリーがこのことに触れ「なぜ、（モミアゲを）伸ばしているの？」とアリエルに質問するシーンがある。さらに全身を黒い帽子や衣服で包んでいることから外見的にも印象的であり、集団時のその存在感は圧倒的で他に類を見ない。

このように、ハシド派社会は一般社会と対比された時、必然的に異質な宗教集団として浮かび上がる。そのため、ハシド派ユダヤ人はミステリアスな存在となり、アメリカ映画の中でしばしば利用されてきた。

❏作品内重要キーワード

★アウシュヴィッツ強制収容所

アリエルとレアはレベの息子と娘として出てくるが、二人とも実子ではなく養子であることがレアの口から語られ、レベの本当の妻子はアウシュヴィッツで死んだ事実が明かされる。このように、ユダヤ系の人物が出ている作品では、ホロコーストの被害者であったり、運命を左右されたりした人間である場合が数多く見られる。間接的ではあってもホロコーストの被害の大きさを感じることができるだろう。

★ダイヤモンド・ディストリクト

ボロパーク地区と並んでこの作品で描かれるもう一つの舞台ダイヤモンド・ディストリクトは、マンハッタンの四七丁目、別名ダイヤモンド・ジュエリー・ウェイの五番街と六番街の交差する付近、いわゆるミッドタウンに位置している。ハシド派ユダヤ人をよく見かける地区である。

❏おすすめ同系作品

ハシド派ユダヤ人が登場する映画を中心に紹介する。

『フリスコ・キッド』（一九七九）一八五〇年代のポーランドのある村からサンフランシスコに赴任することになったハシド派のラビを、ユダヤ系俳優ジーン・ワイルダーがコミカルに演じる西部劇風コメディ。

『しあわせ色のルビー』（一九九八）　ハシド派の厳しい戒律の中で生まれ育ったソニアだが、ハシド派女性として決められた生き方に違和感を禁じ得ない。貞淑な妻、賢明な母としての役割に反発し、ついにハシド派社会に別れを告げるというストーリー。

『バッド・トリップ』（二〇一〇）　敬虔で禁欲的というハシド派ユダヤ人のイメージを根底から覆す実話を基にした作品。ハシド派の青年が違法ドラッグの売人に転落するという九〇年代後半にニューヨークで起こった実際の事件をベースにしている。

『ジゴロ・イン・ニューヨーク』（二〇一三）　ウディ・アレン、リーヴ・シュレイバーと言ったハリウッドを代表する新旧のユダヤ系映画人が共演するコメディ的作品。人間味溢れるハシド派ユダヤ人が見られる。

『刑事ジョン・ブック／目撃者』（一九八五）　ペンシルベニア州にあるアーミッシュの村が舞台となっている「刑事もの」。アーミッシュは、キリスト教系の宗教集団であり、ハシド派同様、特殊な生活様式と規律の中で生きている。『刑事エデン／追跡者』という邦題の付け方は、ヒットしたこの映画の邦題をマネた可能性大。

（伊達雅彦）

『刑事エデン 追跡者』(1992)
（DVD 販売発売元 パイオニア LDC）

『遥かなる大地へ』（一九九二）

アイルランドからの移民をカリカチュラルに描いた秀作

アメリカ合衆国は移民の国だ。中でもアイルランドからの移民は多い。その事情は様々だ。経済破綻。政治不安。貧困。飢饉。移民は一様にしてその先にアメリカン・ドリームを夢見た。アメリカン・ドリーム。それは、アメリカで一旗あげることを意味した。ゴールド・ラッシュに一攫千金を期待したものもいた。土地を夢見たものもいた。一八九三年にはオクラホマで、ランド・ランと呼ばれる土地の占有権をかけたレースが、開催された。

このランド・ランをクライマックスに、アイルランドからの男女ふたりの移民を主人公に、漫画チック(カリカチュラル)に描いた実写版映画がある。『遥かなる大地へ』（一九九二）だ。

❏どうしても観たくなるストーリー解説・多少のネタバレ覚悟

一八九二年の西アイルランド。小作農らは何世代にもわたり、地主から搾取を受け、貧困にあえいでいた。主人公ジョセフも、そんな小作農一家に生まれた。

ある日、ジョセフの父親が地主と村人の間でおきた諍(いさか)いに巻き込まれ、死亡した。その葬儀に地主の手下らが現れ、滞納した地代を要求。更には、見せしめとして、家に火を放つ。ジョセフは地主に復讐を誓う。ライフル銃を片手に地主の屋敷に忍び込む。そこまでは良かったが、銃が暴発。大怪我を負う。地主の家で、治療をうけることになる。

地主には一人娘がいた。名はシャノン。婚約者よりもアメリカに憧れる、〝モダン〟な娘だった。シャノンは「アメリカに住みつく者に一六〇エーカーの土地を提供」とのチラシを信じ、密かに単独渡米を決めていた。そこに転がり込んだジョセフに、召使としての白羽の矢を立てる。数日後、ジョセフはシャノンとともにアメリカ行きの船に乗船した。後に地主とシャノンの婚約者も、アメリカに渡る。

ボストンについた途端、シャノンはアメリカの洗礼を受ける。シャノンは船で近づいてきた詐欺師に、全財産を盗まれ無一文になる。

ふたりは兄妹と偽り、地元のボス、マイク・ケリーから紹介された売春宿に身を落とす。ふたりは昼間はケリーの工場で働く。夜、ジョセフは賭けボクシングの人気者となり、シャノンはダンサーとして男たちの目をひく。いつしかひかれあうようになったふたり。だがケリーの後ろ盾をする市会議員が、シャノンに手を出す。それを見たジョセフは気が動転。市会議員を殴る。加えて賭けボクシングで敗退する。怒ったケリーにふたりは有り金を奪われ、宿からもたたき出される。

無一文となったジョセフとシャノンは、大邸宅に忍び込む。だが家主に見つかり、シャノンがライフルで撃たれる。地主の一家と婚約者がボストンに来ていることを知ったジョセフは、シャノンの治療一切を婚約者に託し、姿を消す。

数ヶ月後、ジョセフは土地をかけたレースがオクラホマで行われることを知り、オクラホマへ向かう。そしてレース前日に到着。レース参加手続きを無事済ませたジョセフは、シャノンとその両親、そして、婚約者もこのレースに参加することを知る。

レース当日、ジョセフは、ひとつの土地をめぐってシャノンの婚約者と争う。ふたりの間で気持ちが揺れるシャノン。最終的にシャノンが選んだのは、ジョセフだった……。

❏スタッフとキャスト情報

ジョセフを演ずるのは、トム・クルーズだ。ゴールデングローブ賞を三回受賞。『卒業白書』(一九八三)で注目を集め、『トップ・ガン』(一九八六)などの作品で人気を確立する。その後、『ミッション・インポシブル』(一九九六―)シリーズで主役を務める。

シャノンを演ずるのは、ニコール・キッドマン。ゴールデングローブ賞を六回受賞。トム・クルーズと二三歳(一九九〇年)で結婚。ふたりの関係は二〇〇一年まで続いた。トム・クルーズとは『アイズ ワイド シャット』(一九九九)でも共演。

ボストンのクラブのボス、ケリーを演ずるのはダブリン出身のコルム・ミーニイだ。アイルランドやアメリカの映画に数多く出演している。ケルト関係の映画では、ウェールズのパブ経営者で憎めない曲者を演じた『ウェールズの山』（一九九五）で知られる。

音楽はジョン・ウィリアムスが担当。アイルランド伝統歌をオーケストラにアレンジして、映画の中でアイルランドの雰囲気を強調している。

エンド・クレジットで流れるのは、それぞれエンヤとザ・チーフタンズの曲だ。エンヤはニューエイジ（現在のヒーリング・ミュージック）の代名詞的存在。出身はアイルランド北部ドネゴール県だ。このあたりは、アイルランド伝統音楽の宝庫だ。エンヤ自身も一時期、兄妹で組んだバンド、クラナドで伝統音楽を演奏した。しかし幼少期より西洋古典音楽を学んだエンヤは、西洋古典音楽の手法を用いながらも最新テクノロジーによる伝統音楽の演奏を追及。結果、伝統音楽の再現にこだわる兄弟のもとを離れる。そしてシンセサイザーを駆使し、自分の声を多重録音することで新しい音楽を生み出す。映画の主題歌「ブック・オブ・デイズ」もこの手法で制作された。映画で流れるのは、自身のアルバム『シェパード・ムーン』収録曲（歌はゲール語）を、一部英語で再録音したものだ。余談ながら映画での使用を受けて、現在流通しているアルバムには、映画版が収録されている。

ザ・チーフタンズは、アイルランド伝統音楽を奏でたら右に出る者はいない。セミ・プロだったが、七五年にイギリスの『メロディ・メーカー』誌で年間最優秀グループに輝いたのを機に、プロに転向。アイルランド伝統音楽を数多、現在によみがえらせている。

❏みどころ

映画のみどころは、ラストのランド・ランだろう。オクラホマ歴史協会が監修しているだけあって、見ごたえ充分だ。一万二千エーカーもの牧場をロケ地に使用し、八百人のエキストラと、九百頭の馬、ラバ、牛、二百台の馬車が一斉に走るシーンは圧巻だ。このシーンに九台ものカメラが使われた。

❏歴史的背景を知るキーワード

★バレン

アイルランドには「エメラルドの国」との異名がある。これはアイルランドの樹々や草花の緑を、象徴した呼称だ。だが、この呼称と対照的な場所がある。アイルランド西部だ。アイルランド西部の土地はやせ衰え、その多くは灰色の岩床で覆われる。大地には一本の樹どころか、草ですら生えない。その荒涼とした様はすさまじい。人はその光景を前に、殺伐とした感情に囚われる。アイルランド人を次々と殺戮したイングランド護国卿オリバー・クロムウェルですら、「(アイルランド人を処刑するのに) 吊るす木もなく、溺れさせる水もなく、埋める土もない」と驚愕させた荒涼とした大地が、そこにある。

映画の冒頭で何もない大地に、ぽつんと農家が佇む様子を、カメラが舐めるように映し出す。これがバレンだ。このような大地でも昔から人の営みがあった。その証に、バレンにはドルメンと呼ばれる古代遺跡が、現在でも残る。映画ではジョセフが父の葬儀を終えたのち、ドルメンに立ち寄る場面が一瞬、映し出される。

★出移民

アイルランドでは十八世紀以降、出移民が入移民の数を上回る。最もその数が多かったのは、大飢饉(一八四五—四九)の時だ。この僅か四年間に、八五〇万人ものアイルランド人が他国へと移民した。

移民先はイングランドとアメリカが多い。統計によれば一八二〇年から約一世紀の間に、四百五十万ものアイルランド人がアメリカに移民した。

アイルランド系移民がアメリカを選んだひとつの要因が、言葉だ。既にこのころ、長引くイングランドの圧制により、アイルランド人の多くは母国語を捨て、英語を喋っていた。英語が主流言語となっていたアメリカでは、これが有効に働いた。

★船

映画ではアメリカへと渡る船の甲板で、シャノンが紅茶を飲んで船旅を楽しむ場面がある。だが実際の移民船は、これ程快適ではなかった。

アイルランドからの移民の多くは、多額の船代を工面するのがやっと。何とか工面できても、与えられる船室は最低ランク。船底の三等船室だ。いわゆる大部屋だ。もちろん窓などない。甲板に出られる機会もほとんどない。与えられる食料も極僅かだ。ここに定員を超える人間が、詰め込まれる。船旅は、四週間から六週間に及ぶ。この間、船は荒波にもまれる。船室は船酔いによる吐しゃ物や、汚物の匂いで充満。拷問部屋さながらだ。このような劣悪な環境の下、アメリカの地を踏んだのはおよそ半数と言われる。半数は船で亡くなったのだ。

❑作品内重要キーワード

★「ここにいる連中を見ろ　皆おれの階級だ／君の階級を憎んでいる奴らだ……金持ちの新教徒だとばらすぞ」

ケリーの店でお嬢様らしく振舞うシャノンに対し、警告するジョセフのセリフだ。「おれの階級」とは労働者階級だ。一方、シャノンは地主の娘である。当時地主は貴族か、貴族と庶民の中間に位置するジェントリーだった。画面を見る限りでは、シャノンの家は後者のようである。さすれば階級はアッパー・ミドルだ。

さて場末のクラブでは、労働者階級が主流だ。またアイルランド系移民のたまり場ならば、カトリック信者ばかりだろう。彼らは、本国では支配階層の新教徒（プロテスタント）から虐げられ、移民先では既にアメリカ社会の中核を担うプロテスタント系イングランド人（通称ＷＡＳＰ）から差別を受けた。そのようなカトリック信者で労働者階級のたまり場に放り込まれたアッパー・ミドルのお嬢様は、まさに飛んで火にいる夏の虫。冷かしの対象だ。言い換えれば、これまで受けてきた屈辱への仕返しの対象である。

★ボクシング

ボクシングは一八世紀初頭にイギリスで生まれた。当初はルールも、体重によるクラス分けもなかった。現在のルールが制定されたのが、一八六七年だ。

アイルランド人は早くからこのスポーツを楽しんでいたようだ。一七七一―七六年までチャンピオンだったピーター・コルコランを筆頭に、数多くのチャンピオンを輩出している。アイルランド系移民第一及び第二世代が、アメリカにおけるボクシング確立の立役者と言われ、アイルランド系移民は賭け試合で人気の高い選手となっていた。

★ランド・ラン

ジョセフらが、映画の最後で参加するオクラホマのレースがこれだ。

オクラホマはアメリカ政府が、原住民のインディアンらに提供した土地だった。だがインディアンとの戦いが終息後の一八八九年、政府は白人のこの地への入植を許可する。そうして始まったのが、白人入植者らが土地を求めて争うランド・ランだ。記録では五回行われた。

映画で描かれるのは、一八九三年のランド・ランだ。四回目にして最大級のものだった。九月一六日の正午に六百万エーカーの土地を求めて、推定十万人が争った。

❏おすすめ同系作品

『タンブルウィード』（一九二五）　ウィリアム・S・ハート主演。無声西部劇。一八九三年のランド・ランが描かれる。『シマロン』（一九三一）に影響を与えたと言われる。

『シマロン』（一九六〇）　グレン・フォード主演版の西部劇。フロンティア精神にあふれた男の半生期。ランド・ランとその後が描かれる。原作はエドナ・ファーバーの同名小説。

（永田喜文）

『遙かなる大地へ』(1992)
(DVD 販売発売元 ユニバーサル・ピクチャーズ・ジャパン)

『愛と哀しみの旅路』（一九九〇）

異人種間ロマンスと日系移民史

映画には数々の物語ジャンルがあるが、いずれのジャンルにおいても、多かれ少なかれ、ロマンスの要素が介在する。本来的に「他人」である二人が恋に落ちるとき、往々にして露呈するのは互いの育ってきた環境の違いだ。ことに、多民族国家アメリカにおいては、異なるエスニック・グループに属する二人の恋愛は、民族・人種間の「差異」と「融合」を雄弁に物語る。日系アメリカ人女性と白人男性との異人種間ロマンスを通して、人種間の軋轢と戦前、戦中、戦後を生き抜いた日系人の過酷な経験をつまびらかにするのが、アラン・パーカー監督の『愛と哀しみの旅路』（一九九〇）だ。

❏どうしても観たくなるストーリー解説・多少のネタバレ覚悟

日系二世の母リリー（ユリコ・カワムラ）が第二次大戦中に経験した苦難を三世の娘に語り継ぐ、次世代への記憶の伝承がこの物語の大枠となっている。時は一九三六年、舞台は西海岸最大の日系人コミュニティを擁するロサンゼルスのリトル・トーキョー。この町の映画館の映写技師ジャック（アイルランド系白人）は、館のオーナーであるカワムラの娘リリーにひと目惚れする。次第に愛を深める二人は結婚を望むが、リリーの父親の許しを得ることができないまま、駆け落ちし、西海岸を北上してワシントン州のシアトルへ向かう。

歴史をひも解けば、この当時、ロサンゼルスがあるカリフォルニアでは、日系人と白人との異人種間結婚は州法によって禁止されていた。つまり、父親の反対があろうが、なかろうが、この二人が結ばれることはなかったことになる。ワシントン州はすでに異人種間結婚禁止法が撤廃されていたので、二人の逃避行は、カリフォルニア州からオレゴン州を越えてシアトルへ、という道程となったのだろう。当地は一九三〇年代に八五〇〇人の日系人が暮らす日本人街「ニホンマチ」を抱えていた。

二人は誰にも祝福されることなく結婚式を挙げ、ジャックが缶詰工場で職を得ることで、夫婦の生活がはじまる。娘ミニを授かり、順風満帆かに思えた結婚生活も、労働運動に明け暮れるジャックと、安寧な生活を望むリリーとのあいだの価値観をめぐる諍いが絶えない。

労働運動をきっかけに、警察に拘留されたジャックをシアトルに残して、リリーはミニとともに、ふるさとリトル・トーキョーへ帰ることになる。銀幕を観る観客は、リリーとジャックの不和に、きたる戦争の予兆を感じとることだろう。白人と日系人との異人種間ロマンスの展開が、大戦を目前とする不穏な世相とパラレルな関係にあるのが面白い。

ルーズベルト大統領が一九四二年に発令した大統領令九〇六六号によって、日系アメリカ人が強制収容されることになり、物語は大きく転じる。ジャックは徴兵され、リリーの家族はカリフォルニア州の砂漠地帯に急場しのぎで作られたマンザナー収容所に転居することを余儀なくされ、当地での不自由な生活がリアリスティックに描かれる。収容所での暮らしは、リリーの家族の絆をも壊してしまう。アメリカ合衆国に対する忠誠心テスト（忠誠登録）を経てカワムラ家の長男と次男は対照的な運命をたどることに。戦時下に大きく人生を変えられてしまったリリーとジャック、そしてカワムラ家の家族たちの行く末はいずこへ。

❏スタッフとキャスト情報

アメリカが抱える歴史上の負の遺産である日系人強制収容をテーマにした本作のメガホンをとったのは、アラン・パーカー監督。パーカーと言えば、ベトナム従軍体験から精神を病んだ青年を描いた『バーディー』（一九八五）や、ミシシッピ州で実際に起きた公民権運動活動家の殺害事件をもとにした『ミシシッピー・バーニング』（一九八八）などの作品で知られる社会派映画監督だ。ジャックを演じたデニス・クエイドは、米ソが宇宙開発競争に明け暮れた時代の宇宙飛行士の奮闘を描いた『ライトスタッフ』（一九八三）の好演で一躍知られるようになった。ヒロインであるリリー役は、沖縄の米軍基地生まれの日系アメリカ人、タムリン・トミタ。『ベスト・キッド2』（一九八六）で頭角を現し、『ジョイ・ラック・クラブ』（一九九三）、『ピクチャーブライド』（一九九四）等のアジア系映画で存在感を示す。

❏みどころ

リリーとジャックのロマンスの進展を追いながら、二人の愛に影響を及ぼす社会的／歴史的要因に注目することで、白人と日系人との恋愛譚がより大きな大戦下の日系アメリカ人史に接続される。インディペンデント系映画を含めれば、日系人収容体験を扱った映像作品は少なくない。とはいえ、メジャー映画の世界で、一貫してアメリカの負の遺産をテーマに映画製作を続けてきたパーカーが、この問題を映像化した意義は大きい。クライマックスと呼べるほどの大きな山場はないが、淡々と回想されるリリーの過去は、日系アメリカ人というエスニック・グループが経験した「哀しみの旅路」を現代に回帰させ、実際の歴史を再考するきっかけとなることは間違いない。ノスタルジックなメロドラマに過ぎない、と感じる向きもあろう。しかし、アメリカという国家が背負ったあまりにも重い負の歴史的事象を、ロマンスの体裁でエンターテイメント映画として成立させたアラン・パーカー監督の手腕を評価したい。

❏歴史的背景を知るキーワード

★マンザナー強制収容所

一九四二年にカリフォルニア州内陸部の砂漠地帯に設置された日系人収容所。一万人超の日系人が終戦までの三年間をここで過ごした。夏は高温、冬は寒冷な気候の中、簡素なバラックで暮らすことを余儀なくされた収容者の生活は過酷を極めた。

★忠誠登録

一九四三年から行われた、強制収容所内の日系アメリカ人に対する合衆国への忠誠心調査。アメリカに対する忠誠心があると判断された人々を、収容所から解放し、西海岸以外の土地へ移送し、労働力が必要な工場等で働かせる目的で実施された。背景には、収容所の経費が政府の財政を圧迫していたという事情があった。日米双方にアイデンティティをもつ人々にとっては、回答すること自体、困難を極めた。

★日系アメリカ人補償法

一九八八年、ロナルド・レーガン大統領は大戦中に合衆国政府が日系アメリカ人の権利を侵害したことを謝罪し、日系アメリカ人補償法に署名した。日系人の過去に注目が集まる中、公開されたのが本作であることに留意したい。

❏作品内重要キーワード

★ジャパンタウン（日本人街）

日本からアメリカに移住した人々が都市に形成したコミュニティをジャパンタウンという。ジャパンタウンはロサンゼルス、サンノゼ、サンフランシスコ、シアトルなどの西海岸に集中している。かつては、日系移民たちの居住地、経済活動の拠点として栄えたが、成功した人々が他の地域に移り住むようになり、居住者は減り続けている。本作品では、ロサンゼルスのリトル・トーキョーが主たる舞台となっている。

★歌謡曲

昭和の歌姫、関種子が歌う「雨に咲く花」（一九三五年発売、作詞・高橋掬太郎、作曲・池田不二男）は、この映画の雰囲気を決定づける要といえる。タイトル・クレジットは、この歌とともに現れ、物語中盤でも再びその歌声を聴くことになる。「およばぬことと諦めました／だけど恋しいあの人よ／ままになるならいま一度／ひと目だけでも逢いたいの」と別れた恋人を想う哀し気な歌声は、リリーとジャックの困難なロマンスのみならず、戦時下に日系人家族を襲った幾多の不幸と共振する。

❏おすすめ同系作品

本作同様に、日系アメリカ人を描いたアメリカ映画を紹介したい。

『二世部隊』（一九五一）　第二次大戦中に日系二世の青年たちを集めて作られた「二世部隊」の活躍を描いた戦争映画。日系人に対する差別と偏見が渦巻いた大戦中、戦地で勇敢に戦うことで、アメリカ人としてのアイデンティティを示そうとした青年たちがいた。本作は実際にヨーロッパ戦線で従軍した本物の二世兵士を出演させたことで話題を呼んだ。

『マンザナールよさらば』（一九七六）　一九七三年に出版されたジャンヌ・ワカツキ・ヒューストンとその夫であるジェームズによる収容所回想録を下敷きにしてＮＢＣによって制作されたテレビ映画。歴史的資料としての価値が認められ、全米日系人博物館によってＤＶＤ化された。

『ピクチャーブライド』（一九九五）　かつて、日系人男性が現地で結婚相手を見つけることが困難であったことから、日本にポートレイト写真を送って花嫁候補を見つけることが慣習化した。花嫁として渡米した女性は「写真花嫁」と呼ばれる。本作はハワイの農家に嫁いだ写真花嫁の結婚後の生活が描かれる。

『ヒマラヤ杉に降る雪』（一九九九）　デイヴィッド・グターソンのベストセラー小説『殺人容疑』

（一九九四）を映画化したもの。一九五四年、ワシントン州で起きた殺人事件をきっかけに、大戦によって引き裂かれた白人男性と日系人女性のロマンスがつまびらかにされる。

『アメリカンパスタイム　俺たちの星条旗』（二〇〇七）第二次大戦中のカリフォルニア州、トパーズ戦争移住センターを舞台とする作品。フェンスの中の不自由な生活の慰みに、日系人たちは野球をはじめる。中村雅俊とジュディ・オングの演技が光る。

（馬場　聡）

『愛と哀しみの旅路』(1990)
(DVD 販売発売元 20 世紀フォックス・ホーム・エンターテイメント・ジャパン)

『ミラーズ・クロッシング』（一九九〇）

アイルランド系マフィアを独自の作風で描いたコーエン兄弟の出世作

映画好きのあなた。この兄弟監督の名前を知らなければ、もぐりですぞ。コーエン兄弟。泣く児も嗤う、あのコーエン兄弟である。

コーエン兄弟の得意な作風は、喜劇だ。中でも、犯罪を扱った喜劇とする。その根底には『ファーゴ』（一九九六）などで見られる、犯罪者の異常心理ですらブラック・ユーモアとして描く静かな嗤いがある。

そのコーエン兄弟の出世作は、『ミラーズ・クロッシング』（一九九〇）。シリアスなギャング映画だ。舞台は禁酒法時代のアメリカ。町を支配するアイルランド系マフィアと、対立するイタリア系マフィアの間で、揺れ動くひとりのマフィアを描く。

ギャング映画特有の残虐性、抗争や〝ファミリー〟が、この映画のメインではない。絆を強調するギャング映画が多い中、むしろ主人公は旗色不鮮明だ。まるで風に吹きとばされる帽子のように、町の二大マフィアの間を転がる。その姿を通じて、アイルランド系アメリカ人特有の〝忠誠〟や友情、そして、裏切りを兄弟は描く。その描き方は独特で斬新。特に望遠レンズの「ぼかし」を多用したスタイリッシュな映像は、印象深い。そして本作は、それまでの陰影を駆使したフィルム・ノワール（暗い映画）に対し、「新しい暗い映画」を意味するネオ・ノワールと呼ばれた。

□どうしても観たくなるストーリー解説・多少のネタバレ覚悟

町一番の実力者レオは、アイルランド系マフィアのボス。禁酒法の時代に酒を提供するクラブを経営し、その気になれば町長の首も挿げ替える。その右腕トム・レーガンが、映画の主人公だ。トムは有能だが博打好き。最近はツキに見放され、負けがこむ。

そのふたりにイタリア系マフィアのボス、ジョニー・キャスパーがチンピラのバーニー殺しを依頼する。賭け試合でしたピンハネが許せないという。だがバーニーは、レオが熱を上げている高級娼婦ヴァーナの弟だ。レオは依頼を断る。面目をつぶされたキャスパーは、怒り心頭。報復を口走る。レオはヴァーナの身を案じ、手下のラグにヴァーナを密かに尾行させる。

トムはその夜、ヴァーナと一夜を共にする。翌朝、ラグが死体で発見された。レオは、ラグ殺しをキャスパーの仕業と結びつける。その報復としてキャスパーを襲撃。逆にキャスパーも、レオを手下に襲撃させるが、返り討ちにあう。

トムはレオの身を案じ、手を引くように忠告する。だがレオは耳を貸さない。それどころかヴァーナと結婚するつもりだと、トムに告白する。トムはレオをあきらめさせるために、ラグ殺しの犯人はヴァーナだと告げる。あの夜、トムとの浮気現場を見られたヴァーナが殺したのに違いない、と言う。浮気の事実に怒るレオ。レオはトムを殴り倒す。そして、ヴァーナを捨てた。

翌日、トムはキャスパーに手を結ぶことを提案。キャスパーは承諾する。そして忠誠の証として、バーニーを殺せと命じる。

バーニーはキャスパーの手のものによって攫われ、トムとともに森「バーニーズ・クロッシング」に車で連行される。手下らが車で待つ中、トムとバーニーだけが森の奥へと進む。拳銃を突きつけるトム。命乞いをするバーニー。トムは情にほだされ、バーニーを逃がす。だがバーニーは町から逃げなかった。町に身を潜めたのだ。

一方、キャスパーの右腕であるディーンは、誰もバーニーの死体を見ていないことに不審を抱く。そしてトムのことを疑い始める。

ディーンは手下ふたりとトムを連れ、首実検に森へとやってくる。死体が発見できなければ、トムを殺す算段だ。森の中を進む四人。現場が近づくにつれ、死への恐怖からトムは嘔吐する。その様を見て、ディーンの疑惑は確信に変わる。だが現場では、バーニーと思しき腐乱した死体（実はバーニーが殺したディーンの相棒だった）が四人を迎えた。この瞬間、トムの疑いは晴れた。一方トムはキャスパーに、この賭け試合のピンハネの裏で糸を引くのは、ディーンとその相棒だと嘘の進言をする。キャスパーは、ディーンを裏切者として処刑する。

更にトムは、キャスパーとバーニーが互いに殺しあうように画策。出会い頭にバーニーがキャスパーを殺す。トムはバーニーを殺し、キャスパーとバーニーの相打ちに見せかけ、現場を去る……。

❑スタッフとキャスト情報

監督、脚本、制作はコーエン兄弟だ。兄のジョエルは一九五四年生まれ。弟のイーサンは一九五七年生まれ。ともにアメリカはミネソタ州の出身だ。ジョエルはニューヨーク大学で映画製作を学ぶ。イーサンはブリストン大学を卒業。その後、一緒に脚本を書き、映画を製作するようになった。二〇世紀フォックスと契約した兄弟は、『赤ちゃん泥棒』（一九八七）でデビュー。ここで既に監督、脚本、制作を兄弟が手掛けている。本作『ミラーズ・クロッシング』は三作目だ。『バートン・フィンク』（一九九一）でカンヌ国際映画祭のパルム・ドール、監督賞、男優賞を受賞。『ファーゴ』（一九九六）ではアカデミー賞（脚本賞）に輝いている。その後もカルト的な人気を誇る『ビッグ・リボウスキ』（一九九八）をはじめ、『オー・ブラザー』（二〇〇〇）、『バーン・アフター・リーディング』（二〇〇八）などヒット作を多く手掛けている。

主人公トムを演じるのは、ガブリエル・バーン。アイルランドはダブリン出身だ。アーサー王伝説を描いた『エクスカリバー』（一九八一）で映画デビュー。

ヴァーナを演じたマーシャ・ゲイ・ハーデンはアメリカ出身。本作『ミラーズ・クロッシング』で、本格的な映画デビュー。その後、『ジョー・ブラックをよろしく』（一九九八）など数多くの映画、テレビ・ドラマ、舞台に出演。実力派として名高い。

キャスパーを演じたのは、ジョン・ポリトだ。アメリカはフィラデルフィア出身。コーエン兄弟の作品にはこの『ミラーズ・クロッシング』が初出演で、以後常連となる。

❑みどころ

映画の題名は、ロケ地の森『ミラーズ・クロッシング（ミラーの交差点）』に由来する。ここでのシーンは、どれもみどころだ。都合、四場面ある。

ひとつ目はタイトルコール。トムの夢のシーンだ。帽子が風で吹き飛ばされ、「交差点」という名の森の中を転がってゆく。トムはその様子を、ただ見ている。このシーンがこの映画の出発点となり、男たち（特にトム）の命運を象徴するシーンとなった。

次に使われるのは、バーニー処刑のシーンだ。処刑を命じられたトムだったが、結局、バーニーを逃がす。このシーンは、双方の運命が交差することで逆転する、運命の「交差点」だ。バーニーは生き延びる。一方でトムは、窮地に追い込まれる。

三つ目は、映画最大の山場で、バーニーの死体を探すシーンだ。もし死体が見つからなければ、トムはキャスパーを裏切ったこととなる。処刑は必至。逆ならば、嫌疑をかけたディーンの立場が危なくなる。結果は、映画でご覧の通り。トムとディーンの運命が交差する、運命の「交差点」である。

最後はバーニーの葬式だ。ここでレオとトムは決別する。そしてトムはその場に留まり、レオは森の中を去ってゆく。このシーンは「帽子の夢」に、象徴されているようだ。即ち、飛ばされてゆく帽子はレオだ。トムはあとを追わない。ふたりの別れが、冒頭の夢に暗示されている。

❑作品内重要キーワード

★コメディー的要素

映画のシリアスさを強調する一般評に対し、主演のガブリエル・バーンは、「完成版を見てコメディーの裏に潜む暗さに驚いた」と述べている。確かに本作には、滑稽な要素が多く含まれる。例えばキャスパーだ。ちょび髭に丸々と太った体躯、ダブルのスーツを着込んだところなど、イタリア系マフィアのステレオタイプだ。更におつむが足りない、とくれば、笑いは必至だ。ヴァーナを詰問したトムが、逆に殴り飛ばされるシーンは、漫画じみた面白さだ。また、かつらをつけたラグ（「ラグ」とはかつらの意味）の死について語られるたびに、かつらのありかが問われる。滑稽だ。これら全ては、静かな嗤いだ。シリアスな物語に静かな嗤いが遍在する。これがコーエン兄弟の映画の特徴だ。

★三つ揃いのスーツ

レオもトムも、三つ揃いのスーツを着込む。更にサスペンダーでズボンを吊っている。この着こなしは、まさにアイルランド人だ。スーツとアイルランドのつながりは深い。十八―十九世紀、アイルランド産のリネン（亜麻）はヨーロッパで最高級の品質と謳われ、三つ揃いのスーツの素材として親しまれた。

★「おれも紳士として――彼女に結婚を申し込むつもりだ」

レオの科白だ。ここに皮肉がある。紳士と言えば、階級制度下のイギリスではアッパーミドル以上の男性を指す。だがアイルランドはイングランドの植民地だった。従って、アイルランド人に紳士は存在しない。アイルランドで紳士といえば、イングランドより土地を治めるために派遣された地主だ。地主はアイルランド人労働者に土地を貸す。労働者には、高価な地代が課される。労働者は土地に縛りつけられ、高価な地代を払い続ける。結果、貧困に陥る。まさに負のループだ。紳士とは、その負のループを生み出す敵だ。そのループから抜け出すために、あるものは他国に移民した。

レオもしくはレオの家族も、そんな移民だったはずだ。確かにレオはアメリカで成功した。

しかし紳士とは、アイルランド人から搾取する敵だ。成功と引き換えに手に入れたのが、かつての敵の社会的地位(ステータス)だったとは何とも皮肉ではないか。

★音楽

音楽は、時に映像以上に想像を掻き立てる。特にある種の民族音楽は、民族性を象徴する。四度、七度を抜いた五音階(俗にいうヨナ抜き音階)のアイルランド民謡は、特に長けている。

レオが館で襲撃される場面がある。ここでかかるのは、「ダニー・ボーイ」だ。この曲は幼い兵士を偲ぶ「アメリカの」歌として知られる。実際にこの曲は一九一三年にニューヨークで出版された。しかしそのメロディの源泉は、現在の北アイルランドにある。このメロディの出自に関して最も古いのは、十六世紀の話だ。それによると、このメロディを妖精がハープで奏でていた。また一九世紀に盲目のフィドル弾きが奏でていたメロディを、ジェイン・ロスという女性が書きとったという説もある。いずれにせよ「ダニー・ボーイ」の原曲はアイルランドにある。そして、現在でも北アイルランド非公式国歌となっている(一九七二年の北アイルランド政府廃止までは公式国歌だった)。

もうひとつ印象的な曲がある。アイルランドの伝統歌「リメリックのための嘆き」だ。この曲はオーケストラに編曲され、テーマ曲として使用されている。

❏おすすめ同系作品

『ギャング・オブ・ニューヨーク』（二〇〇二）　レオナルド・ディカプリオ主演。ネイティヴ・アメリカンとアイリッシュ・マフィアの抗争を描く。詳細は七八頁以下を参照。

『デパーテッド』（二〇〇六）　韓国映画『インファナル・アフェア』（二〇〇二）のリメイク。舞台をボストン南部に移し、主人公をアイリッシュ・マフィアに置き換えている。

（永田喜文）

『ミラーズ・クロッシング』(1990)
(DVD 販売発売元 ウォルト・ディズニー・ジャパン)

『ドライビング・ミス・デイジー』（一九八九）

アフリカ系とユダヤ系アメリカ人の心温まる映画

アフリカ系アメリカ人、または黒人と聞けば、今もなお続く人種差別を連想する人が多いだろう。二〇二〇年五月に、ミネアポリスで白人警官に首を強く押さえつけられ、呼吸できない状態に追い込まれた黒人ジョージ・フロイドの死は記憶に新しい。彼の死によってブラック・ライヴズ・マター運動や暴動が全米各地で多数発生し、そのような混乱をテレビニュースで目撃した人も多いだろう。

アメリカの歴史を踏まえれば、人種差別がいまだアメリカに根強く残っているのは、残念ながら事実であろう。しかし、差別の対象は決して黒人だけではない。白人同士の間にも差別があり、ユダヤ系の人たちはその差別に長年苦しんできた。ナチス・ドイツによるホロコースト（ユダヤ人の大量虐殺）はその典型例である。

だが、アフリカ系とユダヤ系という人種的・民族的マイノリティを主軸に据えながらも、そのような典型的な人種差別とは全く異なる視点から描いた映画が存在する。それこそ、本節で紹介する『ドライビング・ミス・デイジー』（一九八九）である。ユダヤ系の老女とアフリカ系の高齢ドライバー男性の二人を主人公に据え、両者の交流を描いた本映画は、コメディとヒューマンドラマの両面を兼ね備え、大人気を博した。以下、本映画を紹介しよう。

❏どうしても観たくなるストーリー解説・多少のネタバレ覚悟

自宅から車を出庫させるときに事故を起こしてしまったユダヤ系の老女デイジー。母のことを心配した息子ブーリーは、たまたま会社のトラブルを解決した黒人ホークを、彼女のドライバーとして雇うことにする。当初はホークのことを嫌い、彼に窃盗の疑いまでかけるデイジーだが、墓参りの際、ホークが字を読めないことを知る。以前教師を務めていた自身の経験から、彼女は彼に字を教え、墓石の見つけ方を教える。その後、二人は徐々に互いを信頼しはじめる。

自身のミスを認めようとしない少し頑固なデイジーと、ユーモア溢れつつも、彼女をしっかりサポートするホークの生活は続いたが、ある日、デイジーに長く仕え、デイジーからの信頼もあつかった黒人の女性使用人アデラが急逝してしまう。家事の担い手を失ったデイジーは、一人で家事をこなさなければならないが、料理の腕も拙い。さらに、ある大雪の日に、自宅が停電してしまう。しかし、大雪にもかかわらず、ホークは彼女のもとに駆けつけ、温かいコーヒーを彼女に用意する。彼女はそのようなホークをさらに信頼するようになる。その信頼は、デイジーがキング牧師の夕食会にホークを誘ったことに見て取れるだろう。息子ブーリーは、ビジネス仲間との信頼関係を優先して食事会を欠席したが、デイジーはその食事会にホークを誘った。最終的にホークは出席しなかったが、彼女の誘いは、彼への信頼がなければ起こりえなかったことだろう。

ある朝、ホークがいつものようにデイジーのもとを訪れると、デイジーが「採点した答案を紛失した」とうろたえていた。むろん、彼女は現在教壇に立っておらず、彼女が認知症を患っているものと思われる。そのような状態のなかであっても彼女はホークのことを決して忘れず、「お前は一番の友達よ」とホークに語る。使用人としての立場から、友達という言葉に躊躇しつつも、最終的にホークは彼女の言葉を受け入れる。

時が経ち、デイジーは家を売り、養護施設に入所した。売約中の家でホークはブーリーと落ち合い、養護施設にいるデイジーのもとを訪れる。ホークも歳をとり、運転ができなくなった。しかし、デイジーの食事の介護をつとめる。誰からの介抱も受けようとしなかったデイジーが、最後にホークの介抱を許した感動的な場面で映画は終わりを迎える。

❏スタッフとキャスト情報

本映画の原作は、アルフレッド・ウーリーが執筆した同名の戯曲で、一九八七年に初演を迎え、同年にオビー賞、翌一九八八年にはピューリッツァー賞演劇部門を受賞している。ウーリーは本映画の脚本も担当している。本映画もアカデミー賞作品賞、主演女優賞、脚色賞、メイクアップ賞の四部門で受賞している。

監督はブルース・ベレスフォードで、デイジー役はジェシカ・タンディが務め、彼女は八十歳でアカデミー賞主演女優賞を受賞する。ホーク役はモーガン・フリーマンが務めている。フリーマンは、クリント・イーストウッド監督の映画『ミリオンダラー・ベイビー』（二〇〇四）でアカデミー賞助演男優賞を受賞している。加えて彼は、スティーヴン・スピルバーグ監督の作品『宇宙戦争』（二〇〇五）でナレーターも務めるなど、幅広い活動で有名である。

デイジーの息子、ブーリー役はダン・エイクロイドが務めている。エイクロイドは、近年、『ゴーストバスターズ』（一九八四、二〇一六）、『ゴーストバスターズ／アフターライフ』（二〇二一）に出演している。なお、二〇一六年版には、タクシー運転手役として出演している。

❏みどころ

★デイジーの嫌悪と偏見

頑固なデイジーは、当初ホークのことを嫌い、息子ブーリーに対し、ホークが鮭缶を一つ盗んだと語る。そのとき、彼女は「黒人はすぐに盗みをはたらく」と憤る。黒人「だから」犯罪を犯しやすいわけではないのに、そのように語る彼女の態度からは、アメリカに根強く残る人種差別とマイノリティに対する偏見が、人々の思考・態度にまで影響を及ぼしていることを物語るだろう。

★デイジーとホークの人間関係

本映画の中心テーマであり、醍醐味といっても過言ではないだろう。本作が二十五年にもわたる年月を描いたことにより、映画の進行とともにホークに対するデイジーの心象・態度の変化がより鮮明に浮かびあがる。冒頭ではホークを邪険に扱い、運転手すら不要という姿勢を崩さなかったデイジーが、最終場面でホークによる食事の介護を受け入れるようになったのは、ホークに対する彼女の信頼が確固たるものになったことを観客に印象付けるだろう。

❏歴史的背景を知るキーワード

★黒人の使用人

黒人に対する偏見は様々あり、「粗暴な犯罪者」や「奴隷という劣等人種」はその典型的な偏見イメージだが、「使用人」も、黒人差別を象徴するイメージの一つである。事実、本作の調理場面において、調理の多くを黒人が担っていることは、黒人が平等な扱いをうけられていないことを示すだろう。

★トイレ

親族の誕生日会に向かう長旅の道中、外でトイレを済ませたいとホークは語る。トイレ休憩で店に立ち寄ったにもかかわらず、黒人は店のトイレを使用することができなかったためである。一方、ユダヤ系アメリカ人であるデイジーは店内のトイレを使用することができた。同じ差別を受けながらも、ユダヤ系とアフリカ系（黒人）との間では、差別の様態が大きく異なることがうかがい知れる場面であろう。

★木に吊るされる

寺院が爆破された日、ホークが語った話によると、ある日、友人が木に吊るされ、ハエがたかっていたという。映画を通じてこの場面を描いたシーンはないが、ハエがたかっていたことから、木に吊るされていた黒人が亡くなっていたのは明らかだろう。多数の白人が一人の黒人をリンチした事件は歴史的にあり、殺害後、黒人の遺体を木に吊るすこともあった。描写のシーンこそないが、ホークの語りからも、人種差別の凄惨な歴史がうかがえる。

❏作品内重要キーワード

★ユダヤ人

本映画では、デイジーとブーリーが「ユダヤ人」であることに、時々言及されている。映画を通じて、黒人差別を思わせる場面は幾度となく描かれているが、ユダヤ人もまた、「金持ち」・「汚い」といった偏見と、そこからくる差別に苦しんでいる。「金持ちを気取っている」と知人に思われることを気にするデイジーの姿は、白人同士の間にも、差別が存在していることを暗示している。差別は黒人に対する人種差別だけではないことにも注意するべきであろう。

★キング牧師

キング牧師は、「私には夢がある」というスピーチであまりにも有名である。同スピーチのなかで、人種平等、共存の未来を訴えた牧師だが、不幸にも一九六八年に暗殺されてしまう。また、同時期に人種平等を訴えた人にマルコムXがいるが、急進的な主張を繰り返す彼は、しばしばキング牧師と対比されていた。なお、マルコムXも暗殺されている。両人物の暗殺から、人種差別のない社会がいかに達成困難なものかは容易に推測できるだろう。

★感謝祭

映画の終盤、養護施設に入所したデイジーのもとをブーリーとホークが訪れるとき、ブーリーが「感謝祭」に言及している。アメリカの感謝祭は毎年十一月の第四木曜日に行われ、家族で過ごすのが慣例となっている。どれだけ仕事が忙しくとも、感謝祭の折にブーリーが母のもとを訪れた場面からは、母のことをいつまでも思う息子の気持ちがうかがえるだろう。

❑おすすめ同系作品

『グリーンブック』（二〇一八）　アフリカ系アメリカ人のピアニストとイタリア系アメリカ人の

運転手兼護衛役を務める男とのインタラクションを描いたヒューマン映画。『ドライビング・ミス・デイジー』は黒人が運転手だが、本作は黒人が送迎される側となっている。

『ドリームプラン』（二〇二一）　別の節で紹介しているが、独自の計画で娘をプロテニスプレイヤーへと育てあげた家族をめぐる映画。アメリカを舞台にしつつも、スポーツや教育にお金がかかる点や、資金繰りに悩む家族の姿は、日本の家族をめぐる問題系にも通ずるものがあるだろう。

『ブラッド・ダイヤモンド』（二〇〇六）　舞台はアフリカにあるシエラ・レオネという国で、いわゆる紛争ダイヤを扱った映画である。我々にとって貴重で高価なダイヤモンドが紛争の原因となり、現地に住む多くの住民の安寧を損ねていることを痛感させられる映画である。グローバル化が進む現代に生きる者として考えなければならない問題を提示してくれるだろう。

（中山大輝）

『ドライビング・MISS・デイジー』(1989)
（DVD 販売発売元 KADOKAWA）

『ニューヨーク・ストーリー』（一九八九）

ユダヤ移民第三世代のエスニシティ

イタリア系移民のマーティン・スコセッシとフランシス・コッポラ、そしてユダヤ系のウディ・アレンの三人の巨匠がそれぞれ、ニューヨークを舞台にして描いたオムニバス映画がこの作品。企画の発案者はアレン。もともと参加予定だったスティーヴン・スピルバーグ（ユダヤ系）の代わりに、コッポラが加わった。

本作に収録された三篇のうち、エスニシティの観点から、ぜひ観てほしいのはアレンだ。よって、ここではアレンの作品に絞って取り上げる。

❏どうしても観たくなるストーリー解説・多少のネタバレ覚悟

第三話　ウディ・アレン監督「エディプス・コンプレックス」

ニューヨークのエリート弁護士でユダヤ人の中年男シェルドン・ミルズは、もう五十歳にもなるのに、いつまでも子ども扱いして口うるさい母親のセイディに悩まされている。今では定期的に精神科に通うほどだ。彼女はリサとの再婚に対しても、「三人の子持ちの金髪女」はダメだと、口を出してくる始末。母親が消えてくれたらと願う彼は、とうとう彼女が死んだ夢まで見るが、それでも棺桶の中からガミガミ言ってくるに及んで、夢の中であっても、彼の願望は叶いそうにない。

そんなある日、リサやその子どもたちと一緒に見に行ったショーで（ここでもまた、ショーは嫌いだとか、あれは手品ではないとか、セイディは色々と言うのだが）、消えるマジックにたまたま指名されて参加することになった彼女は、箱に入れられ、二振りの剣で四方八方から刺されることに。思わぬところで、シェルドンの抑圧していた復讐心をマジシャンが代わりに晴らしてくれたことで、彼の顔からは思わず笑みがこぼれる。

だがそれも束の間。彼女はそのマジックで、なんと、すっかり本当に姿を消してしまう。マジシャンも呆然の事態に、シェルドンはいてもたってもいられず、あちこち探し回るが見当たらない。そこでふと、彼は自分が段々と解放感で満たされ始めていることに気づく。自分の悩みの種が都合良く「消える」という、願ってもない出来事が起きたのだ。だがその矢先、母親がついに、それも、ニューヨークの空に巨大化して出現した。今やニューヨークの人気者となった彼女は、いつでもどこでもシェルドンのことを空から窺って、住民に話してしまうので、彼のことが何から何までニューヨーク中に知れ渡ることになる。

❏スタッフとキャスト情報

監督・脚本・主演のアレンは、一九三五年のニューヨーク、ブルックリン生まれのマンハッタン（アッパー・イースト・サイド）在住で、オーストリアとロシアからのユダヤ移民三世。東欧系ユダヤ人の多くは一八八〇年代から一九一〇年代頃に渡米し、ロウアー・イースト・サイドのスラム地区に居住後、ブルックリンやブロンクスなどへ移り住んでいったが、アレンもその子孫だ。アメリカ化したユダヤ系アメリカ人にとって、ブルックリンは心のふるさとのひとつである。彼が少年時代を過ごしたその風景は、非常に少ないが『アニー・ホール』（一九七七）や『ラジオ・デイズ』（一九八七）、『女と男の観覧車』（二〇一七）などに登場する。

彼の作品のほとんどがマンハッタンを舞台にしていて、かなり誇張や脚色がされてはいるが、アレンの自叙伝であると言って良い。彼は自ら、自画像としての神経質なユダヤ人インテリを自嘲気味に演じてみせる。

彼の映画はアカデミー賞に史上最多の二十四回ノミネートされている（大体、一年に一作のペースで作品を発表し続けている多作な監督である）ものの、『アニー・ホール』で作品・監督・脚本賞を受賞した際も授賞式に欠席するなど、ハリウッドや賞に興味を示さないことで有名。興行収入やランク付けばかりが作品の評価と次回作の資金繰りを左右する商業映画の世界からは距離を置き、自分が撮りたいものをひたすら楽しみながら追求している。それが、途切れることのないアイデアと、これだけの多作につながっているのだろう。

そんな彼が唯一、アカデミー賞の授賞式に出席したことがある。だがそれも、自身の受賞のためではなかった。九・一一アメリカ同時多発テロの翌年、二〇〇二年の授賞式において、追悼特別企画としてニューヨークを舞台にした新作の紹介を依頼されたからである。彼のニューヨークへの熱い思いが伝わってくる一幕だった。

ヒロイン役のミア・ファローは、八〇〜九〇年代のアレン映画の常連であり、この頃私生活でも彼と交際関係にあった。六〇〜七〇年代には、当時彼と結婚していたルイーズ・ラサーや、交際していたダイアン・キートンが、映画のヒロイン役を務めている。二度目の結婚だったルイーズ以降、アレンが生活を共にする女性たちは皆、非ユダヤ系。九七年にはファローの養女だったアジア系のスン＝イーと三度目の結婚。こうした非ユダヤ系の女性たちとの出会いや実生活での関係が、アレンの創造力や創作意欲をかき立ててきたと言えそうだ。

また、彼がマンハッタン出身のルイーズとの結婚で、ブルックリンのユダヤ人コミュニティを飛び出したことを考えると、彼女たちはユダヤ教の伝統や慣習から逃れる契機を与えてくれる存在だったのかもしれない。ユダヤ教における結婚では、相手がユダヤ人であるだけでなく、宗派や信仰心の篤さまでが重要事項となるが、そうした厳格で正統的・伝統的な社会や家庭に育ったアレンにとって、その価値観に囚われない非ユダヤ系の女性たちの存在は、生き生きとして魅力的なものだったのだろう。

❏みどころ

男児のエディプス・コンプレックスとは、幼児期に母親を自分のものにしたいという欲求から父親に敵対心を抱くことを言う。父親からの報復の恐怖によってこの願望は克服され、男児の性的関心は別の異性へと向かうようになるのだが、本作では父親の姿はなく、シェルドンはいつまでも母親のもとから独り立ちできていない。

この短編はユダヤ人の母子の絆の強さのカリカチュアであると同時に、現代において大人になれない男の話でもある。その点では、スピルバーグ作品におけるピーターパン症候群的テーマと、描き方は違うが通じるものがある。シェルドンは、母親が巨大化する前から彼女しか見えていないが、巨大化して以降は、まるで母親のお腹の中にいるかのようである。

❏歴史的背景を知るキーワード

★ユダヤ移民の笑いとユーモア

ユダヤ人のユーモア精神と批判精神の入り交じってひねりの効いた笑いは、ユダヤの宗教的・社会的・文化的厳格さに加え、反ユダヤ主義やナチス・ドイツのホロコーストなど、彼らが歴史的に長く迫害されてきたことと関係が深い。自虐的かつアイロニカルなアレンの笑いも、喜劇と悲劇が渾然一体となったユダヤ系の伝統的なユーモアが随所に見られる。

彼の笑いは内輪だけのジョーク（イン・ジョーク）だと言われるが、『愛人（ラマン）』（一九八四）で有名なフランスの小説家マルグリット・デュラスは、彼について興味深いことを言っている。アレンの射程は北アメリカのニューヨーク、それもマンハッタンというローカルなものであるのに対して、チャールズ・チャップリンはユダヤ＝ヨーロッパの大陸を引きずっている点で、どこまでも異邦人だというのだ。アレンの軽快で洗練されたジョークを、チャップリンやバスター・キートンの喜劇パターンを現代でも通じるものに発展させたと肯定的に取るか、デュラスの言うように、あくまでも限定的かつ閉鎖的なものに過ぎないと批判的に見るかで、評価が分かれそうだ。

★弁護士

東欧系ユダヤ移民の第一世代は貧しい労働者が多かったが、第二、三世代では医者や弁護士、会計士等の専門職に就く者が多く、移民のなかでも劇的な社会的地位の向上を果たし、知識人層を形成した。服飾産業や映画などの娯楽産業への進出も著しい。映画会社大手を作ったのも彼らであり、著名な映画監督や俳優でも多くのユダヤ人が活躍している。アレン自身がまさに監督兼俳優であり、彼が本作で演じているのが弁護士である。

★ジューイッシュ・マザー

移民にとっては家族こそが、自分たちが逃れてきた世界を新たな土地で再現するための最小単位である。なかでもユダヤ人家庭においては、母親と息子との結びつきが強い。本作でもシェルドンの母親は、叔母を連れて彼の職場に押しかけたり、ワスプ（「白人」アングロサクソン系プロテスタント）の女性と結婚しようとする息子に反対したりと、なかなか子離れできない。ジューイッシュ・マザー（ユダヤ人の母親）の過保護ぶりは、日本における教育ママに近いものがある。

★霊能者（霊媒師）

ニューヨークを舞台とした本作には、霊媒師のトレバが登場する。『ゴースト　ニューヨークの幻』（一九九〇）でも死者の声が聞こえる霊媒師が登場するように、ニューヨークとスピリチュアルなものとの関係は深い。というのも、アメリカにおける心霊主義の発端は、一八四八年にニューヨーク州のハイズヴィルで、フォックス姉妹がラップ音を介して霊と交信したというハイズヴィル事件にあるからだ。これは後に嘘であったことが判明するが、ロチェスター・ラッピングと呼ばれるこの心霊現象をきっかけに、降霊会なるものが各地で大流行することになった。

アレンの『マジック・イン・ムーンライト』（二〇一四）は、一九二〇年代の欧米におけるマジックやスピリチュアリズムの興隆を背景に、米国人女性霊媒師による降霊会を描いている。また、彼の作品にはマジックや超常現象も頻出する。彼が子どもの頃からマジック好きだったこともあるだろう。加えて、スピリチュアリズムは異端のための宗教とも言われる。ユダヤ教的な世界の外への憧れが、こうしたものへの強い関心に表れているのかもしれない。

本作にはマジックや呪術に加えて、母親が空に出現する。「科学と理性を信じる知的な人間」を自称するシェルドンの目の前で起こることによって、笑いを誘う。

❏作品内重要キーワード

★彼は嫌いなの。「ユダヤ趣味」だって

シェルドンとリサが彼の母親のセイディの家に行った際に、家を褒めたリサに対して彼女が言った一言。シェルドンが本当に母親の家を「ユダヤ趣味」だと嫌っているかどうかは定かではないが、彼が極力ユダヤ的なものから距離を取ろうとしていることは間違いない。

★「ミルズ」の本名は「ミルスタイン」／「ミルズ」に変えたのよ

セイディが言うように、シェルドンは姓を「ミルスタイン」から「ミルズ」に変更している。実際に移民の家庭では、社会にいち早く同化したい息子の世代は、異国風の名前を英語風に変える例が多い。「スタイン／シュタイン」とはユダヤ人に多く見られる名字だから、彼は改姓することで、自らのユダヤ性を遠ざけようとしたのだろう。でも結局は、精神科医が思わず彼のことを「ミルスタイン」と呼んでしまうというオチまで用意されている。

★市民権と自由

空に浮かんだシェルドンの母親に対して、彼女の市民権と自由を守らないといけないという話になる辺りは、多様性を許容するニューヨークの柔軟性が誇張して描かれていて、思わずクスッと笑ってしまう。

★ユダヤの神よ、お許しを

精神科医がシェルドンに紹介した霊媒師のトレバが、空を漂っているセイディの問題を解決しようと、セイディの家の中に豚の骨粉をばらまく。それを見たシェルドンの一言。ユダヤ教では豚は不浄とされ、食べてはいけないとされている。

❑おすすめ同系作品

『アニー・ホール』（一九七七）　アレンの代表作。当時交際していた女優ダイアン・キートンとの生活と別れを題材に、アレンとダイアン本人が演じている。マンハッタンで生活する「アメリカ人」アルビー・シンガー（アレン）の背後には、ブルックリンという場所に象徴される自らのユダヤ性がちらつく。

『カメレオンマン』（一九八四）　周りの環境に合わせて「白人」や「黒人」、中国人、ギャング、ナチ党員にと、何者にでも擬態するユダヤ人ゼリグ（アレン）を通して、彼のカメレオン性を戯画化して描く。それは、自らのエスニシティを捨ててアメリカ文化に適応・同化するユダヤ移民の姿である。また、ナチス・ドイツなど、政治的指導者に盲従して自らを同化する大衆の危険性までをも描いている点で、『チャップリンの独裁者』のアレン版と言えるかもしれない。アレンの社会批評・諷刺の真骨頂。

『チャップリンの独裁者』（一九四〇）　チャールズ・チャップリンが、ユダヤ人の床屋と独裁者ヒンケルを一人二役で演じている。迫害を受けるユダヤ人の立場からヒトラーとファシズムを諷刺・批判しているようで、両者の類似性から二人は入れ替わり、その対立関係は消滅していく。抑圧する側とされる側、資本家と労働者、マジョリティとマイノリティ、悲劇と喜劇の境界が曖昧になり、ちょっとしたことでそのどちらにも転びうる危うさがあるところに、あるいはその両方の側面があるところに、彼はユダヤ＝ヨーロッパの問題を見ていたのだろう。

『未知との遭遇』（一九七七）　目撃した空飛ぶ円盤に魅入られた電気技師ロイ・ニアリーは、妻子を捨てて、神に十戒を授かるモーセよろしく山へ向かう。本作におけるＵＦＯは精神的な存在であるようだ。宇宙人の存在を信じた者だけが選ばれるというのは、宗教の信仰を思わせるからだ。でもそれが神ではなくUFOであるところが面白い。スピルバーグ監督のように、「ユダヤ人」というより「アメリカ人」になっている移民三世にとって、ユダヤ教的伝統や慣習は遠い存在となっている。それでも完全に無縁でいることはできず、自らをユダヤ人とアメリカ人のどちらにも帰属できない異邦人（エイリアン）であると見なしているがために、宇宙人（エイリアン）に引き寄せられるのかもしれない。

宇宙人の母船は巨大な乳房のようだ。アレンは空に出現した母親に追いかけられていたが、スピルバーグは空に出現した母なる存在を追いかけているところが、対照的で興味深い。

『X－MEN』シリーズ（二〇〇〇～二〇〇六、二〇一一～二〇一九）マーベル・コミック実写化作品。原作者のスタン・リーも、同シリーズ映画版の多くの作品で監督・脚本・制作を手がけたブライアン・シンガーもユダヤ系。突然変異によって突出した能力を身に付けたミュータントが人間に迫害される姿には、ユダヤ人の境遇が重なる。また、彼らが自らのアイデンティティを隠して、人間に同化しようとする姿も描かれる。

（吉津京平）

『ニューヨーク・ストーリー』(1989)
(DVD 販売発売元 ブエナ・ビスタ・ホーム・エンターテイメント)

『ドゥ・ザ・ライト・シング』（一九八九）

「人種」とは何か、「尊厳」とは何かを問いかける黒人映画の代表作

スパイク・リーが脚本・監督・主演のすべてを手掛ける同監督四作目の作品で、原題は*Do The Right Thing*。舞台はさまざまな人種が暮らすブルックリンの黒人地区。黒人に加え、ヒスパニック、韓国人、イタリア系と、さらに巡回の警官などの白人が交錯する街だ。主人公はイタリア系親子が経営するピザ屋の配達でその日暮らしする黒人ムーキー。物語は彼の周囲で起きる人種摩擦や対立の日常をリアルに綴りながら、「正しい行い」(Right Thing) とは何かを語りかける。

❑どうしても観たくなるストーリー解説・多少のネタバレ覚悟

ローカルFMラジオDJ・ラブ・ダディのモーニング・コールでブルックリンの蒸し暑い夏の朝が始まる。知的障害のある黒人男性スマイリーが暗殺されたマルコムXとキング牧師の写真を手に持ち、これからもなお人種差別と闘っていかねばならないと激しい吃音口調で説く。主人公のムーキーは妹を起こしたのち、イタリア系のサル親子の営むピザ屋の配達の仕事に出かける。店に着くなり、ピノがムーキーの遅刻をとがめ、働かないとぼやく。一ドルで表の掃除を引き受

ける黒人老人メイヤー（＝市長）を見下すピノ。黒人を見下すイタリア系の傾向が垣間見える瞬間だ。

　一方、メイヤーがサルにもらった一ドルでビールを買いに行ったドラッグストアは韓国人の経営。お気に入りの銘柄が売り切れていることに文句を言うメイヤーの中国と韓国を一緒くたにする態度もまた、黒人のアジア系への差別を浮き彫りにする。飲んだくれのメイヤーに冷たいマダムシスター。「誰にも迷惑をかけてない」と正論をぶつメイヤーを、街を見渡す窓辺にすわってやや意気消沈気味に見送る。

　場面変わって、今度はヒスパニック系のティナと母親がティナの子どもの世話をめぐって大げんかをしている。ティナの夫、じつは主人公のムーキー。母親と夫への罵詈雑言を吐くティナ。ブルックリンの人種混交はさらに広がっていく。

　相変わらずサルのピザ屋は喧騒が絶えない。常連客でムーキーの友人バギン・アウトが壁の写真をイタリア系だけでなく黒人も入れろと要求する。店の売り上げの多くは黒人によるものだからだ、と。サルがバットを持ち出し一触即発となるも、ムーキーがいさめて友人を外へと連れ出す。その後、配達へと向かうムーキーに、メイヤーが声をかける。「いつも必ず正しいことをしろ」。本映画のタイトルだ。

　路上では黒人ゲットーブラスターのレディオ・ラヒームとヒスパニックの若者たちがそれぞれ

の音楽をめぐって言い争う。一方で、パトカーで通りすがる白人警官の口元に「クズども」という言葉を読む壮年黒人の三人組。すかさず、その一人が繁盛した向かいの店の韓国人夫婦の悪口を言う。黒人への人種差別を理由にするもう一人。もう聞き飽きたとさらに残りの一人。そんな横で、相変わらず飲んだくれのメイヤーをなじる若者たち。差別され稼ぎもろくになかった過去を語るも、完膚なきまでに若者たちになじられ揶揄されるメイヤー。すべてを人種差別のせいにするメイヤーへの怒りを彼らは隠そうとはしない。

同じく、諍いの絶えないピノにムーキーが好きなバスケット選手や映画俳優は誰かと尋ねる。マジック・ジョンソンとエディー・マーフィーだと答えるピノ。ムーキーは、二人とも君の嫌う黒人じゃないかと詰め寄る。そして最後は、カメラ目線で互いの人種をののしりあう。それに続いて、ヒスパニックの男性が韓国人の悪口を言い、白人の警官がヒスパニックをののしり、韓国人がユダヤ系に罵詈雑言を吐く。すると突然、「そこまで!」とのDJ・ラブ・ダディの怒りの声が響く。「みんな、頭を冷やせ!」と。そんなDJ・ラブ・ダディが延々と読み上げる名だたる黒人アーティストの面々、その数七〇余。「あなたたちのおかげで私たちは日々の苦しみに耐えている」と。

しかし、ピノは黒人街でピザ屋を営むことを快く思っていない。サルはここで長年やってきたことを誇りに思うと言う。そんな話し合いのさなか、バギン・アウトが壁に黒人の写真を貼らないサルのピザ屋をボイコットすると言い出す。詰めかけたレディオ・ラヒームのラジオをサルがバットでぶっ壊したのをきっかけに黒人たちとの大乱闘が始まる。駆け付けた警察はレディオ・ラヒームを窒息死させてしまう。耐えきれなくなったムーキーは、ついにサルの店のガラスを割って暴動を扇動する。店を燃やされ呆然とするサル親子。駆け付けた消防隊の放水が途中から黒人たちに向けられる。公民権運動時代のアラバマのバーミングハム暴動と重なる場面だ。その光景に狂ったように「ノー」と叫び続けるマダムシスター、抱きしめるメイヤー。燃え落ちたサルの店に入り込んだスマイリーが壁にキング牧師とマルコムXの写真を貼る場面に複雑な思いが走る。

廃墟になった店の前に座るサルのもとに向かったムーキーは一週間分の給料を迫る。そして、これが現実だとサルに言い残し、だらしないと悪態をつく妻ティナと幼い息子の元へと帰っていく。街は平常に戻るが、もうそこにはサル親子の姿はない。結果として、黒人外にイタリア系はいなくなったのである。そして、意味深長なDJ・ラブ・ダディの言葉。「暑さはまだ続く見込み。なので、今日のキャッシュ当選のための合言葉は〈涼しさ（chill）〉」として、警官に殺されたレディオ・ラヒームへの追悼曲をかけるところで終幕となる。

そして、エンドロール。「人種差別に暴力でたたかうのは愚かなことである」というキング牧師の言葉に始まり、「〈目には目を〉の思想はすべての人を盲人へと導く」と続く。その一方で、「私は暴力を擁護する者ではないが、自己防衛の暴力を否定する者でもない」というマルコムX

名の黒人の家族にこの映画を捧げるという言葉で締めくくられる。

の言葉がさらに続き、二人がにこやかに笑いあう写真。最後は、警察に「無意味に」殺された六

❑スタッフとキャスト情報

ここでは、この映画の監督で主人公ムーキーを演じるスパイク・リーについてのみ取り上げることとする。常にアフリカ系アメリカ人がアメリカ社会で直面する人種差別や偏見を真正面から取り上げ、例えばスピルバーグ監督による『アミスタッド』（一九九七）を批判するなど、あくまで黒人の視点で人種問題をとらえることを強力なモットーとしていることでも知られる。

しかし、このことは時に誤解や過ちにつながることも少なくなく、なかでも有名なのは二〇〇六年に公開されたクリント・イーストウッドの映画『父親たちの星条旗』について、黒人俳優が出演していない事を理由にイーストウッドを人種差別主義者と決め付けて激しく言い争った一件だろう。のちに和解し、後悔したとも語るリーのこのような一連の言動や行動は、つまるところアメリカ社会における黒人が置かれてきた立場を代弁するあまりの反動形成ととらえて然るべきではないだろうか。

二〇二一年にはカンヌ映画祭の審査委員長を務め、ニューヨーク大学映画学科の教授として映画製作を指導しているスパイク・リー。一九八三年以来三十五本もの映画を精力的に公開し、本

作品含め四つの作品がアメリカ議会図書館においてアメリカ国立フィルム登録簿に永久登録されるという実力の持ち主でもあるリーへの、黒人映画けん引者としての期待は大きい。

❏みどころ

この映画はほぼ全編見どころだらけで、息つく暇がない。まずは、オープニングを飾るラジオDJ・ラブ・ダディ。のっけなので見逃しそうだが、いまやデンゼルと並んで黒人俳優の顔といってもいいほど有名になったサミュエル・L・ジャクソンが演じている。その役割はまさにこの映画そのもののMCといった具合だ。DJの歯切れのいい口調がアメリカの人種問題をズバズバと切り裂く。

次は、知的障害のある黒人男性スマイリーの存在。主人公のムーキーは時につれなく、時にやさしく、スマイリーを見守る。頻繁に登場する彼の姿は、対健常者という意味で人種対立とはねじれの位置にある社会的弱者の存在を示している。他の黒人系映画にはあまり類を見ないからこそ、思いのほか大きな意味を持っているのかも知れない。

そしてメインは、やはりブルックリンの人種混交さである。アメリカが人種混交社会だということはわかっていても、多くの場所ではほとんど住み分けが徹底されている。そんななかでブルックリンは、リー監督自身が「共和国」と呼ぶくらい様々な人種がひしめき合って暮らしている。

人種ごとにカメラ目線で他の人種をののしる場面は圧巻だ。重要なのは、彼らが罵詈雑言を浴びせかけているのはまさに画面を見ている視聴者、つまりわれわれだということである。その瞬間、われわれはすべての人種になり、また差別される者になるのだから。

仕事もせず酒浸りの日々を送る自称「市長（メイヤー）」をなじる黒人の若者の存在も見逃せない。すべて人種差別のせいにするな、と。彼らの目にメイヤーはただの負け犬としか映らない。ここにもリー監督の思いが透けて見える。

次にあげるのは黒人音楽好きにはたまらないくだりであろう。DJ・ラブ・ダディが、ブギー・ダウン・プロダクションからメリー・ルー・ウィリアムズまで、七十余名もの黒人アーティストの面々を読み上げる。そして、こう締める。「あなたたちのおかげで少しだけ希望の持てる日々が送れている」。

最後に、ラジオを壊されて暴れだすゲットーブラスターのレディオ・ラヒームを白人警官が窒息死させる場面は戦慄以外のなにものでもない。一九八九年の映画が二〇二〇年のジョージ・フロイド事件とデジャブする瞬間だ。それはこれらが偶然の二つの点ではなく、脈々と続く必然の線の一部に過ぎないことを物語っている。そして、忍耐を説いたキング牧師と怒りを隠さなかったマルコムXに象徴される黒人たちの複雑な思いを代弁するエンドロールへと視聴者を追い込んでいくのである。

❏歴史的背景を知るキーワード

作中で重要なキーワードはこれだ。

★イタリア系移民

最古の歴史は十五世紀にまでさかのぼるが、多くは一八八〇年代からの移民である。イタリア統一が達成された後、旧シチリア王国のイタリア南部や他の島などの住民は冷遇され、困窮したナポリ地方やカラブリア半島、シチリア島の人びとは北米へと入っていった。多くは東海岸北西部に定住し、ヨーロッパ系白人でありながらも差別を受けつつ、特にニューヨークのマンハッタンのリトル・イタリーはじめ、ブルックリンやクイーンズ、ブロンクスにイタリア人街を発展させていった。そのような歴史的経緯から黒人と類する立場で扱われることも少なくなく、リー監督自身も一九九一年の『ジャングル・フィーバー』では両人種間の恋愛を取り上げている。

★クンタ・キンテ

アレックス・ヘイリー作『ルーツ』（一九七六）の主人公で、ヘイリー自身のアフリカ生まれの先祖。同小説は翌年にテレビドラマ化され、アメリカでの平均視聴率約四五％、日本でも二三

%超を記録した。クンタ・キンテはもとより、ルーツという言葉もまた日本で流行語となった。

★白人警官による黒人窒息死事件

これまでも数えきれないほどの警官暴行による黒人の死亡事件が起きているなかで、二〇二〇年のジョージ・フロイド事件に先立って知られているのが二〇一四年のエリック・ガーナー窒息死事件である。警察官が逮捕にあたって絞め技を使用したために被逮捕者エリック・ガーナーが死亡。検死官は絞め技が死因であると指摘し、当初は固め技を主張していたニューヨーク市警も最終的には絞め技として認めた。当該警察官は刑事訴追を免れたが、のちに解雇処分を受け、遺族の民事訴訟で賠償金五九〇万ドルでの示談が成立した。

❏作品内重要キーワード

★キング牧師とマルコムX、そしてケネディ

各人の詳細は割愛して、ここでは二人の関係について述べることにする。ガンジーの教えである非暴力抵抗主義を貫いたキング牧師と、むしろ暴力を厭わなかったマルコムは、ともにアメリカの南と北を統括する黒人運動指導者としてカリスマ的存在であった。相容れない主義主張の両者だったが、転機はマルコムの一九六四年のメッカ巡礼。この時を境にマルコムはキングの思想へと歩み寄ろうとする。両者が手を取り合ってアメリカの黒人問題がさらに進展する

かと思われたその矢先、一九六五年にマルコム、一九六八年にキングが相次いで暗殺される。ちなみに黒人問題解決に理解を示していたケネディの暗殺は一九六三年。これら一連の暗殺事件が意味するところは何か。一考の余地はあるだろう。

❏おすすめ同系作品

『デトロイト』（二〇一七）　一九六七年にデトロイトで起きた暴動とそれに伴い発生したアルジェ・モーテル事件を題材に、製作された作品。五十年以上前の事件でありながら、警官による無実の黒人を射殺という、現代の問題にも繋がるもの。

『フルートベル駅で』（二〇一三）　二〇〇九年に実際に起きたオスカー・グラント三世がカリフォルニアで射殺された事件をもとに、彼の最後の一日を映画化されたものである。『デトロイト』同様に、警官による黒人の射殺事件を扱った作品である。

（山本　伸）

『ドゥ・ザ・ライト・シング』(1989)
(DVD 販売発売元 ジェネオン・ユニバーサル)

『ミラグロ／奇跡の地』（一九八八）

エスニシティとジェントリフィケーションの関係

近代社会に染まらず、代々居住してきた土地を通して受け継いできた伝統を守り続けている人々がいる。そのような人々が資本主義に毒された近代社会に直面するといったいどうなるのか、という普遍的なテーマが描かれている。さらにこの映画では、舞台がアメリカ合衆国のニューメキシコ州であり、ヒスパニック（チカーノ）が多く住む土地のため、彼らが育む文化がふんだんに盛り込まれている。表面的には、伝統的な共同体と開発者の対立、あるいは、労働者階級とエリートの対立として見ることができるが、ヒスパニックの共同体がもつ前近代的な文化がスクリーンに色を添えることで、幻想的な深みのある作品となっている。

❏どうしても観たくなるストーリー解説・多少のネタバレ覚悟

風とともに道化師が現れる。アコーディオンのような楽器を弾きながら、山高帽をかぶり、マフラーといういでたち。そこで吐かれる言葉は「おまえらを助けにやってきた」「この町は死にかけている」……。

『ミラグロ／奇跡の地』

ニューメキシコ州の「ミラグロ」（スペイン語で「奇跡」の意味）という海抜2520メートルにある村で、開発業者による巨大レジャーランド建設が進められる場面から始まる。主人公のホセ・モンドラゴンがその工事現場で「俺にも仕事はないかな？」と声をかけると「ない」と即答され、工事現場を指さして「それは何だ」とさらに問いかけると「未来ってやつだよ」と返される。近代社会において「未来」は希望なのである。

開発業者が催した出資者のパーティーは盛況で、彼らは土地を次々に買収する。そして、土地の水源には「水の使用禁止」という立て看板が立てられる。しかし、ホセはその看板を無視して、父から譲り受けた豆畑に、思わずか意図的か……水を入れてしまう。それは必然的に「買収への抵抗」を意味した。映画の原題は『ミラグロ〝豆畑〟戦争』である。

ここで、なぜ「豆」かというと、豆はヒスパニックにとって特別な作物だからだ。豆栽培がメキシコ的伝統の象徴となっているのである。映画内で、亡霊のような道化師の姿が見えて、言葉も交わすことのできる老人アマランテは次のように言う。「ここは、グアダルーペ条約の締結からずっと、住民が豆を作ってきた土地だ」。

さて、ホセが水を引き入れてから、ストーリーは一気に展開する。開発業者に一人で立ち向かうホセ。村の住民達は、最初は批判的に見ていたが、開発業者、警察、町長らと対決するホセを見て、さらに、州からやってきた警察官の嫌がらせを受けるホセを見て、心が揺らぎ出す。

意見がバラバラのままの住民が集まり開かれた抗議集会では、新聞記者で弁護士の活動家が「開発業者にだまされるな」と演説をする。人々が豊かになるという開発業者の裏には「複雑なからくり」があると言う。「彼らの学校、上下水道が作られ、そのために税金は上がり、一方で、給料のいい仕事からは閉め出される。大抵の者は土地を売って立ち退くことになる！」。

やがて、住民たちはみな銃弾を買い、開発業者の看板は燃やされる。「これじゃ、まるで戦争だ」。最後の場面では、住民全員が豆畑に集結し、警察と対峙。警察を追いだしたうえで、豆を摘む。そして、カチャーシーのように踊りながら喜びの場面で終わる。

サイドストーリーとして、ニューヨーク大学の社会学を専攻している人物が、論文を書くために半年間、この地に滞在する。彼は、道化師と唯一会話ができるアマランテとのやりとりのなかで、土地が持つ不思議な力に魅了されてゆく。この部分も非常に興味深く、ヒスパニック文化の豊穣さを垣間見ることができる。アマランテが銃弾に倒れたとき、研究者は祭壇に向かって「アマランテの命を救ってくれ」と祈るのである。

❏スタッフ・キャスト情報

本作品は、小説家のジョン・ニコルズの作品を原作とし、一九八八年に制作された。有名な俳優でもあるロバート・レッドフォードが監督し、ニコルズとデヴィッド・S・ウォードが脚本を執筆。監督としてのデビュー作である前作の『普通の人々』でアカデミー監督賞を受賞したレッドフォード監督の第二作ということになる。音楽を担当したデイヴ・グルーシンは、この作品でアカデミー賞の作曲賞を受賞した。州から派遣される警官を演じているのはクリストファー・ウォーケン。『ディア・ハンター』でアカデミー助演男優賞を受賞している。

❏みどころ

「ラテン系コミュニティを知っている者ならば、この映画を通してすぐに気づくことがある」と私の同僚であるラティーノ（ヒスパニック）のジン・オオクボ（Jin Okubo）先生が教えてくれたのは「ジェントリフィケーション」だ。

ジェントリフィケーションとは何かを簡単に言うと「あまり所得が高くない人々が住んでいる土地が、再開発などを通して地価が高騰し、徐々に文化や風景が変わってゆくこと」である。もちろん、賞賛される言葉ではない。ジン先生によると、ジェントリフィケーションのプロセスはこの映画で示されているように、陰湿で巧みに計画されたものらしい。ここからはジン先生の意見をもとにしながら、私なりにまとめてみた。

まずこれは「土地を購入して地元の人々を追い出す」といった単純な話ではない。まず、土地が購入され売却される時点では、その土地には価値がないという点が重要である。売却時に価値があったら、地元住民は自分の土地を喜んで売却はしないからだ。この映画でも、住民は「高く売れる！」と単純に喜んでいた。

さらに、開発業者が「基本的には町は変わらずに、豊かになれる」という約束をしたとしても、実際にはそういう結果にはならない。開発業者に言いくるめられた市長は、土地の人々に「みなさんはお金持ちになれる」と語るのだが、このような一連の動きを通して、コミュニティ内はギクシャクし始める。どういうことかというと、一部の住民だけが売るのでは開発できないから、全員が売却することが重要である。そうすることによって、「売りたくない人々」と「売ってお金を手に入れたい人々」は対立することになる。ジェントリフィケーションのもつ最大の負の側面である。

さて、この映画の特徴的な点は、ここでラティーノの思想が入り込んでくることである。近代社会に生きる人々には容易に理解できないことだが、次の世代に富を引き渡す最善の方法は「土地を通じて」であるということ。それが、世代間の富を築く最良の方法であるということを、ラティーノは教えてくれる。

共同体は信頼の上にあり、この映画でもしばしば住民は「ツケ」という信頼によって食料を買う。「二〇〇年前から先祖が住んできた土地を捨てたりはしない。知った顔がいない故郷なんて意味があるだろうか」という台詞も飛び出す。彼らの緊密なコミュニティはおもに口伝えで行われ、うわさ話は、彼ら全員をお互いが何者であるかを知らしめ、見知らぬ人ではなく家族のようにした。コミュニティが家族であるという考えは、ヒスパニック系コミュニティの主要な要素なのである。

ジン先生は最後にこう語る。「最近の映画、とくに二〇一〇年以降の映画では、深みのないバズワードやキャラクターを追加するだけで、ラテン系の人々を簡単に納得させることができると見なす傾向がある。ラティーノの文化をもっと見せたいのなら、ミラグロのような映画がもっと必要だ。ミラグロのような文学がもっと必要なんだ！」。

❏歴史的背景を知るキーワード

★グアダルーペ・イダルゴ条約

もともとメキシコ領だったアメリカ南西部を獲得することになったメキシコ・アメリカ戦争（一八四六―四八）のあとに締結された条約。映画の舞台となったニューメキシコ州もかつてはメキシコ領だった。

❏作品内重要キーワード

★「祭壇」はメキシコ系の人々にとって、重要な存在だ。過去や未来や、聖なるものへの通路なのである。そこに置かれた、ジュード、イグナシオ、オシャ……などの小さな聖像は、現世の人々に大きな影響を与えている。アマランテは「最近は聖人や天使とのつきあい方をみな忘れてしまった」と嘆く。聖人や精霊や死者と話すことができるというのは、紛れもなく、ヒスパニックの共同体に特徴的なことである。

❏おすすめ同系作品

『ブラインドスポッティング』（二〇一八）　この作品は、オークランドを舞台にしたジェントリフィケーションの問題を描いている。「黒人」の青年が、保護観察期間の残り三日を無事に乗り越えられるかというなかで、幼なじみの友人である「白人」とともに引っ越しの作業員をしながら、地元が急速に変わってゆく現実に直面する。黒人と白人の親友同士の生まれ育った土地が、よそ者が入り込んでくることによって、土地と人種のアイデンティティがあらためて問われるのである。

『ラストブラックマン・イン・サンフランシスコ』（二〇一九）　タイトル通り、サンフランシスコを舞台にしたジェントリフィケーションを描いた作品。日系人がかつて住んでいた地域が、彼らが戦争中に収容所に連れて行かれている間に黒人が移り住むのだが、さらにまた、お金持ちの白人しか住めない高級住宅地となっていく。一般の黒人たちは、自分たちが住める場所ではなくなっていることに気づかされる。かつてのコミュニティを維持することの難しさと、それとともに、アイデンティティを土地や建物に託すことの美しさが描かれている。

（井村俊義）

『ミラグロ／奇跡の地』(1988)
(DVD 販売発売元 ユニバーサル・ピクチャーズ・ジャパン)

『ミシシッピー・バーニング』（一九八八）

実在した事件を題材にした、人種差別の凄惨さを突きつける映画

人種平等は広く認知・共有されている価値観だが、今もなおその理念が達成されたとは言い難い。とくにアメリカでは、その歴史的経緯もあり、人種差別が様々な形をとり、今日まで残っている。たとえば、南北戦争後の十九世紀後半からは、いわゆるジム・クロウ法の名の下、人種差別が横行していた。また、現在では、過去から続いてきた人種差別によって良い仕事に就けなかった黒人が貧困に苦しみ、その結果、人種間の経済・教育格差が解消されずにいる。

本節で扱う映画、『ミシシッピー・バーニング』も、人種差別を中心テーマに据えた映画である。本映画は、一九六四年に実際に起きた事件をもとに制作されている。公民権法制定前、一九六四年の南部ミシシッピ州を舞台に、二人の捜査官が公民権運動活動家と黒人の行方不明事件を扱う。捜査官は、白人至上主義者・団体による捜査妨害を受けつつも、失踪した人物の行方を追うだけでなく、驚くべき事件の真相をも暴いていく。以下、その内容を紹介していく。

❏どうしても観たくなるストーリー解説・多少のネタバレ覚悟

舞台は一九六四年のミシシッピ州。人種差別の影響が根強く残るなか、一台の車が停車させられ、乗車中の白人二人と黒人一人が銃殺される場面で本映画は始まる。ある日、二人のＦＢＩ（連邦捜査局）捜査官（アラン・ウォードとルパート・アンダーソン）が車を走らせ、同州ジェサップ郡保安室を訪れる。行方不明者の捜索でこの地を訪れるものの、保安官からは満足な回答を得られなかった。実は、この行方不明者は公民権運動活動家であった。行方不明者は有権者登録所を作ろうとしたが、ＫＫＫ（クー・クラックス・クラン）に殺されたというのがアランの考えである。二人はとある黒人から、襲撃者が白人三人であることを突きとめる。

ある晩、二人がモーテルで滞在していたところ、突然、部屋の窓ガラスが割られ、外には燃えた十字架があった。二人は即座にＫＫＫの襲撃を受けたと悟り、本部に応援を要請する。その後、二人は町長のもとを訪れるが、町長からは、この町の黒人は幸せ者ばかりで、何も問題がないとの返答を受ける。それどころか、町長からは、北部の人間は南部のことを誤解しており、白人の文化とカラード（有色人種）の文化があるだけだと言われてしまう。アンダーソンはその後、タウンリーという事業家の情報を収集するが、収集中に、暴行を受けた黒人が車から放り投げられる事件を目撃する。その人物はアランが食堂で話しかけた黒人であり、アランとアンダーソンは、黒人への暴行事件が、ＫＫＫからの警告を意味していると確信する。

その後、目撃者の情報をもとに、アランとアンダーソンは行方不明者が乗車していた車両を沼から引き上げる。そしてＦＢＩは翌朝から、行方不明者の大規模な捜索を始める。二人は、黒人たちから、警察つまり郡保安当局のなかにＫＫＫへ情報を漏洩した者がいるという情報を入手する。保安官補クリントンへの事情聴取を終えた二人は、彼の妻がなんらかの事情を知っているのではないかと推測し、夫が不在のときを狙って妻から事情を聞くが、良い情報を入手することはできなかった。

行方不明者の捜索が続くなか、保安室を訪れたアンダーソンが、同室にいた白人至上主義者に暴行を加えてしまい、ＦＢＩの捜査に対する風当たりが厳しくなる。ある夜、黒人が保安官事務所から出た直後に誘拐される事件が発生する。誘拐犯のトラックを追うものの、犯人の暴行を阻止することはできなかった。アランとアンダーソンは、保安官補クリントンが行方不明事件に関与していると考え、彼から事情を聴取するものの、罪を認めさせることはできなかった。それどころか、白人至上主義者と黒人たちの間で起こった暴力の応酬は止まらず、町の治安は悪化の一途をたどっていく。

この惨状をみかねたクリントンの妻が、夫のアリバイをついに語り、行方不明者三人の死体が発見される。しかし、情報を漏洩した妻は夫から暴力を受け、入院してしまう。協力者が事件に巻き込まれた惨状に耐えかねたアンダーソンは、ついに強硬手段に出る。保安官をはじめとする町の有力者を集め、彼らの会話を盗聴したアンダーソンは、公民権運動活動家殺害に関与したとされるレスターを拘束し、情報を強引に引き出す。その後、KKKの襲撃を受けたレスターを助けたアランとアンダーソンは、彼から証言を引き出し、ついに活動家殺人事件の犯人を逮捕することに成功する。この事件にはなんと、白人至上主義者だけでなく、保安官補クリントンや事業家タウンリーなど、警察機関や町の実業家も関与していたのである。後日、事件には関与していないものの、首を吊った町長の遺体が発見される。そして、墓地で白人と黒人がともに歌を歌い、「一九六四年、忘れまじ」という墓標が映し出され、エンディングを迎える。

❑スタッフとキャスト情報

本映画はアカデミー賞撮影賞を受賞している。監督はアラン・パーカーで、『ミッドナイト・エクスプレス』（一九七八）で有名である。ルパート・アンダーソン役はジーン・ハックマンが担当、ハックマンは『フレンチ・コネクション』（一九七一）で有名である。アンダーソンの相棒、アラン・ウォード役はウィレム・デフォーが演じる。デフォーも数多くの作品に出演しており、代表作に『スパイダーマン』（二〇〇二）や『スパイダーマン：ノー・ウェイ・ホーム』（二〇二一）があり、『永遠の門 ゴッホの見た未来』（二〇一八）では、初めてアカデミー賞最優秀男優賞にノミネートされている。

❏みどころ

★人種差別

本映画が、一九六四年に実際に起きた事件をもとにしているということもあり、黒人に対する人種差別は、本映画の核心的な見どころと言えるだろう。「黒人は野蛮で汚い」という偏見が地元の白人住民たちの間に根付いているにもかかわらず、町長はその事実に向き合うどころか、黒人は幸せに暮らしているとすら語る始末である。白人至上主義者たちは自らの政治集会で、民主主義の名の下に、地元の民意は白人優遇であり、この民意を無視してはならないと主張する。さらには、KKKによる黒人への暴力や殺人などが横行しており、黒人側もKKKのリンチに怯えている。現代からすればありえないことが、ほんの半世紀前は日常茶飯事であったという悲しい事実を、我々は直視しなければならないだろう。

★北部と南部の対立

南部のミシシッピ州に北部で働く捜査官が訪れるという経緯もあり、本映画は南北間の価値観の違いも鮮明に映し出している。ミシシッピ州に住む住民の多くは人種平等という考えに明確に反対するどころか、北部から来た捜査官に対して、人種平等という政府方針を、「アカ」、つまり共産主義に同調する愚考だと蔑む。舞台が一九六四年であり、当時が米ソ間の冷戦期であったことを踏まえれば、共産主義と罵ることは、相手のことを、アメリカを破壊する不穏分子と呼んでいるに等しい行為である。本映画からは、人種に対する考え方をめぐって、アメリカ国内で大きな分断が生まれていることが随所にうかがえるだろう。

❏歴史的背景を知るキーワード

★ジム・クロウ

十九世紀に国内で南北戦争が起き、北部の勝利とともに奴隷制は終焉を迎えた。その後、南北戦争で敗北した南部が、再建期を経たあとに、人種差別的内容を含んだ法案を可決した。「ジム・クロウ法」はこの法案の総称であり、この法案によって、アメリカ、とくに南部では、「分離すれども平等」という価値観の下、黒人に対する差別が公然と行われていた。一九六四年の公民権法制定後に、同法は廃止された。

★ニガー

本映画で黒人を呼ぶときに使われていた呼称。歴史的にみれば、「ニガー」のほかに「ニグロ」などがあるが、現在では、これらはすべて、黒人に対する差別用語として認知されており、決して使用するべきではない。このような差別的意味が含まれるにもかかわらず、本映画の白人たちはこの用語を恥ずかしげもなく使用している。このことからも、現地黒人に対する白人住民の侮蔑的な態度が読みとれるだろう。

❏作品内重要キーワード

★KKK（クー・クラックス・クラン）

白人至上主義を掲げる団体で、白装束に白い頭巾を身につけているのが特徴。その思想の過激さのあまり、黒人が住む家を焼き払うだけでなく、黒人をリンチしたり、首に縄をつけて木に吊りさげる、いわゆる見せしめの殺人も行っていた。本映画では、黒人への暴力だけでなく、人種平等を支持する白人にも攻撃を加えていた。

★有権者登録所

アメリカでは、選挙で投票する前に、事前に有権者登録を行うことになっており、その登録所のことを指すものと思われる。公民権運動推進派は、この登録所をさらに展開しようとしていたが、舞台となった地域の住民は、黒人は政治に関与しないという偏見を持ち、さらにはその推進に対する妨害すら行っている。

★NAACP

全国有色人種向上協会。全米黒人地位向上協会ともいう。公民権運動、人種平等を推進する組織である。また、歌手のビヨンセは、この協会とタッグを組んで立ちあげた慈善事業を通じて、コロナ禍で苦しむ、黒人の小規模ビジネス事業者を支援している。黒人の地位向上に大きな貢献を果たしてきた組織である。

❏おすすめ同系作品

『ドライビング・ミス・デイジー』（一九八九）　別の節で紹介しているが、ユダヤ系の老女とアフリカ系の運転手とのコミカルだが、心温まるやりとりを描いた、ヒューマンドラマとも言うべき映画である。最初は運転手のことを受け入れようとしなかった老女が、徐々に心を開き、運転手のことを信頼していくさまは、非常に感動するだろう。

『フェンス』（二〇一六）　本映画は日本で劇場公開されなかったが、アカデミー賞にノミネートされ、助演女優賞を獲得するなど、アメリカでは高い評価を受けた作品である。一九五〇年代のピッツバーグを舞台に、困難な現実を生きぬく家長トロイの姿を描きつつも、家長であるがゆえに生まれた家族との確執も描かれる。人種差別がアフリカ系アメリカ人家族にどのような影響を与えるのか、痛感させられるだろう。

『ドリームプラン』（二〇二一）　別の節で紹介しているが、独自の計画で娘をプロテニス選手へと育てあげた家族をめぐる映画。テニス教育に多額のお金がかかるものの、長年続く人種差別の影響で貧困に苦しみ、資金繰りに悩む黒人夫婦の姿は、人種差別の影響が現在（二〇二三年執筆時点）でも根強く残っているという現実を観客に突きつけてくれるだろう。

（中山大輝）

『ミシシッピー・バーニング』(1988)
（DVD 販売発売元 ソニー・ピクチャーズエンタテインメント）

『ナイト・オブ・ザ・リビングデッド』（一九六八）

「白人性」の恐怖

ゾンビ映画やホラー映画と聞くと、それだけで「こわい！」「きもちわるい！」「ムリ！」という人も多いと思う。確かに、一部グロテスクなシーンはある。しかし、近代ゾンビ／ホラー映画の原点であり金字塔とされる『ナイト・オブ・ザ・リビングデッド』は実は、「白人性」の怖さを描いていた、としたらどうだろう。「映画が怖い」というよりもっと怖い話なのかも知れない。何よりも一番「人間が怖い」という話なのだから。

一九六八年に全米公開された本作は、日本では劇場未公開のままだったが、オリジナルの制作陣が監修した4Kリマスター版が、半世紀もの時を経て二〇二二年に公開された。

数え切れないほどのゾンビ映画やゲーム、小説や漫画などのサブカルチャーは言うまでもなく、マイケル・ジャクソンの楽曲「スリラー」（一九八二）のミュージック・ビデオから、ハロウィーンにおけるゾンビのコスプレやメイク、足を引きずって歩くゾンビウォークまで、人口に膾炙したゾンビの基本設定（「死者が生き返って人間を襲い、人肉を貪り食う」、「ゾンビに噛まれた人間もゾンビ化する」、「脳を破壊されるまで生き続ける」など）を生み出したのが、この作品なのだ。でも、作中に「ゾンビ」という言葉が実際に登場するのは、次作の『ゾンビ』から。

このように、半世紀前の映画が古典になるどころか、リビングデッド（不死者）のように様々な作品やジャンルへの適応・翻案・脚色（アダプテーション）を繰り返しながら、感染・増殖し、現代まで生き返り続けている。

❑どうしても観たくなるストーリー解説・多少のネタバレ覚悟

父親の墓参りに訪れたバーバラと兄のジョニーの方へ、向こうからノソノソと歩いて来る男がいた。「奴がお前を食べにやって来るぞ」と兄はバーバラをからかって怖がらせるが、実際に男は近くまで来ると彼女に襲いかかる。助けに入った兄は男ともみ合いになり、倒れた拍子に墓石に頭をぶつけて絶命する。

なおも追いかけてくる男から逃れようと、バーバラは近くの民家に逃げ込むが、そこにちょうど現れるのが、主人公の「黒人」青年ベンである。外にはその男と同じように、人間を求めてさまようゾンビが集まっていた。二人は家に立てこもることで、身の安全を確保しようとするが、同じようにして地下室に身を隠していた生き残りがいた。中年のハリーとヘレンのクーパー夫妻と、その娘で、ゾンビに嚙まれて怪我を負ったカレン、そして、若いカップルのトムとジュディの五人だ。ベン以外は「白人」である。ここから七人のサバイバルが始まる。

ハリーは助けが来るまで全員で地下に避難した方が安全だと主張する。対してベンは、扉や窓を補強してゾンビの侵入を防いだ上で外の様子を確認しつつ、ラジオで状況を把握しながら脱出の機会を窺うべきだと反論する。一歩も譲らない両者の対立は、今後の展開に暗い影を落とす。

テレビの報道で、近くに避難所が開設されていることを知った彼らは、表にあるガス欠のトラックに給油して脱出する計画を試みるが、給油しようとした際に漏れたガソリンに引火してトラックが炎上し、トムとジュディは犠牲となってしまう。ベンとハリーの間を辛うじて取り持っていたトムを失ったことで、二人の衝突は避けられないものとなり、ベンはハリーを射殺するに至る。

そうこうしているうちに、とうとう、群衆と化したゾンビの家内への侵入を許してしまい、バーバラはゾンビ化した兄のジョニーに捕まり、ヘレンは死んだハリーと共に、ゾンビ化した娘カレンの餌食となる。

ベンは地下室に籠城して一人生き残るが、外の様子を見ようと二階にいたところを、ゾンビ掃討作戦を展開していた自警団の一人によって、ゾンビと見間違われて射殺される。

❏スタッフとキャスト情報

原案・脚本・監督・撮影・編集を手がけたのは、当時無名で弱冠二十八歳だったジョージ・A・ロメロ。その後、本作を含めて「ゾンビ三部作」として知られる『ゾンビ』（原題は、ドーン・オブ・ザ・デッド）（一九七八）、『死霊のえじき』（原題は、デイ・オブ・ザ・デッド）（一九八五）を世に放つ。また、『ランド・オブ・ザ・デッド』（二〇〇五）、『ダイアリー・オブ・ザ・デッド』（二〇〇七）、『サバイバル・オブ・ザ・デッド』（二〇〇九）と、共通した世界観の下でゾンビシリーズを撮り続けた。

ロメロの旧友で共同脚本のジョン・A・ルッソは、本作では自らゾンビを演じている他、本作のリメイク版『ナイト・オブ・ザ・リビングデッド／死霊創世紀』（以下、死霊創世紀）（一九九〇）の制作を務めた。監督は、『ゾンビ』や『死霊のえじき』等で特殊メイク・アーティストを務めたサム・サヴィーニ。彼の造形するリアルなゾンビの背景には、カメラマンとしてのヴェトナム戦争の従軍経験がある。

❏みどころ

★主人公に「黒人」を起用、「黒人」男性が「白人」女性をビンタ

本作公開と同年の四月には、公民権運動を牽引してきたマーティン・ルーサー・キングが「白人」の男に暗殺される事件があり、主人公に「黒人」を起用したこの映画から、「人種」差別批判のメッセージを読み取る向きは多かった。しかし、ロメロは当時そこに政治的な意図はなかったと語っている。

それでも、この映画が一九六八年当時の社会状況を反映していて、その批評性を帯びていることは間違いなさそうだ。他にも例えば、「黒人」男性のベンが「白人」女性のバーバラをビンタするという、当時では衝撃的な場面も描かれている。

★ベンとハリーの衝突

ベンはハリーに「おまえは下のボスになったらいい。上のボスは俺だ」と言うが、二人の主導権争いは、バーバラを地下に連れて行くかどうかという、女性の所有をめぐる争いを伴っている。

銃を持たない主義だったハリーは、妻のヘレンに銃の必要性を訴えるが、それはゾンビから身を守るためというよりも、ベンから銃を奪うことで、その場の支配権を彼から奪い返すためだ。彼は実際に奪おうとしてベンに撃たれる。

ハリーはとにかく、ベンに仕切られることを嫌がる。このような二人の軋轢は観客に、「人種」間闘争を思わせる。

❏歴史的背景を知るキーワード

★ゾンビ　ロメロのゾンビとは全くの別物！

呪術など何らかの力によって蘇った（かのように操られている）死体を意味するゾンビは

元々、アフリカのコンゴから西インド諸島のハイチに奴隷として連れて来られた、ブードゥー教を信仰する人々の間に伝わったものであった。そして、ゾンビ化とは、ブードゥー共同体内部の掟を破った者への社会的制裁として機能していて、個人の死ではなく、社会的な死者となることを意味していた。土着の宗教的世界観を維持するために、ゾンビ化は必要な制度だったわけだ。

世界初のゾンビ映画『恐怖城』（『ホワイト・ゾンビ』とも）（一九三二）では、ゾンビは人を襲って噛み付くことはないが、ロメロ版では、噛まれた人間も感染してゾンビ化するといった要素が加わっている。このモダン・ゾンビのイメージ形成には、ベラ・ルゴシ主演の『魔人ドラキュラ』（一九三一）やボリス・カーロフ主演の『フランケンシュタイン』（一九三一）、リチャード・マシスンの小説とその映画版『地球最後の男』（小説一九五四年、映画一九六四年）、『吸血ゾンビ』（一九六六）などからの影響がありそうだ。

ヨーロッパ由来の吸血鬼伝説や、不死者であるドラキュラなどの特徴もブレンドされた近代ゾンビが、大衆的想像力の中で市民権を獲得していったことは、ゾンビからハイチやブードゥー教といった歴史的・文化的・地理的背景を剥ぎ取り、消し去っていくことでもあった。

★核の恐怖

作中で度々、探査衛星の爆破によって散布された放射性物質が、ゾンビの脳を稼働させているという専門家の見解が紹介されている。背景にあるのは、作品発表当時の過熱する米ソ宇宙開発競争と、冷戦下の核戦争の脅威だ。これらによって引き起こされる終末の世界を描いている点では、同年公開の『猿の惑星』の黙示録的な終末観と共通したものがある。

★「白人」労働者のゾンビたち

この映画が公民権運動やベトナム戦争の泥沼化と反戦運動、そして若者中心のカウンター・カルチャーといった変化を求める時代の機運を反映していて、主人公の「黒人」ベンがアファーマティブ・アクションを象徴するような人物であることは先に述べた。一方で、物語の舞台であるペンシルベニア州ピッツバーグのゾンビは皆、中年で「白人」労働者の格好をしている。彼らは変化を嫌い、一九六八年の大統領選でニクソンを支持した人たちだ。この中西部のラストベルトに住む人々は、二〇一六年の大統領選ではドナルド・トランプを支持した人々でもある。

とすると、「白人」労働者のゾンビたちと「黒人」ベンとの戦いを描いた本作は、昨今のブラック・ライブズ・マター の構図に似ているではないか。

❏作品内重要キーワード

★三人で協力した方がずっと安全なんです

ベンの意見に全く耳を貸さずに地下に潜ろうとするハリーに対して、トムが放った一言。

「三人」とはもちろん、ベンとハリーとトムのこと。彼らにはそれぞれ、バーバラ、ヘレン（とカレン）、ジュディという連れがいるわけだが、ここでは勘定に入っていない。それもそのはず、女性陣は男性陣に不満を漏らすことはあっても、基本的には彼らの決定に従うのである。

こうしたジェンダーの問題は、ロメロも心残りであったようで、ロメロ総指揮のもと、脚本を九十年代に合う内容に更新したリメイク版では、バーバラの人物造型において変更がなされている。彼女はオリジナル版では、家に逃げ込んでからは放心状態で怯えるだけに終始していたが、『死霊創世記』では、物語が進むにつれて、自ら銃を構えてゾンビに立ち向かう強い女性へと変貌を遂げる。

★食人鬼（＝グール）掃討作戦と自警団

ゾンビを一掃しようと立ち上がった自警団とは、司法手続きに拠らず、自衛のために自ら法を執行しようと結成・組織された民間団体のことだ。スーパーマンやバットマンが行う「正義」も自警主義（ヴィジランティズム）に支えられたもので、現実にも、南北戦争直後に組織されたKKK（クー・クラックス・クラン）のような、「黒人」をリンチにかける過激な「白人」至上主義の秘密結社まで現れた。本作で、自警団の一人が一切の躊躇なくベンを射殺する場面は、このような文脈を想起させる。

❏おすすめ同系作品

『ゾンビ』（一九七八）　この二作目は前作とは異なり、はっきりと社会諷刺を込めて製作された。ＳＷＡＴ隊員の「白人」ウーリーは、アパートに籠城したプエルトリコ人に対して「ここの連中に生きてる資格なんかねえ」と言い、虐殺していく。また、最終的にヘリで脱出して生き残るのは、マイノリティの「黒人」ピーターと妊婦のフランシーンの二人であるのは示唆的だ。

『死霊創世紀』（一九九〇）　ロメロ本人が『ナイト・オブ・ザ・リビングデッド』を脚色したリメイク版。クライマックスはオリジナル版と違い、人間がゾンビを囲い込んで戦わせて見世物にしたり、木につるし上げて（その様子は、ビリー・ホリデイの楽曲「奇妙な果実」で歌われるような「黒人」へのリンチを連想させる）射的の的にするなど、人間の残酷さが描かれる。背景に、ヴェトナム戦争での大虐殺で、人間は感情を失ってゾンビになってしまった、ということもあるのかもしれない。

『國民の創生』（一九一五）「映画の父」Ｄ・Ｗ・グリフィスによるトマス・ディクソンの小説『クランズマン』（一九〇五）の映画化。南北戦争敗北直後の南部でのＫＫＫ誕生を、「白人」の側から「正義」として、そして「黒人」を、「白人」女性を襲う「悪」として描き、映画公開後、実際に全米でのＫＫＫ再結成を引き起こしてしまった。アメリカ史上最も悪名高い作品だが、今日の映画技法の基礎を作り上げた。「黒人」は黒塗りした「白人」が演じている（ミンストレル・ショー）。

『ブラック・クランズマン』（二〇一八）　舞台は一九七〇年代。「黒人」刑事ロンがKKK地方支部の潜入捜査に乗り出す。そこで暴かれるのは、映画公開当時のトランプ政権下で、「白人」至上主義国家と化したアメリカの姿でもある。

ロンが「白人」英語を自由自在に操って「白人」になりすます姿は、「白人」が「黒人」を演じるミンストレル・ショーをひっくり返す形となっている。スパイク・リー監督による、『國民の創生』に対する「黒人」側からの挑戦。

本作は高く評価され、二〇一九年アカデミー賞作品賞にもノミネートされたが、最終的には、ハリウッドお決まりの「白人の救世主」や「魔法の黒人」的ステレオタイプを描いていると批判もあった『グリーンブック』（二〇一八）が受賞したところに、いつまでも変わらない「白人」国家アメリカの姿があるのかもしれない。

『ダークナイト』（二〇〇八）　DCコミック実写化作品。クリストファー・ノーラン監督によるバットマン三部作の二作目。

『ナイト・オブ・ザ・リビングデッド』(1968)
(DVD 販売発売元 Happinet)

『ナイト・オブ・ザ・リビングデッド』

犯罪者ジョーカーを殺せず、正義とは何か苦悩するバットマンは、国の法律を無視した彼の自警主義が、暴力に陥りやすいことに気づいている。その点で、自らが行う正義が悪に転じうる危険性について悩むことのないスーパーマンと好対照をなす。

（吉津京平）

『猿の惑星』（一九六八）

「白人性」の危機～惑星とは地球、猿とは人間のことだ！

「惑星」と言えば、大抵は地球のことじゃなく、地球から見える星を指している場合が多い。地球も惑星だと言うとき、その視点は、宇宙空間などの地球を俯瞰したところにある。ある缶コーヒーのCMで、我々のことを「この惑星の住人」と呼ぶのは皆、宇宙人だ。

『猿の惑星』の惑星とは、地球のことである。つまり、この映画は私たちの世界を俯瞰して描いている。なぜか。我々は普段、自分たちのやっていることに慣れ過ぎていて、その当たり前がいかに奇妙なことであるか意識することがないし、できない。だから、宇宙など、外部の視点を導入してそこから眺めることで、人間の愚かさに気づかせようとしているのだ。

「これをSF映画だと思っていない。スウィフト風の諷刺が利いた政治映画だ」と、フランクリン・J・シャフナー監督はコメントしている。具体的には、冷戦下の核戦争の危機やヴェトナム戦争の泥沼化といった国外の状況に加え、公民権運動の高揚や、特権的地位の蚊帳の外に置かれたユダヤ系の状況など、国内の様々な「人種」問題を反映・諷刺しているのがこの映画だ。そして何よりも、この惑星では、「白人」国家アメリカの神話がことごとく破壊され、その英雄的人物は立場を完全に失墜する。

『猿の惑星』は、一九六八～七三年までの五部作のオリジナル版、七四年のTVシリーズ、七五年のアニメ・シリーズ、二〇〇一年のティム・バートン監督版、二〇一一～一七年までの三部作のリブート版があるが、一番はやっぱり何と言っても、その記念すべき一作目だろう。ラストシーンはあまりに衝撃的すぎて、一度観たら忘れられない。このラストに触れないで紹介するのは難しいので、気になる人はまず映画を観て欲しい。

❏どうしても観たくなるストーリー解説・多少のネタバレ覚悟

アメリカのケープ・ケネディから打ち上げられたスペースシャトルが、一年半後にとある惑星に不時着した。宇宙時計は、地球時間では二〇〇〇年の月日が経過したことを示していた。生存者は、「白人」宇宙飛行士テイラー（チャールトン・ヘストン）を隊長として、アフリカ系アメリカ人の物理学者ドッヂ、「白人」の地質学者ランドンの三人だけ。

幸い、この惑星は地球と同じような環境が整っていた。三人は数日間放浪した末に泉を発見して、水浴びしていたところ、何者かに服を盗まれてしまう。追いかけた先にいたのは裸同然の人間だった。彼らは言葉を話せず、先史時代のような暮らしをしていることが分かると、テイラーは、自分たちがこの地を支配することができるかもしれないと考える。

だが次の瞬間、三人は驚くべき光景を目にする。猿たちが服を着て馬に乗り、銃で武装して、人間を追いかけ回していたのだ。この人間狩りにテイラーたちも巻き込まれ、テイラーは現地の人間たちと一緒に捕らえられて檻に入れられる。一方、ドッジは射殺されて博物館の剥製にされ、ランドンは脳の手術を施されて喋れなくされていたことが、のちに判明する。

元からここにいた人間たちとは違って、テイラーが言葉を喋り、高い知能を持っていることに気づいたチンパンジーの動物心理学者ジーラは興味津々。彼女の婚約者で考古学者のコーネリアスに知らせ、原住民の女（テイラーがのちに、ノヴァと名付ける）をつがい相手として同じ檻に入れて様子を観察する。また、文字が書けることが分かると、特別扱いし、猿の惑星にやってきた経緯について彼の話に耳を傾ける。

コーネリアスは、「猿の聖典」ではタブーとされている立入禁止地帯を発掘調査し、聖典（有史）以前の文明の遺跡が見つかったことで、猿は人間から進化したという仮説を立てていた。そして、テイラーがなにより、その生きた証拠であった。だが、その進化論は聖典に真っ向から挑戦するもので、「危険思想」とされ、彼らは異端審問にかけられることになる。

一方、オランウータンで科学庁長官のザイアス（ゼイウスとも）は、テイラーが言葉を話せることを一切認めようとしない。喋る人間の存在は、「神がその似姿として猿を創造し、霊魂を与え、他の動物たちと区別してこの星の主人とされた」という聖典の冒頭にある大前提を、否定することになるからだ。テイラーは猿社会にとって脅威だと考えたゼイウスは、彼に去勢手術と、ランドンと同じく脳の手術を行おうとする。

ジーラとコーネリアスは、テイラーとノヴァを檻から脱出させ、共に禁止地帯へと向かう。ジーラたちは、仮説を証明して異端判決を免れるためだ。一方、テイラーは、なぜ人間が猿に取って代わられたのかを知るため、ノヴァと海岸のさらに奥へと進む。そこで彼が目にしたのは、なかば砂浜に埋もれた自由の女神だった。猿の惑星とは、核戦争で荒廃した二〇〇〇年後の地球の姿だったのだ。

❏スタッフとキャスト情報

すべては、フランス人作家ピエール・ブールが一九六三年に発表した、同タイトルのSF諷刺小説に始まる。人間と猿の立場が逆転するという発想の背景には、自身が第二次世界大戦中に、仏領インドシナで日本軍の捕虜になった経験があるのでは、という説も。原作では、アジア人を支配していた「白人」が、「猿」(=アジア人の蔑称)に支配される世界、というわけだ。

制作者のアーサー・P・ジェイコブズらが映画化を模索するも、人語を話す猿の世界という奇抜な設定に、予算を出す映画会社は現れない。彼らは六六年にテスト・フィルムを制作し、ようやく二〇世紀FOXが脚本を購入。だが、同社の経営難から、原作にある高度に都市化した猿の文明社会は、原始的な風景に舞台を変えられた。

脚本はロッド・サーリングとマイケル・ウィルソン。ユダヤ系アメリカ人のサーリングは、偏見が引き起こす「人種」差別を、黒人の視点から描こうとしていた人物。彼はまた、核戦争によって世界が終わりを迎えるという原作にはない要素を物語に取り込んだ。一方、ウィルソンは、すでにブール原作『戦場にかける橋』（一九五七）の脚本を手がけていた人物。この映画はアカデミー脚色賞を受賞したものの、マッカーシズム旋風が吹き荒れる時代にあって、共産主義者だった彼はハリウッドのブラックリストに入れられていたためにクレジットから外され、代わりにブールが受賞者となっていた。

主演のヘストンは、『ベン・ハー』（一九五九）でアカデミー主演男優賞を受賞し、『十戒』（一九五六）ではモーセを演じるなど、歴史スペクタクル映画のヒロイズムを代表する人物。「男らしさ」を際立たせる鍛錬された肉体も相まって、「白人」社会の象徴や、アメリカそのものとされた。本作でも、テイラーらの惑星内探査は、国外にフロンティアを追い求めるアメリカの帝国主義的野望を宇宙にまで拡大するものだ。ランドンは、小さな星条旗を大地に立てる。

❏みどころ

ジョナサン・スウィフトの『ガリヴァー旅行記』（一七二六）第四話、馬の国には、理性を持ったフウイヌム（馬）が言葉を話せないヤフー（人間）を支配している様が描かれるが、『猿の惑星』も、猿が人間を支配する逆さま世界。

テイラーはそこで、撃たれて声を奪われ、柵に入れられ、法廷では服を剥ぎ取られ、首にヒモを付けて引きずり回されるという屈辱を味わう。獣として扱われ、去勢と脳の手術をされるという恐怖のなかで、「白人」の「男らしさ」が脅かされているのだ。それでもなんとか、ノヴァと共に生き延びようとするアダム的人物テイラー。だが、二人の先にあるのはエデンでも人間の再生でもなく、黙示録的な人間文明の廃墟だ。喋る人形、老人の入れ歯や眼鏡、人工弁といった残骸は、いにしえの文化の記録として、考古学者の研究対象としての価値しかない。

だが、この期に及んで、この老人を「自分と同じ人種じゃない」と言い切るテイラーの近視眼的思考は、テイラーのことを自分たちとは違う生き物だと信じて疑わないザイアスらの見方に、ぴったりと重なり合う。

また一方で、欲望や土地のために同胞を殺す人間たちを忌み嫌っていた猿たちは、オリジナル版第五作では、とうとう猿が猿を殺すに至り、猿と人間の違いは消滅する。

❏歴史的背景を知るキーワード

★人間狩り

猿が人間狩りをして、木の丸棒に括り付けてぶら下げて運んだり、死体の前で記念撮影したりする様子は、ヴェトナム戦争での米軍による残虐なヴェトコン掃討作戦を思わせる。

★スコープス裁判

コーネリアスの唱える進化論が科学的異端だとして、査問会が開かれる場面は、一九二五年に南部テネシー州デイトンで実際に行われたスコープス裁判（通称、モンキー裁判）がモチーフになっている。高校の生物学教師ジョン・スコープスは、聖書の天地創造説を否定する進化論を学校で教えたとして起訴され、罰金刑の有罪となった。

★ジェンダー

女性キャラクターは、宇宙飛行士のステュアート（惑星着陸前に死亡）、ジーラ（オリジナル版第三作ではフェミニズム運動に邁進）、ノヴァ（言葉が喋れない）の三人のみ。ジーラのみが女性の権利を声高に唱えることになるという展開も興味深い。

★黙示録的な終末の世界

新しいフロンティアを求めるアメリカの宇宙空間への旅の先にあったのは、黙示録的な終末の世界である。だが、『猿の惑星』には、新約聖書の『ヨハネの黙示録』にあるような、救世主の再臨や千年王国といった神による「救い」は与えられていない。そのことで一層、人間の愚行に焦点が当たる内容になっている。

❏作品内重要キーワード

★差別はなくなったはずだ

猿同士の会話の中でさりげなく出てくるこの一言は、猿社会にも差別があったことを窺わせる。また、猿の中でも、オランウータンが大臣や総裁、検事長といった政治的権力層、チンパンジーが科学者や医者などの知識人、ゴリラが軍人や労働者という、種族別の厳格な階級構造が存在している。オランウータンのゼイウスらに伺いを立てながら、自分たちの仕事を認めてもらおうと必死なチンパンジーのジーラとコーネリアスの様子は、社会的な地位向上のために奔走するユダヤ系アメリカ人の姿を思わせる。「人種」や階級はジェンダーと同様、慣習的なものに過ぎないが、猿（＝人間）社会では、それらが本質的（生得的）なものとして、固定化されている。

★人間は害毒だ／早く絶滅させたほうがいい

『ガリヴァー旅行記』の馬の国や、ナチス・ドイツの優生思想を彷彿とさせる。

★ウェイン砦（インディアナ州）

テイラーの出身地。「好戦的な名前」だとザイアスは言うが、この地はアメリカが国家を意識して、イギリスと北米先住民を敵にして戦った米英戦争（一八一二）の主戦場のひとつ。また、「ウェイン」は、数々の戦争映画や西部劇でアメリカの英雄的役割を演じた、保守的で「白人」至上主義者のジョン・ウェインのことを連想させる点でも、「好戦的な名前」だ。

★狂気の沙汰だ

ゴリラの看守がホースで水を浴びせて黙るように言った際に、テイラーが放った一言。放水は、ヴェトナム反戦や公民権運動でのデモなど、反体制的な動きを警察が押さえつける手段として、当時よく用いられていた。また、彼は人間狩りの場面で喉を撃たれて声が出なくなっていたが、査問会の特別法廷でも発言権は与えられず、そして、放水の場面でも口を封じられるという状況は、政府や社会に批判的な見解を示すだけで共産主義者（アカ）だとして迫害を受けた、一九五〇年代の赤狩りを思わせる。

★しばらくは人間を家畜として使ったが、馴らせないことが分かったのだ

ゼイウスの発言。北米先住民に対する国内の同化政策を想起させる。続編の第二作には、「良い人間は死んでいる人間だけだ」という発言も出てくる。

★大人は命令ばかりする／幻滅さ。大人は信用できない

ジーラの甥ルシアスが度々漏らす不満。このジェネレーション・ギャップや彼の批判精神には、一九六〇年代の若者の反権威・反権力志向が反映されているようで興味深い。

❏おすすめ同系作品

『猿の惑星　征服』（一九七二）　オリジナル版続編の四作目。当時、国内で勢いを増していたブラック・パンサー党などのブラック・パワーに加え、ナチス・ドイツの専制政治やユダヤ人政策を思わせる箇所も。この両者の結びつきは、マーベル『X-MEN』シリーズでも展開されるテーマだ。核の脅威が描かれる点も共通していて、『征服』でシーザーが使うテレパシーは、『X-MEN』シリーズではチャールズ（プロフェッサーX）が持つ能力でもある。

『猿の惑星　聖戦記（グレート・ウォー）』（二〇一七）　旧シリーズ『征服』に登場するシーザーを中心に据えたリブート版の三作目。人間と猿の共存が不可能なものとして描かれるところには、映画公開当時のアメリカ社会の分断が反映されている。星条旗がはためき、国歌が流れるなかで、壁建設に躍起になる「白人」男性中心の軍隊の排外主義的で全体主義的な描写には、トランプのアメリカへの痛烈な批判がある。

人間に捕らえられた猿たちがシーザーに率いられて脱出する背景にあるのは、『征服』と同じく、モーセと出エジプトのモチーフだ。

『キング・コング』（一九三三）　巨大な「黒い」猛獣が、「白人」文明の象徴である「エンパイア・ステイト・ビル」の頂上によじ登るというクライマックスは、一九二九年の大恐慌後にあって、帝国（エンパイア）としての「白い」アメリカが転落する不安や恐怖を思わせる。また、その際、手に「白人」女性を握りしめているという構図は、特に南北戦争後（奴隷解放後）に「白人」の間で流布した、「黒人」の男が「白人」の女を襲うというレイピスト神話（実際に起こったという根拠はない）を連想させる。

『類人猿ターザン』（一九三二）「白い肌」を意味するターザンの役を演じた、オリンピック金メダリストの水泳選手ジョニー・ワイズミュラーの鍛錬された肉体は、南北戦争後の急激な産業化・都市化に伴って、神経症が蔓延し、「白人」男性の「男らしさ」の喪失が叫ばれるなか、「白人性」／男性性の不安の克服に一役買った。黒い猛獣がヒロインのジェーンを捕まえる場面は『キング・コング』に似ているが、ターザンが彼女を助け出す。『猿の惑星』（一九六八）には、テイラーが自分とノヴァのことを「ターザンとジェーンだな」と言うシーンがある。ちなみに、ターザンの「アーア・アー」という掛け声は、本作でワイズミューラーが上げる雄叫びから生まれたもの。

シルヴェスター・スタローンの『ロッキー』（一九七六―）と『ランボー』（一九八二―）のシリーズも、ヴェトナム戦争敗戦後と時代は違うが、「白人」国家／帝国主義国家アメリカとしての「男らしさ」の再生や復活を描いている点で、『ターザン』シリーズの延長線上にある。
『十戒』（一九五六）　旧約聖書の『出エジプト記』がアメリカにとって、いかに特別な意味を持っているか分かる作品。というのも、ワスプが「アメリカ史の始まり」とみなすピルグリム・ファーザーズの「新大陸」上陸は、モーセに率いられて「約束の地」カナンを目指したイスラエルの民の出エジプトになぞらえられたからだ。国家の起源にこの物語が関わっているのである。モーセを演じるのは、アメリカのヒロイズムを体現するヘストン。最後の、海が二つに割れる場面は有名。

二〇一四年には、『エイリアン』（一九七九）で知られるリドリー・スコット監督が、同じく『出エジプト記』を題材にした『エクソダス　神と王』を制作している。だが、古代オリエントのイスラエル人とエジプト人に「白人」を起用して、アフリカの物語を「白人化」（ホワイトウォッシング）しているとの批判も。

（吉津京平）

『猿の惑星』(1968)
（DVD 販売発売元 20 世紀 フォックス ホーム エンターテイメント）

『招かれざる客』（一九六七）

公民権運動期を代表する人種の壁を越える物語

『招かれざる客』はアフリカ系男性のジョン・プレンティスと白人女性のジョアンナ・ドレントンとの異人種間恋愛・結婚をめぐる物語である。原題「今日のディナーに誰が来ると思う?」には娘が恋人を連れてくる家族の会合に思いがけない人物がやってきたという皮肉が込められており、当時もっとも想定していない相手としての「黒人」のあり方が示されている。公民権運動の時代を象徴する作品であり、人種という障壁に立ち向かうカップルとそれを見守る各々の両親の姿を通して、新しい時代に挑む希望と課題が提起されている。

❏どうしても観たくなるストーリー解説・多少のネタバレ覚悟

ハワイで恋に落ちた二人が結婚の挨拶のためにジョアンナの両親を訪ねるところから物語がはじまる。ジョンは三十七歳の高名な医師であり、八年前に妻子を事故で失った不幸な過去があるが、社会的地位、教養、経験などいずれの観点からも成熟した男性である。一方、ジョアンナはジョンとの幸せな結婚を信じて疑わない二十三歳の白人女性である。ジョアンナの父マット・ドレイトンは新聞社の社長、母クリスティーナはアート・ギャラリーのオーナーとして両親共にリベラルな思想の持ち主であり、娘が恋人として連れてきたジョンが「黒人」であることに戸惑いながらも、人種を理由にして表立って反対することはない。ジョンがスイスのジュネーブで新たな仕事に乗り出すため、ジョンとジョアンナの二人は両親から結婚の許しを得て新しい生活をはじめようとしている。

時間の制約からジョンの両親もドレイトン家に駆けつけ、ドレイトン家が懇意にしている神父のライアンも同席し、話し合いが行われる。二人の間でこれから起こりうる様々な障壁を懸念するそれぞれの両親との対話を通して、当時の白人と黒人の間の人種を越える恋愛・結婚をめぐる様々な問題が浮かび上がってくる。

最終的にはそれぞれの母親が先に折れる形で子どもたちの選択した決断を尊重し、なおも躊躇いを示す夫たちを説得していく展開が物語のクライマックス場面となる。ジョアンナの父親マットが両家の話し合いを終始主導している。娘たちの結婚を認めると同時に、困難が予想される二人の未来に対して覚悟を促す。「人間のほとんどが君たちに反感と嫌悪を示すはずだ。永久にそれを乗り越えていかなければならない」という父マット・ドレイトンの言葉が示すように、公民権運動の只中で発表された『招かれざる客』は、人種の壁を乗り越えていく新しい時代に対する期待が投影されている。

❏スタッフとキャスト情報

監督のスタンリー・クレーマー（一九一三—二〇〇一）は、西部劇の傑作『真昼の決闘』（一九五二）などを手がけた名プロデューサーとして知られるが、自身の監督作品としても、ナチス・ドイツの戦犯問題を扱った『ニュールンベルグ裁判』（一九六一）や、核戦争後の世界を描いた異色の近未来ＳＦ『渚にて』（一九五九）をはじめ社会派の作品に定評がある。あるいは、ドタバタ喜劇の名作『おかしなおかしなおかしな世界』（一九六三）などもあり、本作でジョアンナの父マット・ドレイトン役を演じたスペンサー・トレイシーが大金の行方を追う警部役で出演している。

ジョアンナの両親を演じたスペンサー・トレイシーとキャサリン・ヘプバーンは、一九四一年以降に共演して以降、交際関係となり、本作に至るまで九本の映画に共演し公私ともにパートナー関係にあった。スペンサー・トレイシーがカトリック信者であったために妻と別居しつつも離婚をしていなかったことから二人の間に正式な婚姻関係はない。スペンサー・トレイシーは本作撮影直後に心臓発作により急逝し、本作が遺作となった。キャサリン・ヘプバーンは本作でアカデミー賞主演女優賞を受賞している。ジョアンナ役のキャサリン・ホートンは、キャサリン・ヘプバーンの実の姪である。

黒人医師ジョン・プレンティスを演じたシドニー・ポワティエ（一九二七—二〇二二）は、本作での役柄に代表されるような「白人にとって理想的な黒人像」を公民権運動以前の一九五〇年代から演じ、ハリウッドの主流映画における黒人俳優としての道を切り拓いた。『野のユリ』（一九六三）にて黒人俳優として初めてとなるアカデミー賞主演男優賞を受賞したほか、公民権運動期の南部ミシシッピ州における人種差別を主題にした『夜の大捜査線』（一九六七）などで主要な役をつとめる。白人が望むであろう「素直でおとなしく、礼儀正しい」黒人像は、本作以降、黒人像が変容していく中で急速に時代遅れとなるが、その後も一九七二年の『ブラック・ライダー』以降は監督業にも乗り出すなど、ハリウッド映画における黒人の地位を向上させた功績は高く評価されており、二〇〇一年にはアカデミー賞名誉賞を、オバマ政権下の二〇〇九年には大統領自由勲章を受章している。両親がバハマ出身であり、ポアティエ自身も十五歳までバハマで過ごしていることから、後年はバハマ駐日特命大使をつとめるなどカリブ海諸国と日本との国際交流事業にも関与している。

❑みどころ

ドレイトン家で長く家政婦をつとめ、子どものころからジョアンナを世話してきたアフリカ系のティリーが、ジョンに対して露骨に嫌悪感を示している。ティリーは上流の白人家庭で家政婦としてドレイトン家を支えてきた自負を抱いており、由緒あるドレイトン家の令嬢であるジョアンナが黒人と恋愛・結婚しようとすることを受け入れられないでいる。同朋であるはずのティリーの方が白人の伝統的で保守的な価値観を内面化しているのだ。

また、ジョンの両親の方がより慎重な態度をとっている点も重要である。ジョンの父親は息子が成功するために教育費を惜しまず、そのために親として夫婦が経済的に苦労してきたことなどを切々と諭し、州によっては異人種間の結婚が違法行為ともなりうること、そして法律が変わっても世間の反応は変わらないために苦労を重ねることが容易に想像できることから、この結婚はこれまでの努力を無にしかねない軽率な決断であるとたしなめる。こうしたジョンの父親の反応から、息子を医者として育て上流階級に送り込むために相当の苦労を負ってきた背景、さらに、社会通念を乗り越える際にマイノリティ側のリスクが高いことが示唆されている。この時代のみならず、その後の多文化主義の時代においてもマイノリティ側が抱える負担の大きさは多数派からは見えにくい現実がある。

四〇年後にリメイク版『ゲス・フー／招かれざる恋人』(二〇〇五)が制作されている。白人男性であるサイモンが黒人女性のテレサの家族を訪問するという設定の変更がなされており、黒人の民族文化的価値観を重んじるアフリカ系の家族に白人青年が入り込もうとする奮闘ぶりがコミカルに描かれている。テレサの父パーシーはマッチョで男らしさを求める父親像を具現化した存在であり、黒人文化の歴史に根差した自虐的なブラック・ユーモアを披露しあって会話を楽しむ黒人一家の様子からは、決して自虐ばかりではなく、自らの文化伝統に対して誇りを持っている姿が垣間見える。その一方で二十一世紀においてなおも人種の壁を越える恋愛に対し、テレサは時折不安な様子を見せている。オリジナル版と比較することにより、公民権運動以後の状況の変化や、現在における人種を越えた家族や恋愛のあり方を捉えるさまざまなヒントを得ることができるであろう。

❑歴史的背景を知るキーワード

★公民権法と異人種間結婚を禁止する州規定

一九六四年に連邦議会によって成立した「公民権法」によって、アメリカ国内における人種差別が公に禁止されて以降も、本作の公開前の一九六七年当時、ヴァージニア、アラバマ、アーカンソー、ミシシッピ、ウェスト・バージニアなど十六の州では異人種間の結婚がなおも違法として扱われていた。その州規定は順次、廃止されていくことになるが、サウスカロライナでは一九九八年、アラバマは二〇〇〇年になってようやく廃止された。

★「ラヴィング対ヴァージニア州裁判」

黒人女性であるミルドレッド・ラヴィングと白人男性であるリチャード・ラヴィングによって起こされた「ラヴィング対ヴァージニア州裁判」は、二人が人種の壁を越えて結婚したことによりヴァージニア州刑務所への一年間の収監という判決に対する不服申し立てである。ヴァージニア州の反異人種間混淆規定である一九二四年人種統合法を根拠に二人の結婚は「違法」とみなされていた。一九六七年に合衆国裁判所が行ったこの裁判により、異人種間の結婚を禁じる法律が無効とされる判決が下された。その六月十二日はラヴィング・デイとして祝われており、この夫妻を描いた評伝映画『ラヴィング　愛という名の二人』(二〇一六)もある。『招かれざる客』の公開日が一九六七年十二月であることからも、『招かれざる客』の物語は異人種間の結婚をめぐる期待と不安の只中で制作されたことがわかる。

❑作品内重要キーワード

ジョンとジョアンナ、そして彼らの家族の人物像はステレオタイプ的という批判もある。とりわけジョンは「白人にとって理想的な黒人像」を体現した存在であり、経歴、人柄などどこをとってもまったく非の打ち所がない。ジョンを演じたシドニー・ポワティエは本作をはじめとする人種差別問題を提起する社会派の作品にてアメリカの主流映画における黒人役者の道を切り拓いたが、ポアティエが担ったのは、本作の原題が皮肉交じりに示すように、進歩的な白人が夕食に招くことを拒否できないような教養と気品あふれる白人にとっての「理想の黒人像」であった。アメリカ映画史における黒人像の変遷を通して、その功績が浮かび上がってくる。また、本作はステレオタイプ的な人物造型が物語の主軸となる討論に活かされるからこそ、それぞれが代表する立場を実際に生きた人々の当時の状況も見えてくる。

□おすすめ同系作品

『ゲス・フー／招かれざる恋人』（二〇〇五）　アストン・カッチャー主演によるリメイク版。オリジナルの『招かれざる客』とは男女カップルの人種が置き換わっている点に特色があり、白人男性が黒人女性の一家を訪ねるところから物語がはじまる。

『ジャングル・フィーバー』（一九九一）　挑発的な作風でポリティカル・コレクトネス時代における人種問題をマイノリティ側から捉え続けるスパイク・リー監督作品。黒人男性とイタリア系女性との不倫による恋愛関係を描く。

『*The Harimaya Bridge* はりまや橋』（二〇〇九）　外国語指導助手（ＡＬＴ）として日本の高知県に滞在経験があるアロン・ウルフォーク監督自身の背景を踏まえ、高知県にてＡＬＴを勤めていた黒人男性と高岡早紀演じる日本人女性教師をめぐる恋愛・結婚・出産に焦点を当てた物語。

『ゲット・アウト』（二〇一七）　白人のガールフレンドの実家を訪れる黒人青年が体験する恐怖を描くスリラー映画。『招かれざる客』の設定を踏襲している。二〇二〇年に顕在化した「ブラック・ライヴズ・マター」の動向を受けてあらためて注目が高まった。

『ラヴィング　愛という名の二人』（二〇一六）　異人種間の結婚が違法とされていた一九五八年、ヴァージニア州を舞台にした白人男性と黒人女性をめぐる恋愛物語。一九六七年に異人種間結婚を禁止する法律を無効にする裁判を起こし勝利した実在のラヴィング夫妻の伝記的背景に基づく。

（中垣恒太郎）

『招かれざる客』(1967)
(DVD 販売発売元 ソニー・ピクチャーズエンタテインメント)

『二世部隊』（一九五二）

アメリカ軍史に名を残す日系部隊

第二次世界大戦中、アメリカ陸軍には日系二世によって構成された部隊があった。ヨーロッパ戦線で勇敢な戦闘を繰り広げ、アメリカ史上最も多くの勲章を授与されたとされる第四四二連隊戦闘団である。映画『二世部隊』は、この第四四二連隊の活躍を描いた作品である。

日本軍の真珠湾攻撃により大戦に参戦したアメリカでは、日系人は「敵性外国人」と見なされた。とくに排日運動の強かったアメリカ西海岸においては、日系人全員に対して立ち退きが命じられ、人々は収容所に強制移住させられた。その数は十二万人に上る。日系人の割合の高かったハワイでは、全住民を対象とした強制収容は行われなかったが、日系社会の指導者や日本で教育を受けた帰米二世などが収容所に入れられた。

そのような状況下、アメリカへの忠誠を示すべく、ハワイとアメリカ本土から志願した日系二世によって結成されたのが第四四二連隊戦闘団であった。日系部隊であるが、中隊長以上はすべて白人にするのが結成の条件だったように、日系兵士は敵だけでなくアメリカ国内の差別や偏見とも闘わなければならなかった。

連隊のスローガンは「Go For Broke」（当たって砕けろ）。これが映画『二世部隊』の原題になっている。

❏どうしても観たくなるストーリー解説・多少のネタバレ覚悟

一九四三年にフランクリン・ローズベルト大統領が日系二世部隊の編成を認めると、日系二世の志願兵による第四四二連隊が結成され、ミシシッピ州のキャンプ・シェルビーで訓練が開始される。

士官学校を出た白人のグレイスン中尉が、小隊長としてこの部隊に配属され、キャンプにやって来る。グレイスンはテキサス出身。配属早々にテキサス出身者で編成される第三六師団への転属を上官に願い出るが、却下される。部隊に何か不満があるのかを尋ねられたグレイスンは、隊員がみな「ジャップ」なのが不満なわけではないと答えるが、上官はグレイスンの顔を真っ直ぐ見つめ、彼らは「ジャップ」ではなく「日系アメリカ人」だと釘を刺し、全員アメリカ市民でアメリカ全土から来ていてテキサス出身者もいると述べる。白人だからといって偉ぶるなとグレイスンは上官に戒められる。

日系兵は小柄なため身につける軍服もヘルメットもライフル銃も大きく見える。訓練では苦戦するが、時に隊長の目を盗んで「ズル」も行い、やがてキャンプでの厳しい訓練を修了する。訓練を終えた時には、彼らはみな一人前の兵士になっている。

彼らの部隊は輸送船で前線に向けて出発する。行き先はイタリア戦線。彼らはイタリアで連隊に加わり、隊のスローガン「当たって砕けろ」のごとく勇敢に戦い続ける。戦功を上げた連隊は、次に南フランス戦線へ移動する。

フランスでは第三六師団に合流する。グレイスンは連絡将校として司令部に転属となり小隊を離れ、代わりに隊を率いるのは少尉に昇進した日系人のオハラである。彼が昇進したのは、アイルランド人にもある「オハラ」という名前のためだと仲間から冷やかされるが、そのような話が出るのは、日系人が差別されているからである。

ある時、束の間の休息をとっている部隊に突然の出動命令が下る。味方の大隊が森の中で敵に包囲されて退路を断たれた。任務はその大隊の救出である。大隊にはグレイスンもいる。第四四二連隊は援軍として救出に向かい、激戦の末に包囲されていた大隊の救出に成功するが、この任務で第四四二連隊はそれまでにないほどの多くの死傷者を出す。

作品では突然場面が変わり、隊員は終戦を迎えてアメリカに帰国する船上にいる。さらに場面が変わって連隊の功績が大統領により表彰される場面となり作品は幕を閉じる。

❏スタッフとキャスト情報

脚本と監督はロバート・ピロッシュ。ピロッシュは、過去にも本作のプロデューサーのドア・シャリー、撮影のポール・ヴォーゲルさらにグレイスン中尉役のヴァン・ジョンソンと共に『戦場』（一九四九）を制作している。彼は一九四二年に公開されたアメリカ映画『奥様は魔女』の脚本も手がけている。

『二世部隊』の日系兵は、トミーを演じたヘンリー・ナカムラを除いて、実際の第四四二連隊の元隊員たちが演じている。戦場での俊敏な動きに注目してほしい。

❏みどころ

★多様な背景を持つ二世兵士

同じ日系二世といっても出身地も様々で、それぞれが置かれている立場も違う。小柄な日系兵の中でも一際小さいトミーは、ハワイ出身で真珠湾攻撃により両親を亡くしたという設定である。彼は戦場で保護した子豚を大事に育てるが、それは子豚が親を失った自分の境遇と重なって見えるからだろう。トミーと仲の良いサムは、西海岸の出身。彼はアリゾナの収容所に入れられ、家族と恋人をそこに残して入隊している。アメリカにいる日系人のためだとその入隊理由を語る。他にも様々な人物がいる。大学で建築学の学位を取ったが、日系人に対する差別で希望の仕事に就けず、入隊前は果物売りをしていた者や、自由なアイオワ州で働いていたが、本人曰く大学出の口車に乗せられて入隊した者などである。

★グレイスンの心境変化

テキサス出身のグレイスンは、第三六師団の同郷の兵士に会うことをずっと待ち望んでいたが、酒場で昔の仲間に再会すると、その仲間は日系兵の前で「ジャップ」という蔑称を使い、平気で悪口を言う。グレイスンはその態度が許せず、同郷の彼を表に連れ出し、かつて自分が上官から言われたように、日系兵は「ジャップ」ではないと警告する。しかし彼が全く態度を改めないため、グレイスンは彼を殴り倒す。

★ユーモア

日系兵は白人兵に対してたびたび「バカタレ」という言葉を吐く。日本語が理解できない彼らから意味を尋ねられると、「ありがとう」のような感謝を表す言葉だと適当に誤魔化す。グレイスンはこの「バカタレ」を頻繁に耳にしたため覚えてしまうが、それが彼の危機を救うことになる。

❏歴史的背景を知るキーワード

★日系人の強制収容

真珠湾攻撃から約二ヶ月後の一九四二年二月に大統領令九〇六六号が出され、アメリカ西海岸に住む日系人は全員強制的に立ち退きを命じられた。それにより十二万人にも及ぶ人々が強制収容所に収容される。収容所は全部で十か所。ポストン強制収容所（アリゾナ州）、トゥーリーレイク強制収容所（カリフォルニア州）、マンザナー強制収容所（カリフォルニア州）、ヒラリバー強制収容所（アリゾナ州）、ミニドカ強制収容所（アイダホ州）、ハートマウンテン強制収容所（ワイオミング州）、グラナダ強制収容所（コロラド州）、トパーズ強制収容所（ユタ州）、ローワー強制収容所（アーカンソー州）、ジェローム強制収容所（アーカンソー州）である。

一九四三年には収容所内で十七歳以上を対象とする忠誠登録アンケートが行われ、アメリカへの忠誠を確かめる質問二七、二八番の二問に「ノー、ノー」と回答すると、トゥーリーレイクのような最も監視の厳しい収容所に送られた。

★日系兵士の記念切手発行

二〇二一年、アメリカ合衆国郵便公社は、第二次大戦で活躍した日系兵士の偉業をたたえ記念切手「Go For Broke」を発行した。日系を含めてアジア系兵士が切手に描かれたのは初めてのこと。切手のモデルは第四四二連隊で戦ったハワイ出身のシロク・「Ｗｈｉｔｅｙ」・ヤマモト上等兵。

アメリカには依然としてアジア系に対する差別や偏見が存在する。新型コロナウイルス感染拡大以降、アジア系へのヘイトクライムが急増した事実もそれを示している。アメリカのために命をかけて戦い、その功績が称えられた日系兵士の記念切手が発行されたことには大きな意味があるが、終戦から長い歳月が経ち彼らのほとんどが亡くなってしまってからの発行なのは残念である。

❏作品内重要キーワード

★第一〇〇大隊と第四四二連隊

一九四〇年にアメリカ政府が徴兵を開始すると、準州ハワイの防衛軍も正式な米軍の一部となり、その中には多くの日系二世が含まれていた。一九四一年の真珠湾攻撃後、ハワイの日系兵で結成されたのが第一〇〇大隊である。日系部隊とはいえ、第四四二連隊と同様に、指揮官や士官は白人であった。映画でも描かれているが、第一〇〇大隊は第四四二連隊より先に前線で戦い、後にイタリアで第四四二連隊と合流し、一大隊として連隊に編入している。

★ドイツ軍に包囲された大隊を救出

作品のクライマックスの大隊救出は実話である。一九四四年十月二四日、第三六師団の第一四一連隊第一大隊、通称「テキサス大隊」がフランス北東部のボージュの山中でドイツ軍に包囲される。救出が困難なため「失われた大隊」と呼ばれたが、二日後の二六日に第四四二連隊に救出命令が下る。激しい戦闘の末、救出に成功するが、テキサス大隊の二一一名を助け出すために、第四四二連隊は約八百名の死傷者を出す。この死闘はアメリカ陸軍史上の十大戦闘の一つと言われている。

❏おすすめ同系作品

『愛と哀しみの旅路』(一九九〇) アラン・パーカー監督。第二次大戦中にカリフォルニアで出会ったアメリカ人男性と日系アメリカ人女性とのラブストーリー。女性は日系人の強制収容所に入れられる。

(河内裕二)

『二世部隊』(1951)
(DVD 販売発売元 ファーストトレーディング)

あとがき

一般的に映画やテレビで見るものは「映像」、インターネットで見るものは「動画」と呼ばれる。言葉を使い分けるのは両者に違いがあるからで、両者はＩＰＴ（時間あたり情報量）が違うとされる。映像はＩＰＴが低く、動画はＩＰＴが高い。つまり映像は長くて情報量が少なく、動画は短くて情報量が多い。

コロナ禍になって聞き慣れない「ファスト映画」という言葉を聞くようになった。「ファスト映画」とは、実際の映画の映像を無断使用し、ナレーションなどを付けて作品を十分程度に要約したものである。映画を観なくても内容を知ることができるように作られている。誰が名付けたのか知らないが「ファスト映画」とはよく言ったものである。動画共有サイトに多く投稿されるようになり著作権の侵害で問題になった。投稿本数と視聴回数の多さに驚いたが、さらに驚いたのは、まるで映画を観るかのように「ファスト映画」を「鑑賞」している人がいた事実である。

言うまでもないが「ファスト映画」は動画であり、映画ではない。動画が短い時間に多くの情報を伝えようとするのに対し、映画が伝えるのは情報ではなく作者の世界観やメッセージである。動画でないことこそが映画の魅力なのである。

本書はアメリカ映画の「ガイドブック」である。作品に関係する情報を読者に提供するが、その情報は作品を観ずに内容を知るためのものではなく、映像を観た際に、その世界観やメッセージを読み取り、作品を深く理解するためのものである。作品を理解することは、それが描く世界を理解することである。それゆえ本書の情報は、映画を観ることで単なる情報からアメリカに関する知識に変わる。作品を是非観ていただきたい。

本書が映画の魅力を引き出し、読者の充実した映画鑑賞の助けになることを願っている。

出版に際して金星堂の倉林勇雄氏に大変お世話になった。心より御礼申し上げたい。

河内　裕二

エスニック・グループ

アフリカ系

『招かれざる客』(*Guess Who's Coming to Dinner*, 1967)

『ナイト・オブ・ザ・リビングデッド』(*Night of the Living Dead*, 1968)

『ミシシッピー・バーニング』(*Mississippi Burning*, 1988)

『ドゥ・ザ・ライト・シング』(*Do the Right Thing*, 1989)

『ドライビング・ミス・デイジー』(*Driving Miss Daisy*, 1989)

『ヘルプ～心がつなぐストーリー～』(*The Help*, 2011)

『ゲット・アウト』(*Get Out*, 2017)

『グリーンブック』(*Green Book*, 2018)

『ブラック・クランズマン』(*BlacKkKlansman*, 2018)

『ハリエット』(*Harriet*, 2019)

『ドリームプラン』(*King Richard*, 2021)

ユダヤ系

『ドライビング・ミス・デイジー』(*Driving Miss Daisy*, 1989)

『ニューヨーク・ストーリー』(*New York Stories*, 1989)

『刑事エデン　追跡者』(*A Stranger Among Us*, 1992)
『戦場のピアニスト』(*The Pianist*, 2002)
『縞模様のパジャマの少年』(*The Boy in the Striped Pajamas*, 2008)
『シリアスマン』(*A Serious Man*, 2009)
『アメリカン・バーニング』(*American Pastoral*, 2016)
『ヒトラーを欺いた黄色い星』(*Die Unsichtbaren—Wir wollen leben*, 2017)

アイルランド系
『ミラーズ・クロッシング』(*Miller's Crossing*, 1990)
『遙かなる大地へ』(*Far and Away*, 1992)
『ギャング・オブ・ニューヨーク』(*Gangs of New York*, 2002)
『イン・アメリカ　三つの小さな願いごと』(*In America*, 2003)
『炎のメモリアル』(*Ladder 49*, 2004)
『ブルックリン』(*Brooklyn*, 2015)

ヒスパニック
『ミラグロ／奇跡の地』(*The Milagro Beanfield War*, 1988)
『ブラッド・イン ブラッド・アウト』(*Blood In Blood Out*, 1993)
『イン・ザ・ハイツ』(*In the Heights*, 2021)

『ウェスト・サイド・ストーリー』(*West Side Story*, 2021)

アメリカ先住民

『スモーク・シグナルズ』(*Smoke Signals*, 1998)

『ニュー・ワールド』(*The New World*, 2005)

『荒野の誓い』(*Hostiles*, 2017)

日系

『二世部隊』(*Go for Broke!*, 1951)

『愛と哀しみの旅路』(*Come See the Paradise*, 1990)

イタリア系

『マラヴィータ』(*The Family*, 2013)

『グリーン・ブック』(*Green Book*, 2018)

モン族

『グラン・トリノ』(*Gran Torino*, 2008)

インド系

『しあわせへのまわり道』(*Learning to Drive*, 2014)

コリアン

『ブルー・バイユー』(*Blue Bayou*, 2021)

スコッチ・アイリッシュ

『ウィンターズ・ボーン』(*Winter's Bone*, 2010)

その他

『猿の惑星』(*Planet of the Apes*, 1968)

執筆者・担当作品一覧

編者

君塚淳一（茨城大学教授）
『マラヴィータ』(*The Family*, 2013)
『ハリエット』(*Harriet*, 2019)
『グリーンブック』(*Green Book*, 2018)

馬場聡（日本女子大学教授）
『ギャング・オブ・ニューヨーク』(*Gangs of New York*, 2002)
『ブルックリン』(*Brooklyn*, 2015)
『愛と哀しみの旅路』(*Come See the Paradise*, 1990)

河内裕二（尚美学園大学准教授）
『縞模様のパジャマの少年』(*The Boy in the Striped Pajamas*, 2008)
『二世部隊』(*Go for Broke!*, 1951)
『ウィンターズ・ボーン』(*Winter's Bone*, 2010)

執筆者（あいうえお順）

井上亜紗（武蔵野大学准教授）
『アメリカン・バーニング』(*American Pastoral*, 2016)
『シリアスマン』(*A Serious Man*, 2009)
『戦場のピアニスト』(*The Pianist*, 2002)

井村俊義（長野県看護大学准教授）
『グラン・トリノ』(*Gran Torino*, 2008)
『ブラッド・イン ブラッド・アウト』(*Blood In Blood Out / Bound by Honor*, 1993)
『ミラグロ／奇跡の地』(*The Milagro Beanfield War*, 1988)

関根健雄（小山工業高等専門学校准教授）
『スモーク・シグナルズ』(*Smoke Signals*, 1998)
『ニュー・ワールド』(*The New World*, 2005)
『荒野の誓い』(*Hostiles*, 2017)

伊達雅彦（尚美学園大学教授）
『ヒトラーを欺いた黄色い星』(*Die Unsichtbaren—Wir wollen leben*, 2017)
『炎のメモリアル』(*Ladder 49*, 2004)

『刑事エデン　追跡者』(*A Stranger Among Us*, 1992)

中垣恒太郎（専修大学教授）

『しあわせへのまわり道』(*Learning to Drive*, 2014)

『ブルー・バイユー』(*Blue Bayou*, 2021)

『招かれざる客』(*Guess Who's Coming to Dinner*, 1967)

永田喜文（明星大学非常勤講師）

『ミラーズ・クロッシング』(*Miller's Crossing*, 1990)

『遙かなる大地へ』(*Far and Away*, 1992)

『イン・アメリカ　三つの小さな願いごと』(*In America*, 2003)

中山大輝（茨城大学講師）

『ドリームプラン』(*King Richard*, 2021)

『ドライビング・ミス・デイジー』(*Driving Miss Daisy*, 1989)

『ミシシッピー・バーニング』(*Mississippi Burning*, 1988)

峯真依子（中央学院大学准教授）

『イン・ザ・ハイツ』(*In the Heights*, 2021)

『ウェスト・サイド・ストーリー』(*West Side Story*, 2021)

『ゲット・アウト』(*Get Out*, 2017)

山本伸（東海学園大学教授）

『ドゥ・ザ・ライト・シング』(*Do the Right Thing*, 1989)

『ブラック・クランズマン』(*BlacKkKlansman*, 2018)

『ヘルプ～心がつなぐストーリー～』(*The Help*, 2011)

吉津京平（福岡女子大学非常勤講師）

『ニューヨーク・ストーリー』(*New York Stories*, 1989)

『ナイト・オブ・ザ・リビングデッド』(*Night of the Living Dead*, 1968)

『猿の惑星』(*Planet of the Apes*, 1968)

だから映画はおもしろい
アメリカ映画とエスニシティ

2024年2月29日　初版発行
2024年8月15日　第2刷発行

編著者　君塚　淳一
　　　　馬場　聡
　　　　河内　裕二

発行者　福岡　正人

発行所　株式会社 金 星 堂

(〒101-0051) 東京都千代田区神田神保町 3-21
Tel. (03)3263-3828（営業部）
(03)3263-3997（編集部）
Fax (03)3263-0716
https://www.kinsei-do.co.jp

編集協力／ほんのしろ
装丁デザイン／岡田知正
印刷・製本／モリモト印刷
Printed in Japan

ISBN978-4-7647-1231-7 C1022